儒学经典初级读本系列

国际儒学联合会组编

周易初级读本

温海明　译注解读

温海明　寇哲明（Benjamin Coles）　英译

商务印书馆
The Commercial Press

2019年·北京

图书在版编目(CIP)数据

周易初级读本/温海明译注解读；温海明，寇哲明英译.—北京：商务印书馆，2019
（儒学经典初级读本系列）
ISBN 978-7-100-17061-1

Ⅰ.①周… Ⅱ.①温…②寇… Ⅲ.①《周易》—青少年读物—汉、英 Ⅳ.①B221-49

中国版本图书馆 CIP 数据核字(2019)第 014447 号

权利保留，侵权必究。

儒学经典初级读本系列

周易初级读本

温海明　译注解读
温海明　寇哲明（Benjamin Coles）　英译

商 务 印 书 馆 出 版
（北京王府井大街36号　邮政编码100710）
商 务 印 书 馆 发 行
北 京 冠 中 印 刷 厂 印 刷
ISBN 978-7-100-17061-1

2019年3月第1版	开本 787×1092　1/16
2019年3月北京第1次印刷	印张 22¾

定价：49.00元

总　序

在科学技术和经济全球化迅速发展的推动下，人类正在进入一个新的变革与发展的时代，人们不断遇到新的问题和挑战。伴随经济全球化和信息技术的迅速发展，人们之间的距离大大缩短，相互交往联系空前密切，为不同民族之间文化的交流、了解和对话创造了前所未有的便利条件，也为共同解决人类发展面临的问题创造了条件。我们可以期待，一个人类文化发展的新时期正在到来。

中华文化是人类最古老的文化之一，并且是古老文明中唯一延续数千年未曾中断的一个。在两千多年的历史进程中，儒学作为中华文化的主干，不断发展，传播到全球广大领域，为人类文明的发展作出了巨大贡献。它与佛教、伊斯兰教和基督教并称为当今人类文明中影响最大的四种文化思潮。在新的时代，儒学理应为人类文明的发展作出更大的贡献。

儒学要世代继承、发展，为民族复兴和人类和平、发展作更大贡献，基础的一环是经典的学习和传承。国际儒学联合会的宗旨是研究儒学思想，继承儒学精华，发扬儒学优秀精神，以促进人类之自由、平等、和平、发展与繁荣。为了普及儒学思想，便于更多的人，特别是青少年了解儒学精神，国际儒学联合会决定编辑出版"儒学经典初级读本系列"，起初主要包括《论语》《孟子》《大学》《中庸》四部经书，并于2015年完成了"四书初级读本"的编辑出版工作。为了使读者更为全面、系统地了解儒家经典,国际儒学联合会在《五年计划工作纲要(2015—2019年)》中明确指出,在完成"四书初级读本"出版的基础上,组织编写"五经初级读本",所谓的"五经"即《诗经》《尚书》《礼记》《周易》《春秋》五部经典。

由于文本内容各异,各书在编写体例上不尽相同,大致按照简介、原文、英语译文、注释、现代汉语译文这样的体例进行编写。为便于研读和理解,本系列中《论语》《孟子》两部采取选编形式,摘编各书主要内容,对所选原文按专题进行编排。《大学》《中庸》篇幅较短,体系相对完整,故合成一本,不作删减,按原著章次注解。"五经"的编排亦是根据原文的篇幅而采取相应的编写方式。每部书后均附原文繁体字全文。

儒学要为人类文明发展作出更大的贡献,自身也要在传承中发展。实现传承中发展的重要条件之一是与世界各种文化进行平等对话,汲取其他文化之长。国际儒学联合会编辑出版儒学经典读本,并非要求读者只研读儒家经典,此点亦应说明。

"儒学经典初级读本系列"的编著出版,得到了北京纳通医疗集团总裁赵毅武先生的慷慨资助,并得到了商务印书馆的大力支持,就此一并深表谢意!

目 录

第一编 《周易》简介

一、《周易》的结构 ………………………………………… 3

二、从太极到八卦 ………………………………………… 7

三、《周易》之道：形上学、认识论和政治哲学 ………… 10

四、结语：《周易》的哲学意识 …………………………… 14

第二编 易传选讲

系辞选讲 ………………………………………………… 17

　系辞上 ………………………………………………… 17

　系辞下 ………………………………………………… 45

说卦选讲 ………………………………………………… 51

序卦选讲 ………………………………………………… 56

第三编 易经选讲

上经选讲

　乾为天(卦一)　(乾下乾上) ………………………… 61

　坤为地(卦二)　(坤下坤上) ………………………… 74

　水雷屯(卦三)　(震下坎上) ………………………… 88

　山水蒙(卦四)　(坎下艮上) ………………………… 97

　水天需(卦五)　(乾下坎上) ………………………… 107

　天水讼(卦六)　(坎下乾上) ………………………… 116

地水师(卦七)　(坎下坤上) …………………………………… 125
水地比(卦八)　(坤下坎上) …………………………………… 137
风天小畜(卦九)　(乾下巽上) ………………………………… 149
天泽履(十)　(兑下乾上) ……………………………………… 157
地天泰(卦十一)　(乾下坤上) ………………………………… 165
天地否(卦十二)　(坤下乾上) ………………………………… 176
山地剥(卦二十三)　(坤下艮上) ……………………………… 185
地雷复(卦二十四)　(震下坤上) ……………………………… 192

下经选讲

泽山咸(卦三十一)　(艮下兑上) ……………………………… 203
雷风恒(卦三十二)　(巽下震上) ……………………………… 213
风火家人(卦三十七)　(离下巽上) …………………………… 223
火泽睽(卦三十八)　(兑下离上) ……………………………… 230
山泽损(卦四十一)　(兑下艮上) ……………………………… 239
风雷益(卦四十二)　(震下巽上) ……………………………… 247
泽火革(卦四十九)　(离下兑上) ……………………………… 255
火风鼎(卦五十)　(巽下离上) ………………………………… 262
水火既济(卦六十三)　(离下坎上) …………………………… 270
火水未济(卦六十四)　(坎下离上) …………………………… 278

附录：

《周易》全文 …………………………………………………… 287
参考文献 ………………………………………………………… 355
后记 ……………………………………………………………… 357

第一编

《周易》简介

《周易》是中国哲学的总源头。中国传统哲学中的政治哲学、形上学、认识论,乃至伦理学和美学都以《周易》哲学为源头。可以说,《周易》塑造了中国独特的"哲学意识",换言之,中国哲学意识的根本缘发点是《周易》推演哲学运思的独特方式。

　　《周易》是一部揭示天地变化之道的书,旨在济物利民。《周易》作者在长期仰观俯察的基础上,运用卦画的形式,对宇宙万物的变化进行模拟。《周易》结构的成型过程是从数到象,从象到卦,从卦到辞。单纯从文辞入手是不易理解《周易》独特的成书方式的。在《周易》哲学中,无论从太极到阴阳,还是从八卦到六十四卦,整个体系及其各部分都是为了表达宇宙变化之"道"。通过对符号体系的推演,模拟天道的运行,在此基础上阐明人事运作的道理。因此,《周易》哲学的基本点是"推天道以明人事",即通过对天道的阐发来启发人间运世之化的精深哲理。

　　读懂《周易》必须要有象数基础。朱熹曾说:"读《易》亦佳,但经书难读,而此经为尤难。盖未开卷时,已有一重象数大概功夫。"如果不了解象数基础知识,《周易》就难以入门。朱熹完成《周易本义》后又写《易学启蒙》,就是为了向初学者提供坚实的象数基础,如河图洛书、卦画、蓍策、筮仪、占变等基础知识。

一、《周易》的结构

(一)易的含义

　　《周易》的"易"有三个意思:变易、不易、简易。变易指事物恒变,

《周易》正是一部关于变化的书。不易指事物虽然变动不居,但变化的现象之中有相对不变的"道"存在,自然与人事之道都有不变的性质,这也可以说是做事的法则和事物运动的规律。易的另一个含义是简易,《周易》虽难,但易道理解起来、用起来容易、简单。

《周易》包括数、象、卦、辞几个部分。

(二) 数

《周易》的基础是数。《易传》载:"河出图,洛出书,圣人则之。"传说古时有龙马背负"河图"跃出黄河,神龟背负"洛书"浮出洛水。伏羲看到河图和洛书之后,依其数理发明了八卦。河图和洛书是在天地自然之数的基础上,由于阴数静、阳数动的自然交流而形成的。河图由一到十十个数字组成,洛书由一到九九个数字组成。

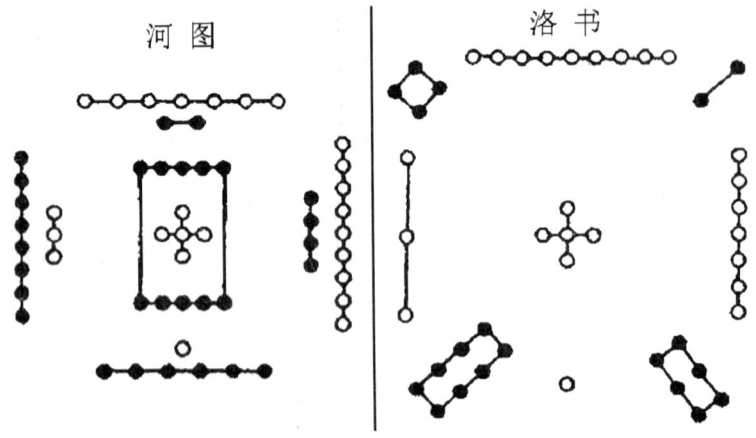

河图、洛书启发人们由数的奇偶分出阴阳,认识到自然数有阴阳属性。《周易》的数、卦体系是平衡的,其数理基础可以通过洛书来理解。洛书揭示了数与卦之间的关系,虽然不是西方哲学意义上严格的逻辑关系,但体现出了中国古人严密而有效的独特哲学思维方式。

关于河图洛书,自古以来有大量记载,《尚书》的《顾命》篇和《系辞传》均有提及;《论语》有"河不出图,洛不出书,吾已矣夫"之语,说明上古之时确有其物,不可轻易否定。至于历史上的河图洛书到底是什么样子,世传不一,但其确实法乎天象,本乎天地自然之数,自成系统,有其内在的逻辑和条理,能够不断启发人们对于易道的领悟和认识。

数作为宇宙万物存在的基本方式,在《周易》体系中的运用主要是筮法,就是算卦的演算方法。

(三)象

象是《周易》成书的依据。"象"字有模仿、象征的意义。每个卦都象征天地之间某一类事物。古人认为,天地之间最基本的事物有八类,分别以天、地、雷、风、水、火、山、泽为代表,可分别用乾、坤、震、巽、坎、离、艮、兑八卦来表示。

要了解八卦所具体代表的象,必须以《说卦》为基础,因为《说卦》是专门为说明卦象而写的。《说卦》对先天八卦、后天八卦的卦象和方位做了说明,并分别解释每一卦象征的一类事物。

(四)卦

《周易》是由居住在中原黄河领域一带的古人在长期历史发展进程中创造出来的哲学体系。《周易》的基本符号是连线"——"(即阳爻或刚爻)和断线"− −"(即阴爻或柔爻)。阳爻代表阳气,阴爻代表阴气,阴阳二气的交感流通化生万物。三爻交错组成八卦,八卦两两重叠成六十四卦。六十四卦第一卦是乾卦,由六个阳爻组成;第二卦是坤卦,由六个阴爻组成。

(五)辞

《周易》的文辞主要有两部分:经文和传文。传说经文经由伏羲、文王两个圣人创制而成。经文古奥、简洁,全文不到5000字,是对六十四卦三百八十四爻每卦每爻的解释。历代对经文的注释很多。《周易》是"观象系辞",古时把代表卦的木片挂起来,从中看出卦里的象,比如乾卦代表天、君、父等,再通过卦象去想象,而后形成断语。卦辞和爻辞就是这样写下来的。

《易传》是解释经文的,可以说是经文的附录。我们今天要想读懂《周易》,必须借助《易传》十篇。按传统的说法,《易传》是孔子写的,他晚年读易"韦编三绝",用功甚深,担心后人没法读懂《周易》,所以作《易传》十篇,又称"十翼",如经文的羽翼一般,相辅而行。其中《彖传》、《象传》、《系辞传》三篇各分上下,加上《文言》、《说卦》、《序卦》、《杂卦》四篇合成十翼。《系辞传》是关于《易经》的哲学通论,内容丰富深刻;《说卦》是说明八卦象征的事物及其特性;《彖传》附在六十四卦下,解释卦名、卦辞;《象传》分大象和小象,大象解释卦的哲学意义,小象解释爻象或爻辞的意义,都是对经文的直接解释;《文言》是对乾坤两卦的重点解释;《序卦》讲述六十四卦的排列顺序;《杂卦》说明六十四卦的含义和特点。

二、从太极到八卦

(一)太极

《周易》认为,从存在论上说,世界上每一事物都有太极,而天地万物总体也是太极。从生成论上说,太极是宇宙的起点。《系辞上》说:"易有太极,是生两仪,两仪生四象,四象生八卦。"这既可以说明宇宙的起源过程,也可以说明事物的存在是不断可分、一多统一的。太极用图表示出来,就是太极图,一条流动的曲线中分一圆,一半为白(阳),一半为黑(阴),有若鱼形,又称阴阳鱼。可以说宇宙起源于混沌未分的元气,元气蕴含生机,化为阴阳二气,阳气轻清上升为天,阴气重浊下降为地,此谓天地开辟;也可以说,任何事物都是一整体的太极,可由总体而分阴阳。"两仪生四象"是说阴阳两仪再分阴分阳,或各生一阴一阳而成四象:太阳、少阴、少阳、太阴。四象的基础上再各分阴阳,或生一阴一阳,形成八卦。

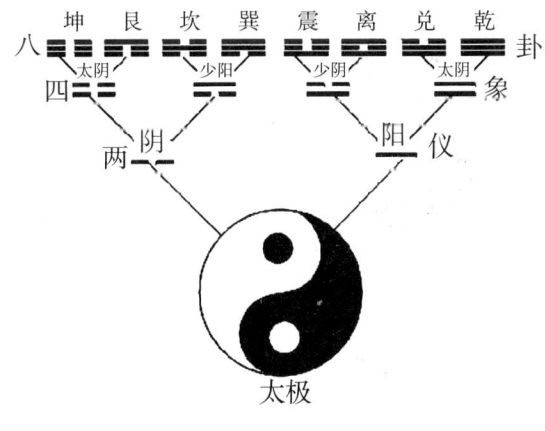

加一倍法图

(二)先天八卦

八卦有先天八卦、后天八卦之分。先天八卦次序是乾、兑、离、震、巽、坎、艮、坤,分别对应天地之间最基本的八种物象:天、泽、火、雷、风、水、山、地。为了方便记忆,朱熹《周易本义》中有"八卦取象歌":"乾三连☰,坤六断☷,震仰盂☳,艮覆碗☶,兑上缺☱,巽下断☴,离中虚☲,坎中满☵。"先天八卦表达了天地自然本来的面貌。《说卦》"天地定位,山泽通气,雷风相薄,水火不相射,八卦相错"说的是先天八卦方位。古人认为,先天八卦是为了揭示世界的原初型态,但太极元气分化之后,其性质并不发生变化,如太极生两仪、四象、八卦,即使分成六十四卦之后,太极元气仍然存在,一分为多,但性质未变。

先天八卦方位图

(三)后天八卦

后天八卦是把先天八卦位置调整之后形成的八卦方位图。司马迁说:"文王拘而演《周易》。"周文王姬昌,原是商末周族首领,封西伯侯,因性情耿直,受到迫害,被殷纣王囚禁在羑里城(汤阴城北)七年。纣王把姬昌的长子伯邑考杀害,剁成肉酱,烙成肉饼,强令姬昌咽下。82岁高龄的姬昌含悲忍痛啖子肉,躲过一劫,之后他在狱中发愤治学,潜心钻研,将伏羲八卦方位重新排列之后成后天八卦。

后天八卦方位见于《说卦》:"帝出乎震,齐乎巽,相见乎离,致役乎坤,说言乎兑,战乎乾,劳乎坎,成言乎艮。"这是说后天八卦从东方开始,顺时针方向排列而成。后天八卦与方位、时令相配,并与斗柄旋转的天文现象一致。因此,《周易》的运用主要是以后天八卦为基础,涉及古代天文、地理、乐律、兵法、音韵、算术、医学、风水、炼丹等各个方面。周文王在监狱里殚精竭虑所重排的后天八卦,可以说是中国古代实用文化的理论根基。

后天八卦方位图

(四)五行

《周易》产生于黄河领域。中原一带的古人长期观测天地历象的变化,基于其生活环境和经验发明了五行生克理论。木、火、土、金、水五行与方位相配,木在东,东方木旺,木可燃烧,也可自燃,故木生火;南方热,故火在南,火烧完之后化为灰烬,回归泥土,故火生土;土居中央,土旺四季,土中含金,故土生金;西方多山、多金石,故金在西,山上金石出泉,西山多为江河之源,故金生水;北方为水,木由水滋养,故水生木。木火土金水"比相生,间相克":木生火,火生土,土生金,金生水,水生木,这是五行相生;木克土,土克水,水克火,火克金,金克木,这是五行相克。五行配方位有利于解释文王后天八卦的由来。

五行相生相克图

三、《周易》之道:形上学、认识论和政治哲学

从形上学的角度看,《周易》之道主要是"一阴一阳之谓道",由道

开始,尽性至命。从认识论的角度看,《周易》强调研究几微,揭示心物同源。从政治哲学的角度看,《周易》"推天道以明人事",帮助人们领悟天道,以参透人事变化的玄机,了解自己所处的时势地位,增进运世之化的能力。

(一) 形上学:一阴一阳之谓道

《周易》认为,世界上的事物有阴就有阳,是阴阳的运动共同形成了道。阴阳是《周易》最基本的分别,可以用太极图中的阴阳鱼来表示。太极图一半是阳,一半是阴,阳中有阴,阴中有阳,阴阳互相包含、相互转化,它们是运动的而非静止的。古人通过太极图来说明一切事物都包含着阴与阳两部分,阴阳在事物中不断运动转化。

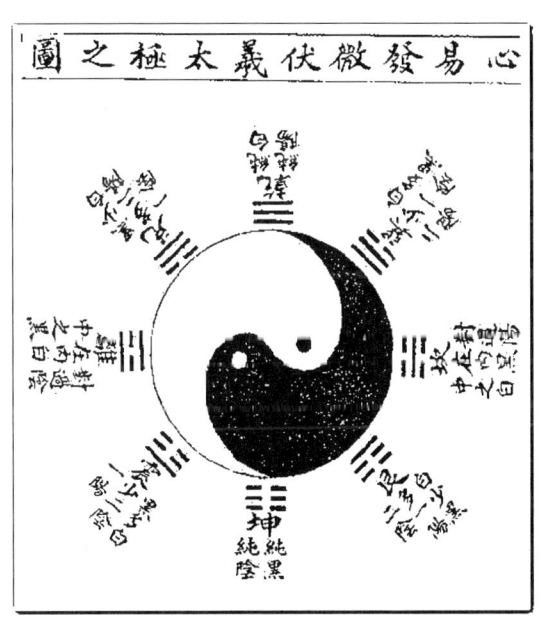

太极图

在太极图中,阳从少处渐增,到极点时,阴就开始;阴逐渐增加,到极点时阳就开始。如果从每天生活经验来看阴阳的变化,凌晨阳气渐长,到中午阳气最盛,但中午也是阴气转盛的开始,阴气不断增长到半夜达最盛。周而复始,循环往复。

任何事物都有阴有阳,但阴阳不可分割看待。阴阳都是相对而言的,如前阳后阴;上阳下阴;左阳右阴。《周易》提出阴阳交融辩证法,与西方先分后合,以割裂对待为基础的辩证法不同。中国的阴与阳相对待而言,彼此构成,无法分开,事物的两面同时具足,阴阳无先后可言。阴阳相互缘构的思维方式是中国哲学思考的基础之一。

《系辞上》说:"一阴一阳之谓道,继之者善,成之者性也。"这是说,顺着阴阳之道的发展就是善,顺着道而铸成就是性。善是天道运行的本然,性是道凝成之后的具体存在,驻于一切事物之中,让事物存在起来。可见,道是形上的总根,而性是形下的总根。《说卦》说"穷理尽性以至于命",是把万事万物的性情道理推究彻底,揭示出它们的命运。可见,《周易》之由道而性而命,是为了给世界整体及一切具体存在做出哲学的解释,其理论本身即展现出一个蕴含生机的形上学体系。

(二)认识论:几——心物同源

《周易》认识论体现出中国传统心物关系的特殊性。从理解心物交汇之原点开始,中国哲人就没有运用西方哲学家对认识论问题采用的分析方法,他们认为,逻辑推理无助于全体性地理解认识对象。中国哲学家主张直接面对事物,认为心物同源,而心必须用直觉领悟的方式才能认识到物的全体。

心与物关系的极致状态可以通过《系辞上》之"易,无思也,无为也,寂然不动,感而遂通天下之故"来理解。《易》没有思虑,没有作为,寂然不动,受到感应就能贯通天下的道理。"夫易,圣人之所以极深而研几也。唯深也,故能通天下之志。唯几也,故能成天下之务。"圣人用《易经》来究极深奥,研究几微。正因为深奥,所以能够贯通天下的心志。正因为几微,所以能成就天下的事务。由此可见,心物融通的几微状态,是《周易》揭示出来的心如何认识事物的根本原点,这是一个心物共在的缘发之点,心物同时并现,微妙之极点能够同时收摄贯通天下心志和事务之全体。

(三)政治哲学:推天道以明人事

通常来说,人不了解自己的时位,故需要借助哲学的方式来领会。《周易》是一部帮助人们了解自己时位的书。《周易》体系中卦爻的位置是为了说明不同的时和位,以助人领悟其所处情境。人生存于不断变化的时间和空间中,时势和地位时刻变化。领悟当下时势地位,将有助于人们正确地采取行动。人无法超越其生活的时间和空间,所以行动当讲究时与位。对每个人当下的生存情境来说,外在的环境形成某种不可超越的状态,个人作为行为的主体,不得不顺应环境。《周易》告诉人们,人要理解其所处的时间和位置,知道事情怎样变化,力图在顺应中引领形势的发展。既然人心必然要选择,如果能够了解自己所在的时势和地位,就能在明白情境后作更合宜的选择。《周易》揭示天道自然的运行,正是为了帮助人们更好地生活。

《周易》启发人们改变自己以适应天地自然的运行状态。理想的境界是达到某种状态后,说话做事都与天地运行的节律相合拍。"与天地相似,故不违",与天地的运动相似,故能与天地之道一致;"先天而天弗违,后天而奉天时",人领悟易道以后,做事的方式能够合乎天地运行的大道而不会有偏差。"大人"是那些行动能够与自然的运作相合拍,领悟宇宙大道并把个体的人提升到"宇宙意识"层次的人。理解《周易》的哲学意识,就可以扩展心念,修养成为具有宇宙意识,能与天地变化相和谐的"大人",具有运世之化的能力。

四、结语:《周易》的哲学意识

《周易》的哲学意识主要是阴阳缘构,心物同源,天人合一。《周易》助人领略人与世界的关联关系,追求人心与宇宙节律之间的和谐之境。古人希望达到与天地和谐共生,领会万物的生机,将其融会到生命中以成就事业。总之,因《周易》通于天人之际,论证人间成事之道与天道相贯通,故可以"推天道以明人事"。

第二编

易传选讲

系辞选讲

系辞上

（一）

天尊地卑，乾坤定矣。卑高以陈，贵贱位矣。动静有常，刚柔断矣。方以类聚，物以群分，吉凶生矣。在天成象，在地成形，变化见矣。

  That *tian* 天 (the sky/the heavens/nature) is high and *di* 地 (earth) is low [is a natural phenomenon.] This is why *Qian* 乾 (Creativity) is high up and *Kun* 坤 (Formation) is low down.

  [High and up is noble, low and down is base.] The high and low are displayed, so the noble and base in the lines of the hexagrams are fixed in different places.

  [Moving is the characteristic of *tian* 天 and being static is that of *di* 地. If one is in motion, one is strong and vigorous; if one stands still, one is soft and submissive.] There is constant regulation in the movement of *tian* 天 and *di* 地.

  The strong and vigorous and the soft and submissive can then be distinguished.[Therefore, the strong line and the weak line are stipulated in the *Yijing* 易经.]

  The myriad things in nature gather together according to their different classifications, so the advantages and disadvantages among them produce good fortune and misfortune.

[The changing of *yin* 阴 and *yang* 阳 is represented as] the various changes of the movements of the sun and the moon and the stars in *tian* 天 (the heavens), and as the formation and maturity of the myriad things on *di* 地 (the earth). The *Yijing* 易经 can reflect this kind of change because it models the images in *tian* 天 and the forms of *di* 地.

大意：天高而尊，地低而卑，这是自然的状态，以乾配天的高上，以坤配地的低下，就是模仿天地自然状态而定。天地万物自然陈列的状态是，高上的就尊贵，低下的就卑贱。依此可以确定，一卦六爻，从初向上排列，爻在卦中因其上下位置不同而有贵贱的分别。动与静是事物运动的两种基本常态，动而健的刚爻与静而顺的柔爻就判然分别。天下之物分居四方四季，按照不同种类聚合而产生群体的差别，他们之间的互动会产生各种同异利害关系，进而导致吉与凶的产生。阴阳之气流转化生天地万物，在天表现为日月星辰种种天象，在地表现为山川动植的化育成形，《易经》用阴阳爻在卦中的运动来象征天象地形的运动变化。

是故刚柔相摩，八卦相荡，鼓之以雷霆，润之以风雨；日月运行，一寒一暑。

[Because the *yang* 阳 and *yin* 阴 lines of the *Yijing* 易经 model the changing movements of nature,] the strong and weak lines come into contact and exert friction with one another. By the same token, the eight trigrams agitate each other.

[The Trigram *Zhen* 震 is thunder. The Trigram *Xun* 巽 is wind. The Trigram *Dui* 兑 is rain. The Trigram *Li* 离 is the sun. The Trigram *Kan* 坎 is the moon.] The movements of the eight trigrams are like the thunder aroused in nature, or like the nourishing of the wind and rain, or like the changes of winter and summer, and the four seasons during the processes of contact, movement, revolution, and formation of the sun and the moon.

大意：为了要模拟天地自然的运动变化，就需要让乾坤二卦中的刚爻与柔爻相互摩擦交感形成八卦，让八卦之间再相互推荡运动而衍成六十四卦。八卦可以模拟自然界各种物象及其运动变化，如震为雷，艮为霆，巽为风，兑为雨，离为日，坎为月，再如雷霆鼓动，风雨润泽，日月来往运行，形成寒暑交替和四季变化。

乾道成男，坤道成女。乾知大始，坤作成物。

The movements of *qian-yang* 乾阳 create the male, and the movements of *kun-yin* 坤阴 complete the female.

The function of the Trigram *Qian* 乾 is to take charge of the origination of the myriad things, and the function of the Trigram *Kun* 坤 is the formation and maturity of the myriad things.

大意：在人世之间，乾阳之气化生为天、君、父这些男性的象征，坤阴之气化生成为地、臣、母等女性的象征。

在万物的运化生成中，乾阳之气的作用是主导事物的最初创生，坤阴之气的作用是顺承乾道而使事物生成。

乾以易知,坤以简能;易则易知,简则易从;易知则有亲,易从则有功;有亲则可久,有功则可大;可久则贤人之德,可大则贤人之业。易简而天下之理得矣。天下之理得,而成位乎其中矣。

The Trigram *Qian* 乾 functions in an easy way, and the Trigram *Kun* 坤 functions in a simple way.

What is easy causes people to understand it easily; what is simple easily causes people to follow it.

If one is easily comprehended, there will be some people who approach one closely, and when one is easy to follow, then one can create achievements.

Once one has people who approach one closely, then one is able to last long; once one has created achievements then one becomes great.

If one can last long, this is the way and excellence (*de* 德) of the worthy person (*xianren* 贤人); if one can develop his strengths and make greater his talents, these are the undertakings of the worthy person.

For a worthy person, it is easy and simple to grasp the patterns (*li* 理) of the whole world. After he grasps the patterns of the whole world, he is able to achieve his own position in the world.

大意:乾阳之气因其平易的特点而能够主导事物的最初创生,坤阴之气因其简约的特点而能够最终生成事物。

乾因其平易就让人容易明白,坤因其简约就让人容易跟随;容易明白就会有(志同道合的)人来亲近,容易跟随就会有人齐心协力一起建功立业。

有人亲近,那么乾的领导之力就可以保持长久;能建功立业,坤的承载之力就可不断发展壮大。

能够保持长久的领导力是贤人的德行,能够不断发展壮大承载之力是贤人的事业。

乾平易,坤简约,从乾坤中就能够明白天下的道理;明白天下的道理,就能在天地之间成就自己合适的地位。

(二)

圣人设卦观象,系辞焉而明吉凶,刚柔相推而生变化。是故吉凶者,失得之象也;悔吝者,忧虞之象也;变化者,进退之象也;刚柔者,昼夜之象也。六爻之动,三极之道也。

The sages invented the hexagrams and observed images in them, appending statements to explain them and clarify their fortune and misfortune.

Exchanging *yang* 阳 lines and *yin* 阴 lines entail changes

That is why fortune and misfortune represent images of loss and gain; regrets and mistakes represent images of worry and prevention; change and transformation represent images of moving forward and backward; strong and soft represent images of day and night.

The movement of the six lines [in the hexagrams] represent the *dao* 道 of the Three Powers [heavens, earth and human beings (*sancai* 三才）］。

大意：圣人设立了六十四卦，观察卦中卦爻之象的推移运动，附上文辞来说明其变化，及各种变化导致的吉凶趋势。

刚爻与柔爻在卦中相互推移而产生无穷的变化。

因此，用吉与凶象征得失的状态，用悔与吝象征忧愁、预防的状态；卦爻的变化象征人权衡进退的状态，刚爻柔爻象征白昼黑夜的状态，六爻的运动象征着天地人三才在宇宙当中运化的各种状态。

讲解：圣人设立了卦，观察卦象又附上了解释的言辞，来说明吉凶。刚爻与柔爻相互推移而产生变化。因此，吉凶是得失之象，悔与吝是忧愁、预防之象，变化是进退之象，刚柔是白昼黑夜之象，六爻的运动是天地人三极运动的大道。

这一节说明《易经》卦爻辞的来源以及吉凶悔吝、刚柔变化、六爻推移的意义。

是故君子所居而安者，《易》之序也；所乐而玩者，爻之辞也。是故君子居则观其象而玩其辞，动则观其变而玩其占，是以自天佑之，吉无不利。

Therefore, an exemplary person resides calmly in the sequence of the hexagrams, and is delighted by pondering on the judgments of hexagrams and lines.

Therefore, when living at home, the exemplary person observes the images of the hexagrams and lines; when traveling, he ponders on their changes and judgments. That is why he looks like being blessed by *tian* 天 (the power of nature), always fortunate with no disadvantages.

大意：所以，君子日常居处，心安理得，因其明白《易》里卦爻各有其相对固定的位序；乐于玩味探究卦辞和爻辞，因知其蕴含着精妙的哲理。

所以，君子安居之时就观察卦爻中的象而玩味卦爻辞，有所行动就观察卦爻之象的变化而玩味它的占断，因此能如《大有·上九》所言：做事吉祥没有不利，似乎得到自然之力的佑助。

讲解：此处解释君子如何磨炼自己的心天之意，使心念每时每刻发动，有若天助。这一节讲述了君子学习《易经》的主要内容和方法。

（三）

彖者，言乎象者也；爻者，言乎变者也。吉凶者，言乎其失得也；悔吝者，言乎其小疵也。无咎者，善补过者也。

The Tuan（彖）Commentaries clarify the images of particular hexagrams, and the judgments on lines clarify the changes [of lines].

"Fortune（ji 吉）" and "misfortune（xiong 凶）" represent the results of the loss and gain [involved in any events]; "regrets（hui 悔）" and "mistakes（lin 吝）" represent small faults; "No blame（wujiu 无咎）" represents being good at correcting one's mistakes.

大意：彖辞（卦辞）是说明全卦的象征，爻辞是分说各爻的变化。

吉凶是说明事情有明显的得与失的结果；悔吝是不明显的

偏失、弊病或过错；无咎是善于补救过失，改过迁善。

是故列贵贱者存乎位，齐小大者存乎卦，辩吉凶者存乎辞，忧悔吝者存乎介，震无咎者存乎悔。是故卦有小大，辞有险易；辞也者，各指其所之。

Therefore, the arraying of noble and mean depends on the places of lines; the equal functioning of great [*yang* 阳 lines] and small [*yin* 阴 lines] happens through the hexagrams; distinctions of fortune and misfortune lie in the judgments of hexagrams and lines; fear, worry, shame and regret come from the minute differentiations between small actions; avoiding harm after being frightened or warned is due to prompt correction of mistakes.

Therefore, hexagrams differ in their great or small characters; the judgments of hexagrams and lines differ from danger to ease.

Judgments are used to point out the propensities of changes.

大意：所以，陈列区分六爻贵贱的象征在于爻位，能够让大的阳爻和小的阴爻机会均等地发挥作用在于卦，分辨吉凶在于各卦各爻的文辞，忧虑反省悔恨或吝难在于吉凶善恶中间的几微之处，害怕担心、知道戒惧从而不犯错误、避免咎害在于能悔悟。

所以，六十四卦有大有小，阳性卦为大，阴性卦为小，卦爻辞有的凶险，有的平易。

卦爻辞是指示时势变化的趋向或人趋避的方向。

讲解：这一段说明卦爻辞常用术语的通例。

(四)

《易》与天地准,故能弥纶天地之道。仰以观于天文,俯以察于地理,是故知幽明之故。原始反终,故知死生之说。

The Changes (*Yijing*) takes the heavens-and-earth (*tian-di* 天地) as its model of imitation. Therefore, it can encompass the *dao*(道) of heavens-and-earth.

Looking up,[the *dao*(道) of the Changes can be applied] in contemplation on changes of heavenly bodies, and looking down, in examination of earthly transformations. Hence, one can understand the reason for minute changes of brightness and darkness.

By tracing events back to their origins and examining them to their ends, one comes to know the reason for transformations of life and death.

大意:《易》道与天地之道相一致,《易》的创造与变化皆以天地为模拟的基准,所以能包含天地之间所有的道理。

用《易》道上可仰观天上日月星辰的文采,下可俯察地上山河动植物的理则。因此就能知道显隐荣枯、光明幽暗的缘故。

推原事物的本始,反究事物的终结,就能够知道有无相生、生死转化的道理。

精气为物,游魂为变,是故知鬼神之情状。

[Examining] the formation of things from the condensing of *qi* 气 and the changes of the roaming souls [separating from this *qi* 气], one can understand the actual situations of ghosts and spirits in the world.

大意：考察精气凝聚而成的物形，精气分离出来成为游魂而造成的变化，由此可以知道鬼神的情实状态。

讲解：以上说明《易》理的精微，能知幽明、死生、鬼神。

与天地相似，故不违；知周乎万物而道济天下，故不过。旁行而不流，乐天知命，故不忧。安土敦乎仁，故能爱。范围天地之化而不过，曲成万物而不遗，通乎昼夜之道而知，故神无方而《易》无体。

[The *dao* 道 of the Changes resembles the movement of the heavens-and-earth (*tian-di* 天地), so] it is consistent with the *dao* 道 of the heavens-and-earth.

The wisdom [of the *dao* 道 of the Changes (*Yijing*)] covers all things and events, and its *dao* 道 is helpful for all under heaven, so it does not lead to mistakes.

The pervasive movement of the *dao* 道 never drifts into indulgence; [it teaches people to] enjoy [the *dao* 道 of] the heavens (*tian* 天) and understand their destiny (*ming* 命), and thus be free of worries.

Feeling at ease in one's position on the earth, and heartfelt in one's benevolence, thus one can be loving.

[The *dao* 道 of the Changes] encloses all changes of the heavens-and-earth without mistake, carefully shaping the myriad things without missing any one of them.

It is a source of endless wisdom because it thoroughly penetrates the *dao* 道 of day and night.

Therefore, no static method can illuminate its mysterious function, and no fixed model can fathom its changes.

大意：《易》道与天地的运动相似，故《易》道与天地之道不相违背。

《易》道的智慧周遍万事万物，它的道足以济助天下，所以不会有偏差失误。

《易》道遍行天下却不会流于放纵，它教导人们乐行天道而知其命数，就不会有忧愁。

安于所处的时势地位，发扬敦厚的仁慈，就能博爱天下。

《易》道能够拟范天地的变化而没有过失，能够细密委婉地成全万物而无所遗漏，能够会通昼夜幽明的道理而知晓一切。

所以《易》道神奇奥妙难测，其神妙没有固定的方式，其变易不拘泥于任何固定的体式。

讲解：这一节进一步阐述了《易》理的精微以及《易》道的广大。

（五）

一阴一阳之谓道，继之者善也，成之者性也。仁者见之谓之仁，知者见之谓之知，百姓日用而不知，故君子之道鲜矣。

The correlation of one *yin* 阴 and one *yang* 阳 is the *dao* 道.

That which continues the *dao* 道 [and creates things] is good (*shan* 善); that which forms the *dao* 道 [in the myriad things themselves] is their natural tendencies (*xing* 性).

When a humane person sees [the humane aspect of] the *dao* (道), he calls it co-humanity (*ren* 仁). When a wise person sees [the wise aspect of] the *dao* 道, he calls it wisdom. The common people make use of the *dao* 道 everyday but they are not aware of it. Therefore, the *dao* 道 of the exemplary person [who comprehends the *dao* 道 of the Changes thoroughly, and follows it] is rarely noticed.

大意：一阴一阳相反相成，阴极生阳，阳极生阴，阴与阳不断向各自相反方向转化就是道，道的继续而创生宇宙万事万物就是善，道铸成于万事万物当中就是性。

仁慈的人见到道有仁慈的一面，就把道称作"仁"；智慧的人见到道有智慧的一面，就把道称作"智"。百姓日常遵循"道"，却对"道"茫然无知，所以像君子那样全面了解"道"，又能依"道"行事的人实在是太少了。

显诸仁，藏诸用，鼓万物而不与圣人同忧，盛德大业至矣哉！

It [the function of the *dao* 道 of Changes] appears through the virtue of co-humanity [in creating things], and hides in the application of everyday life.

It [the *dao* 道 of Changes] arouses the myriad things but never shares the anxieties of sages [about human affairs].

How perfect and sublime is its abundant virtue and supreme enterprise!

大意：《易》道显现在成就万物的仁德善行之中，隐藏在人伦日用中而不被察知。

《易》道鼓动生成万物而不像有忧患之心的圣人那样有意

忧虑人间事务，《易》道具备的盛美道德和建立的功业真是至高无上啊！

富有之谓大业，日新之谓盛德。生生之谓易，成象之谓乾，效法之谓坤，极数知来之谓占，通变之谓事，阴阳不测之谓神。

That which is wealthy and plentiful is called the supreme enterprise [of the *dao* 道].

That which renews everyday is called the abundant virtue [of the *dao* 道].

That which spontaneously produces and reproduces is called the changing (*yi* 易) [of the *dao* 道].

That which creates the images [in the heavens] is [the power of] *Qian* 乾 (the active creativity of the *dao* 道).

That which follows the patterns [on the earth] is [the power of] *Kun* 坤 (the formative creativity of the *dao* 道).

Fathoming the pattern of numbers and foretelling the future is called divination.

Knowing clearly about the propensity of things and leading the trend of changes is called penetrating events.

The mastering of this propensity in the uncertainty and inscrutability of *yin* 阴 and *yang* 阳 is called mysterious enlightenment.

大意：道化生天地万物，富有天下而无所偏私，这就是"道"的盛大功业。

　　道运化不息，日新又新，这就是"道"的盛美德行。

道创化不息,生而又生,生生不已就是"易"的状态。

形成天的卦象是易道乾健的表现。

效法地的卦象是易道坤顺的表现。

穷极占筮的数理而预知未来的变化就称为"占"测,通达事物变化的趋势,再按照这种趋势去引领它的发展就称为"事"态。

能操控阴阳运化至神奇奥妙,超出常人测度的能力之外的境界就称作"神"妙。

讲解:以上说明什么是道及其与易、占、事、神等的关系。

(六)

夫《易》广矣大矣,以言乎远则不御,以言乎迩则静而正,以言乎天地之间则备矣。

How vast and profound is the *dao* 道 of the Changes!

When using it to foretell distant events, it extends without boundary.

When using it to clarify events at hand, it is stable and accurate.

When using it to explain events between the heavens and the earth, it covers them in detail leaving nothing behind.

大意:《易》道真是广大啊。

用它来说明极远的事情,它变化穷深,没有止境;用它来说明极近的事情,它安宁稳定,不出偏差。

用它来说明天地间的事情,它无所不包,所有的道理都已经详备无遗。

(八)

圣人有以见天下之赜,而拟诸其形容,象其物宜,是故谓之象。圣人有以见天下之动,而观其会通,以行其典礼,系辞焉以断其吉凶,是故谓之爻。言天下之至赜而不可恶也,言天下之至动而不可乱也。拟之而后言,议之而后动,拟议以成其变化。

Sages were able to perceive the subtle aspects of the miscellaneous world, [felt moved in their heart-minds, and] decided to simulate its configuration, to model figures of the things and events through the images of hexagrams and lines. This was how the images (xiang 象) came into being. Sages were able to perceive the movements [of all things] under heaven, [felt moved in their heart-minds,] contemplating on the key principle suitable for all changing events, and being enlightened as to how things correlate together, drew up models and styles to be applied with appropriate timing. Appending statements to the hexagrams and lines, judging the outcomes of events as fortunate or unfortunate, this is how the lines (yao 爻) came into being.

[Images are applied] in clarifying the most subtle and miscellaneous phenomena, so they should not be damaged; [lines] are applied in clarifying the most minute changes, so they should not be confused.

[Sages] simulated and modeled images, and then [applied

them to] clarify the most subtle patterns; discussing fortune or misfortune [through the lines (yao 爻)] and then taking actions.

[Sages] co-created together with the changing phenomena [of all under heaven] through simulating and modeling [images], as well as illuminating and comprehending [lines].

大意：圣人能够见到天下众多精微神妙而难为常人所知之处，有感于心，用象来模拟事物的形态容貌，用适宜的卦象来表现某一类事物最深沉内在的特征，这就是"象"的由来。

圣人体会到天地之间事物运动变化不止，有感于心，领悟事物运动变化之间会和而又通行的关键状态，把这些分析出来的动态的共同点在适当的时候加以运用，通过给六十四卦三百八十四爻附上卦爻辞，来判断事物变化的吉凶，这就是"爻"作为效法天下之动的由来。

"象"是为了说明天下最精微幽深的道理，所以不容破坏；"爻"是为了说明天下最微妙复杂的运动变化，所以不能混乱。

圣人模拟"象"来言说精深难解的道理，用拟议好的"爻"辞判断吉凶而后再采取行动，通过模拟"象"、拟议"爻"辞来解说世间万事万物的变化。

讲解：这一节说明制《易》的方法是拟议。

"鸣鹤在阴，其子和之。我有好爵，吾与尔靡之。"
子曰："君子居其室，出其言善，则千里之外应之，况其迩者乎？居其室，出其言不善，则千里之外违之，况其迩者乎？言出乎身，加乎民；行发乎迩，见乎远。言行，君子之枢机。枢机之发，荣辱之主也。言行，君子之所以动天地也，可不慎乎！"

〔It is said in the Nine in the second place of Hexagram ♯61 Zhongfu (Inner Credibility).〕"A crane is singing in the shade of a tree, its baby crane responds to it. I have a goblet of good wine. I will share it with you."

Confucius says: "The exemplary person stays in his room, but his honest and sincere words resonate even a thousand miles away, let alone with those nearby! If one stays in one's room and says something dishonest or insincere, even people a thousand miles away will not follow, let alone those nearby! Words are uttered from our mouths, but are heard by and extend influence to all the people. Actions are performed locally, but are seen by and extend influence to people far away. Words and actions are the hinges and pivots of exemplary persons. These hinges and pivots are crucial for people in matters of disgrace and honor. Words and actions are the means by which 〔the intentions of〕 exemplary persons move the heavens and shake the earth. How can one not take care 〔over them〕?"

太意:《中孚·九二》说:"大鹤在山阴下鸣唱,它的小鹤在远方也鸣唱应和。我这里有甘甜的美酒,我希望与你分享,同饮共乐。"

孔子说:"君子居住在室内,只要说出的话真诚良善,即使千里之外也会有人得到感应而来应和,更何况那些在近处的人呢!居住在室内,只要说出的话不真诚良善,即使千里之外也会有人违逆背叛,更何况那些在近处的人呢!言语通过自身的嘴说出来,大众即使在很远的地方都能够听到并受到影响;行为通过自身在近处发生,大众即使在很远的地方都能够看到它的表现。言语与行为是君子起心动念、立身行事的枢纽机关，枢纽机关开启发动的瞬间，是决定得到荣耀还是受到羞辱的主导因素。言语与行为，是君子起心动念以至感天动地的根本所在，怎么可以不谨慎小心呢？"

"同人：先号咷而后笑。"
子曰："君子之道，或出或处，或默或语。二人同心，其利断金。同心之言，其臭如兰。"

[It is said in the Nine in the fifth place of Hexagram #13 Tongren (seeking fellowship):] "Seeking fellowship: crying and howling at first, but ending in laughter."

Confucius says: "The *dao* 道 of exemplary persons [means handling things with good timing]: If the timing is suitable, they come out to serve the people. If not, they retire. When the time is right, they speak out. When it is not, they keep silent. Two persons seeking fellowship share the same intention, thus their strength can cut through iron. The harmonious words [of such people] are fragrant like orchids."

大意：《同人·九五》说："与人和同，先号咷痛哭，后开颜欢笑。"

孔子说："君子所奉行的处世之道，是时机适合与人和同的时候，就出来兼济天下；时机不适合与人和同的时候，就引退而独善其身。时机不适合与人和同的时候就应该沉默寡言，时机适合与人和同的时候就可以畅发议论。两人心意相通，彼此和同，他们的合力就如利刃一般锋利，可以切断金属；心意相通、彼此和同的话语，其气味如兰花一般芳香。"

"初六,藉用白茅,无咎。"

子曰:"苟错诸地而可矣,藉之用茅,何咎之有? 慎之至也。夫茅之为物薄,而用可重也。慎斯术也以往,其无所失矣。"

〔The judgment of the first line of Hexagram ♯28 Daguo (great excess) says:〕"Putting white couch grasses under an altar, no blame."

Confucius says:"Even putting sacrifice materials on the ground works. Putting a sheet of white couch grass under them, how can this be a mistake? It is the way of utmost caution. Couch grass is a very insignificant material, but the way one uses it may have great significance. If one can handle things in such a cautious way, he will be free of mistakes."

大意:《大过·初六》爻辞说:"用洁白柔软的茅草垫在祭品的下边,没有咎害。"

孔子说:"如果直接把祭品摆放在地上也是可以的,在下边还要再垫上一层洁白柔软的茅草,这又有什么过错呢? 这是敬重谨慎到极点的做法。虽然茅草只是一种轻微之物,但以合适的心意或态度来使用它,也可以产生非常重大的意义。如果能够用这种谨小慎微的态度去立身处世,那就很难再有过失了。"

"劳谦君子,有终吉。"

子曰:"劳而不伐,有功而不德,厚之至也。语以其功下人者也。德言盛,礼言恭,谦也者,致恭以存其位者也。"

〔The Nine in the third place of Hexagram ♯15 Qian (Modesty) says:]"Exemplary persons with great contribution and modesty will have good results in the end, [and will have good fortune]."

Confucius says: "[Exemplary persons] never boast of their diligence; they never consider themselves to have favored others even when they have contributed a lot. They are persons of utmost devotion. This talks about people who make a great contribution but are very modest with others. Words with virtue entail flourishing; words with etiquette entail modesty. Modesty entails respect, and these help people maintain their status".

大意：《谦·九三》爻辞说："劳苦功高而谦卑和善的君子,会有一个美好的结果,吉祥。"

孔子说："辛苦操劳却不自我夸耀,有功劳却不自以为有恩德于人,这是忠厚到极点的表现。这是指君子建功立业了,但还能保持谦虚谨慎的态度居人之下。君子说话处世的时候,合于道德的言语能够助他兴旺盛大,合于礼仪的言语能够让他恭谨处世；谦虚是君子长久维持恭敬的态度,进而保住自己的地位的原因。"

"不出户庭,无咎。"

子曰："乱之所生也,则言语以为阶。君不密则失臣,臣不密则失身,几事不密则害成。是以君子慎密而不出也。"

[The Nine in the first place of Hexagram #60 Jie (Disciplining) says:]"[Being disciplined,] don't go out of your door and courtyard, and there will be no harm."

Confucius says: "The beginning of disaster lies in the first step of incautious words. If a ruler cannot keep things secret, he will lose his ministers; if a minister cannot keep things secret, he will ruin himself. If one cannot keep things secret as events are still in planning, one's successes will be harmed. That is why exemplary persons always keep alert and never say a wrong word."

大意:《节·初九》爻辞:"保持节制谨慎,不走到门户和庭院外面,就没有咎害。"

孔子说:"灾祸和动乱的产生,往往是因为言语不慎而不能保密。君王说话不能保守秘密就会失去臣子,臣子说话不能保守秘密就会招来杀身之祸。办事的时候,如果在细小微妙之处不能保守秘密的话,就会妨害到事情的成功。因此君子总是谨慎保密而不从嘴里说出错话。"

子曰:"作《易》者,其知盗乎?《易》曰:'负且乘,致寇至。'负也者,小人之事也。乘也者,君子之器也。小人而乘君子之器,盗思夺之矣。上慢下暴,盗思伐之矣。慢藏诲盗,冶容诲淫。《易》曰:'负且乘,致寇至。'盗之招也。"

Confucius says: "The author of the Changes knew the mind of robbers! It is said in the Changes, 'Carrying a burden while driving attracts robbers.' Carrying a burden on one's shoulders is the work of petty persons. Carriages are used by exemplary persons instead of walking. When petty persons sit in the carriage of an exemplary person, robbers think of seizing it. If a person treats those above him rudely and those below him cruelly, robbers will think of attacking him. Not hiding valuables teaches thieves to steal; dressing up seductively encourages flirtation and lust. It is said in the Changes that 'carrying a burden while driving attracts robbers'. This means that the harm of robbers is actually brought about by one's own [inappropriate] intentions."

大意：孔子说："创作《易》的人,大概了解盗寇的心理吧!《解•六三》爻辞说:'负且乘,致寇至(身负重物而乘坐豪车,就会招致强盗来抢劫)。'背负重物是地位低的小人做的事情,而乘车出行是地位高的君子的特权。如果身为小人却坐在君子的车子上面,那样盗寇都会起心谋划来抢劫了。小人在君子的位置上的时候,容易对上傲慢,对下粗暴,那样寇盗就会起心谋划要来收拾他。以怠慢的态度不赶紧把珍贵的财物收藏起来,这是招引盗贼来盗窃;把自己打扮得妖冶艳丽,那是诱发他人的淫荡之心,并教唆人家来调戏淫乱。《易》里讲'负且乘,致寇至(身负重物而乘坐豪车,就会招致强盗来抢劫)',这是说寇盗对自己的伤害,其实都是自己不适合的起心动念才会招来的。"

（十）

《易》有圣人之道四焉：以言者尚其辞，以动者尚其变，以制器者尚其象，以卜筮者尚其占。

The Changes includes four aspects of the *dao* 道 of sages：Applying it in speech，attach importance to its wording；Applying it in action，attach importance to its changes；Applying it in making implements，attach importance to its images；Applying it in divination，attach importance to its judgments.

大意:《易》的圣人之道从这四个方面体现出来:

用它来指导言语的人崇尚它的文采辞藻;用它来指导行动的人崇尚它的变化系统;用它来制造器物的人崇尚它的卦爻实象;用它来卜筮预测的人崇尚它的占筮机制。

是以君子将有为也,将有行也,问焉而以言,其受命也如响。无有远近幽深,遂知来物。非天下之至精,其孰能与于此?

Therefore, whenever exemplary persons take action or move, they consult it and follow its instructions in their speech. The Changes responds to their questions like an echo. No matter how far, near, secluded or deep [an event is], they come to know its future situation.

If the Changes did not contain the most profound patterns of events in the world, how could anyone achieve this?

大意:因此,君子将要有所作为,有所行动的时候,就去卜问征询《易》,再依照《易》的指导来说话行事。《易》则会像回音一般地应答君子的疑惑。无论是遥远切近,还是隐幽深邃的事情,询问《易》就可以预测出未来事物的情状。

如果不是天下最精巧奥妙的预测机制,又有谁能够做得到这些呢?

《易》无思也,无为也,寂然不动,感而遂通天下之故。非天下之至神,其孰能与于此?

The Changes is [purely natural] without thoughts and actions, it is quiet in silence, but when stimulated, it is able to penetrate all the patterns under heaven [in response].

If the Changes were not the most mystical thing in the world, how could anything else achieve this?

大意:《易》的状态是纯任自然,不思不虑的,不作不为的,看起来虚寂不动,但每当受到感应就能够迅速回应天下各种各样的事情。

如果《易》不是通达天下最为神奇的大道,又有谁能做到这些?

(十一)

子曰:"夫《易》何为者也?夫《易》开物成务,冒天下之道,如斯而已者也。"

Confucius says: "What does the Changes do? The Changes helps create the myriad things and events, [penetrating their intentions,] completing enterprises, and encompassing the *dao* 道 of all under heaven. The Changes is just this [kind of philosophical theory] and nothing else."

大意:孔子说:"《易》是用来做什么的?《易》能够开创万物,通达其志,成就天下的事务,包容覆盖天下的大道,《易》就是如此而已的哲理罢了。"

是故圣人以通天下之志,以定天下之业,以断天下之疑。是故著之德圆而神,卦之德方以知,六爻之义易以贡。

Therefore, sages use the Changes to penetrate the intentions of the people in the world, give determination to the enterprises in the world, and clarify all doubtful matters in the world.

Therefore, the functioning of divination stalks is smooth and mystical; the functioning [of the images] of the hexagrams is regular and hence full of wisdom; the six lines change [in a hexagram,] and their significance [of fortune and misfortune] is revealed clearly to people.

大意：所以，圣人用《易》来贯通天下人的心意和志向，确定天下的事业，决断天下的疑惑。

所以蓍草圆通而神奇，演算起来非常神妙；卦象方正而有智慧，足以测知未来；六爻变动不居，将卦爻辞当中蕴含的吉凶直观地告知人们。

是故《易》有太极，是生两仪。两仪生四象。四象生八卦。八卦定吉凶，吉凶生大业。

Therefore, the Changes contains the Great Ultimate (*Taiji* 太极) [in which *yin* 阴 and *yang* 阳 are not separated at the beginning of the cosmos], which transforms to become the two powers [*yin* 阴 and *yang* 阳, or the heavens and the earth].

The two powers transform to become the four images [metal, wood, water and fire, or greater *yang* 阳 and lesser *yang* 阳, greater *yin* 阴 and lesser *yin* 阴];

The four images transform to become the Eight Trigrams [Qian (heavens), Dui (lake), Li (fire), Zhen (thunder), Xun (wind), Kan (water), Gen (mountain), Kun (earth)].

The transformations of the Eight Trigrams determine the fortune and misfortune [of all events].

[If one can judge and make use of] fortune and misfortune [in changing events, one can] create great enterprises.

大意：所以，《易》从宇宙创生开始就有阴阳未分的太极（混沌广大之元气），从太极化生出（天地或阴阳）两仪。两仪化生出（金木水火或太阳太阴少阳少阴）四象。四象化生出（天地雷风水火山泽或乾兑离震巽坎艮坤）八卦。八卦的推演就可以确定事情的吉凶，能够判断和运用事情的吉凶，就可以创生盛大的功业。

是故法象莫大乎天地，变通莫大乎四时，县象著明莫大乎日月，崇高莫大乎富贵。备物致用，立成器以为天下利，莫大乎圣人。探赜索隐，钩深致远，以定天下之吉凶，成天下之亹亹者，莫大乎蓍龟。

Therefore, there are no modeling images bigger than the heavens and the earth; there are no changing and penetrating [situations] greater than the four seasons; there are no suspended and illuminating images bigger than the sun and the moon; there is no sublimity [in the human world] greater than wealth and nobility.

Preparing things and events for all people to use, creating implements for the benefit of all people under heaven, none achieved this in a greater way than the sages.

Probing into the subtleties, exploring the mysteries, delving into the depths and extending to situations afar, examining and determining the fortune and misfortune of the changing events in the world, encouraging and supporting all people under heaven to establish their enterprises diligently, nothing is greater for achieving this than divination stalks and tortoise shells.

大意：所以效法自然的对象没有比天和地更大的，变化通达的情形没有比四季更替更大的，高悬法象光明显著没有比太阳和月亮更大的，让人尊崇仰望没有比富有高贵更大的。

齐备事物供天下人来使用，制造现成的器具为天下人提供便利，这样的功劳没有比圣人更大的。

探究精微，索求幽隐，钩取深奥，招致遥远，考察推定天下事情变化的吉凶，

催促助成天下人勤勉不懈地建功立业，这样的功效没有比蓍草和龟卜更大的。

是故，天生神物，圣人则之。天地变化，圣人效之。天垂象，见吉凶，圣人象之。河出图，洛出书，圣人则之。《易》有四象，所以示也。系辞焉，所以告也。定之以吉凶，所以断也。

Therefore, nature gives birth to mysterious things [yarrow stalks and spiritual tortoises], and sages emulated their patterns and invented the method of divination.

There are [four seasons] transforming between the heavens and the earth, and the sages [used images and lines to] represent these natural movements.

The heavens manifest images [sun, moon, and stars] to reveal fortune and misfortune, and the sages created images of hexagrams according to them.

The dragon-horse appeared in the Yellow River with a Chart

on its back, a spiritual tortoise appeared in the Luo River with a Diagram on its back, and the sages established the Eight Trigrams and the Sixty-four Hexagrams [according to the moving patterns of the numbers in the Chart and the Diagram].

The Changes [penetrates to the heavens and] has these four kinds of images, so the sages [invented divination, changing lines, images of hexagrams, and the Eight Trigrams as well as the Sixty-four Hexagrams, and] revealed to people [that the creation of the Changes is based upon natural phenomena.]

[The sages] attached judgments to each hexagram and each line, in order to inform people [of the propensity of changing events].

After the fortune and misfortune of hexagrams and lines have been determined, sages used the Changes to help people make decisions [concerning events].

大意：所以，大自然生出神奇的蓍草和灵龟，圣人取法其原理发明卜筮的方法。

天地本来就有四季的变化，春生夏长秋收冬藏，圣人用爻象来仿效自然的运动变化。

天垂现日月星辰等天象，揭示吉凶征兆，圣人模拟它创造各种卦象。

黄河出现龙马背负河图，洛水出现神龟背负洛书，圣人取法它创立八卦六十四卦。

《易》通于天，有这四个方面的象（天生神物，天地变化，天象吉凶，河图洛书），圣人以此创制占卜、爻变、卦象、八卦六十四卦，来昭示世人《易》之创始与自然之象相通。在各卦各爻下附上卦爻辞,用来告示人们变化的趋向。把卦爻的吉凶确定下来,用来帮助人们做出判断。

讲解:以上内容说明了《易经》创制的直观原理和具体依据。

是故形而上者谓之道,形而下者谓之器。化而裁之谓之变,推而行之谓之通,举而错之天下之民谓之事业。

Therefore, that which [transcends and] is above physical forms is called the *dao* 道, and that which [enclose and] are beneath physical forms are called concrete things (*qi* 器).

Transforming the *dao* 道 to determine things is called change; Initiating the *dao* 道 to move things is called continuous penetrating; Raising the *dao* 道 up to bring order to all people under heaven is called affairs and enterprise.

大意:所以,超越万物具体形体之上、不可测度,创生并生养万物,为万物所共有的"心物一体"就是道,落实在万物具体形体以下、可以测度的"物心一体"就是器物。

用形上之道来裁断形下之器(心之裁断物),这就叫变化;将形上之道推行于形下之器之中(心之推行物),这就叫通达;把形上之道用在天下人民身上,这就叫事业。

系辞下

(一)

八卦成列,象在其中矣。因而重之,爻在其中矣。刚柔相推,变在其中矣,系辞焉而命之,动在其中矣。

When the Eight Trigrams are displayed in order, the images they represent are already among them.

When the Eight Trigrams are doubled and combined with one another, [the Sixty-four Hexagrams come into being and 384] lines are already among them.

When the *yang* 阳 (strong/hard) lines and the *yin* 阴 (weak/soft) lines reciprocally transform into one another [in any hexagram], the [cosmological] changes are already among them.

When judgments are appended to the hexagrams and lines, [worldly] movements are already among them.

大意:八卦形成并分列其相应之位后,卦象所代表的万物的象征就在其中了。

八卦重叠组合形成六十四卦之后,三百八十四爻就在其中了。

刚爻与柔爻在卦中相互推移,宇宙间的千变万化就在其中了。

在卦爻之下附上文辞以命断吉凶,这样人间世事的变动,趋吉避凶的道理就在其中了。

吉凶悔吝者,生乎动者也。刚柔者,立本者也。变通者,趋时者也。吉凶者,贞胜者也。天地之道,贞观者也。日月之道,贞明者也。天下之动,贞夫一者也。

Good fortune, misfortune, regret and danger all come from the movements [of intentions and words].

The strong/hard (*yang* 阳 lines) and the weak/soft (*yin* 阴 lines) form the basis [for the hexagrams of the Changes].

Change and continuity (*biantong* 变通) are adaptive to time [and space].

Good fortune and misfortune are based on achieving success by following the constant way.

The *dao* 道 of the heavens-and-earth (*tian-di* 天地), through constancy, manifests itself in the myriad things.

The *dao* 道 of the sun and the moon, through constancy, illuminate themselves.

All movements under heaven, through constancy, can converge and come into focus.

大意：人世间的吉凶悔吝现象因人的起心动念和言语行动而产生。

刚(爻)与柔(爻)是建立《易》卦体系的根本，也是人间心意发动、行事进退的根基。

变通是因应时势做出适宜的心意和行动选择。

时机有吉有凶，但人的言行要能够长久持守正道，才能够险中求胜，立于不败之地。人事如此，宇宙之间的运化也是如此：

天地之道因为长久持守正道，所以成就万物，蔚然大观。

日月之道因为长久持守正道，所以普照大地，大放光明。

大自然能在变动当中成就万事万物，是因为长久持守正道，心意精诚专一，"自然之意"发动皆通于天地万物之运化。

《易》曰："憧憧往来，朋从尔思。"子曰："天下何思何虑？天下同归而殊途，一致而百虑。天下何思何虑？日往则月来，月往则日来，日月相推而明生焉。寒往则暑来，暑往则寒来，寒暑相推而岁成焉。往者屈也，来者信也，屈信相感而利生焉。尺蠖之屈，以求信也；龙蛇之蛰，以存身也。精义入神，以致用也；利用安身，以崇德也。过此以往，未之或知也；穷神知化，德之盛也。"

The Nine in the fourth place of Hexagram #31 Xian (Stimulation and Response) says, "Coming and going in indecision, [but having settled one's mind,] friends will follow one's intention."

Confucius explains, "What do those [the myriad things] under heaven think? What do they worry about? The myriad things under heaven return to the same destination, but follow different routes. They share the same goal but start with a myriad of different intentions. What do those [the myriad things] under heaven think? What do they worry about? When the sun sets [in the west], the moon rises [in the east]; when the moon sets [in the west], the sun rises [in the east]. Brightness comes about through the reciprocal movements of the sun and the moon. When winter leaves, summer comes; when summer leaves, winter comes. Years come about through the reciprocal exchange between winter and summer. When those whose time has passed are contracting, those whose time is coming are already beginning to expand. [If one wants to expand, one should first contract.] The process of contraction and expansion leads to benefit. The small worm contracts itself in order to extend its body; the great snake and elongated dragon hibernate in order to restore their lives. Having explored the significance [of the judgments as above] and entered into their mystical spirit, one can practice according to this. Understanding the beneficial function [of stimulation and response through contraction and extension], and finding contentment in any situation, one can promote one's virtue [and excellence]. Passing beyond this [realm], one moves into the unknown. Penetrating the mysteries of the cosmos and understanding all the changing phenomena under heaven, this is the perfection of [sagely] virtue [and excellence]. [How can one who comprehends this have anything to think or worry about?]"

大意：《咸·九四》里讲："心思意向不能专一，心神不宁，飘忽无定，来来往往，一旦思虑专一，朋友终究会顺从你的心思意虑。"

孔子解释说："天下万物在思索什么？在忧虑什么呢？天下万事万物沿着不同的道路出发，但走到共同的归宿，有着一致的目标，却出自千百种心思考虑。天下万物在思索什么？在忧虑什么呢？太阳西落则月亮东升，月亮西落则太阳东升，太阳月亮交相推移产生光明。寒冬逝去暑夏就来，暑夏逝去寒冬就来，寒冬和暑夏交相推移就形成年岁。过往消逝的事情可以说是处于委屈收缩的状态，将来发生的事情可以说是处于伸开舒展的状态（收缩是为了伸展），委屈与伸展交相感应就产生了利益。尺蠖毛虫把身子蜷屈起来，养精蓄锐，是为了求得适时向前伸展。巨龙与长蛇冬眠蛰伏，是为了保存自身。专心致志地推究精微义理到出神入化、神妙莫测的地步，就可以学以致用。知道屈伸相感之利,又能利用它来帮助自己随遇而安,就可以提高道德、增进德业了。超过这种境界再向前推求,即使是圣人恐怕都无法知晓了。能够穷极宇宙的神妙,通晓天下的变化,这就是道德盛大的最高境界了。(这哪有什么思索忧虑呢?)"

讲解:以上各节举例说明了爻辞的义理。

说卦选讲

昔者圣人之作《易》也,幽赞于神明而生蓍,参天两地而倚数,观变于阴阳而立卦,发挥于刚柔而生爻,和顺于道德而理于义,穷理尽性以至于命。

In ancient times, the sages invented the Changes [in the following way]:

They created the method of using yarrow stalks to divine in responding to [the intentions of] the spiritual beings (*shen* 神) in secret.

They formulated the patterns [of the Changes] based on the natural numbers deduced from the interweaving of the three heavenly numbers as odd and the two earthly numbers as even.

They set up the Trigrams (*gua* 卦) based on their observations of the changing of *yin* 阴 and *yang* 阳 [between the heavens and the earth].

They invented the lines (*yao* 爻) based on the changing and moving patterns of the strong/hard (*yang* 阳) and the weak/soft (*yin* 阴).

They established the patterns (*li* 理) and appropriateness (*yi* 义) according to the continuity of human excellence (*de* 德) and the *dao* 道 of heaven-and-earth (*tian-di* 天地), or of *yin* 阴 and *yang* 阳.

They were able to arrive at a full understanding of the destinies of all the processes and events by exhausting their patterns and fully fathoming their natural tendencies.

大意：从前圣人创制《易》的时候，穷极幽深，暗中参赞于神明之意的境域，从而创造了用蓍草来占筮的方法，把天奇（一三五）地偶（二四）相互交错的道理揣摩出来，确定了《易》的数理，观察天地阴阳的变化而设立了卦形，发挥阳刚阴柔的道理而创制了爻变，把人的道德与天地阴阳之道相协调，将天人之际理顺合宜，穷极奥理，尽究万事万物的本然之性，以至于通晓并揭示它们的命运。

讲解：这一段提醒人们注意《易经》里蓍、数、卦、爻、义、命六个方面的内容。

（按："参天两地"指在 1、2、3、4、5 五个生数里，有天数 1、3、5 三个，地数 2、4 两个，合起来是五个，所以才能形成"三五以变"。）

昔者圣人之作《易》也，将以顺性命之理，是以立天之道曰阴与阳，立地之道曰柔与刚，立人之道曰仁与义。兼三才而两之，故《易》六画而成卦。分阴分阳，迭用柔刚，故《易》六位而成章。

In ancient times, when the sages invented the Changes [in the following way]:

They intended to follow the patterns of natural tendencies (*xing* 性) and the propensities (*ming* 命) [of all processes and events].

They regulated that *yin* 阴 and *yang* 阳 belong to the *dao* 道 of the heavens (*tiandao* 天道), that the weak/soft (*yin* 阴) and the strong/hard (*yang* 阳) belong to the *dao* of the earth (*didao* 地道), and that humanity (*ren* 仁) and appropriateness (*yi* 义) belong to the *dao* of people (*rendao* 人道).

Therefore, they used six lines to formulate a hexagram (*gua* 卦) so as to include each of the two aspects (*yin* 阴 and *yang* 阳) of the three powers (heavens-humans-earth, *sancai* 三才).

[There are six lines circulating in each hexagram which represent the six positions in which] the sages assigned the *yin* 阴 and the *yang* 阳 lines, alternating the application of the strong/hard (*yang* 阳) and the weak/soft (*yin* 阴) lines, [based on the nature of their positions].

Thus, each hexagram of the Changes uses six lines [as different positions and stages] to complete a manifesting figure.

大意:从前圣人创制《易》的时候,是要用它来调理和顺万事万物的自然本性和它们的自然命运之间的道理。因此确立了天道有"阴"与"阳"两方面,地道有"柔"与"刚"两方面,人道有"仁"与"义"两方面。

六爻兼备天地人三才的道理而两两相合,所以《易》以六个爻画组成一卦。

分开阴位阳位,交替使用刚爻、柔爻,因此《易》每卦必须具备六个爻位才交错成章。

讲解:这一段说明每卦用六爻的原因。

天分阴阳,在五爻六爻,五爻为阳,六爻为阴;
地分阴阳,在一爻二爻,一爻为阳,为刚,二爻为阴,为柔;
人分阴阳,在三爻四爻,三爻为阳,为义,四爻为阴,为仁。

乾,天也,故称乎父;坤,地也,故称乎母。震一索而得男,故谓之长男。巽一索而得女,故谓之长女。坎再索而得男,故谓之中男。离再索而得女,故谓之中女。艮三索而得男,故谓之少男。兑三索而得女,故谓之少女。

[As for the Eight Trigrams,] *Qian* 乾 represents the heavens (*tian* 天), [which belongs to *yang* 阳 (male),] so, *Qian* 乾 also represents father. *Kun* 坤 represents the earth (*di* 地), [which belongs to *yin* 阴 (female),] so, *Kun* 坤 also represents mother.

[Father and mother communicate with and respond to one another, so] *Kun* 坤 (Earth) receives the first *yang* 阳 (strong/hard) line from *Qian* 乾 (Heavens) and gives birth to the Trigram *Zhen* 震 (Thunder). Therefore, the Trigram *Zhen* 震 represents the eldest son.

Qian 乾 receives the first *yin* 阴 (soft/weak) line from *Kun* 坤 and gives birth to the Trigram *Xun* 巽 (Wind). Therefore, the Trigram *Xun* 巽 represents the eldest daughter.

Kun 坤 receives the second *yang* 阳 line from *Qian* 乾 and gives birth to the Trigram *Kan* 坎 (Water). Therefore, the Trigram *Kan* 坎 represents the middle son.

Qian 乾 receives the second *yin* 阴 line from *Kun* 坤 and gives birth to the Trigram *Li* 离 (Fire). Therefore, the Trigram *Li* 离 represents the middle daughter.

Kun 坤 receives the third *yang* 阳 line from *Qian* 乾 and gives birth to the Trigram *Gen* 艮 (Mountain). Therefore, the Trigram *Gen* 艮 represents the youngest son.

Qian 乾 receives the third yin 阴 line from Kun 坤 and gives birth to the Trigram Dui 兑（Lake）. Therefore，the Trigram Dui 兑 represents the youngest daughter.

大意：乾是天的象征，天属阳，所以表示父亲。

坤是地的象征，地属阴，所以表示母亲。

（父母阴阳交感，）坤卦从乾卦索取到第一个刚爻而生出男孩是震卦，所以震代表长男。

乾卦从坤卦索取到第一个柔爻而生出女孩是巽卦，所以巽代表长女。

坤卦从乾卦索取到第二个刚爻而生出男孩是坎卦，所以坎代表中男。

乾卦从坤卦索取到第二个柔爻而生出女孩是离卦，所以离代表中女。

坤卦从乾卦索取到第三个刚爻而生出男孩是艮卦，所以艮代表少男。

乾卦从坤卦索取到第三个柔爻而生出女孩是兑卦，所以兑代表少女。

讲解：这里用父母生六子比附乾坤生出六子卦。

序卦选讲

有天地然后有万物,有万物然后有男女,有男女然后有夫妇,有夫妇然后有父子,有父子然后有君臣,有君臣然后有上下,有上下然后礼义有所错。夫妇之道不可以不久也,故受之以《恒》。恒者,久也。

The ten thousand processes and events (*wanwu* 万物) come into being only after the heavens and the earth (*tian-di* 天地). The male and female exist only after the ten thousand processes and events.

The relationship of husband and wife is possible only after there are male and female. There is the relationship of father and son only after there is husband and wife.

The difference between ruler and ministers is possible only after the relationship between father and son becomes manifest.

The difference of ranking between the superior and inferior comes only after the relationship between the ruler and ministers is established.

The system of rites (*li* 礼) and appropriateness (*yi* 义) is based on the difference of ranking between the superior and inferior.

The proper way between husband and wife cannot fail to last long. Hence, Hexagram #32 *Heng* 恒 (Persistence) comes after the Hexagram #31 *Xian* 咸 (Stimulation and Response) because

Heng 恒 means persistence and eternity.

大意：有了天地，然后才会化生万物；有了万物，然后才有男性女性。

有了男性女性，然后才能配成夫妇；有了夫妇繁衍后代，然后才会产生父子。

有了父子，然后才出现尊长卑少的自然状态，然后才会有组成国家的君臣，以及君臣尊卑的观念。

有了君臣尊卑的观念，然后才会产生上下等级的官职名分。

有了上下等级的官职名分，然后礼仪制度就可以措置实行于其间。

夫妻的正道不可不长久存在，所以在象征感应的"咸"卦之后接着是象征恒久的"恒"卦，恒是永久的意思。

第三编

易经选讲

上经选讲

乾为天(卦一) （乾下乾上）

Qian 乾 is Tian 天 [the Heavens]（Hexagram #1）
Qian 乾 [the heavens] above
Qian 乾 [the heavens] below

乾①,元亨利贞②。

  Qian 乾（Creativity）：originality, flourishing, benefiting, and perseverance.

注释：①乾为卦名,即卦画之名。②元亨利贞是卦辞,每卦卦名之后,都有卦辞,是对全卦的断语。

大意：乾卦象征天,元始创生,亨通顺畅,和谐有利,强健贞正。

讲解：这是对乾卦的判断,有元亨利贞四德。虽然对于元亨利贞的断句和解说众说纷纭,但这里还是取象传的解释,因为易传是解释经文最可靠的根据。

《彖》曰①：大哉②乾元③,万物资④始,乃统⑤天。云行雨施,品物⑥流形。大明⑦终始,六位⑧时成。时乘六龙以御天。乾道⑨变化,各正性命⑩。保合⑪太和⑫,乃利贞⑬。首出庶物⑭,万国咸⑮宁。

  The Tuan 彖（Commentary on the Dominant Meanings）says:

So great is the origin *Qian* 乾 [*yang* 阳], that the myriad processes and events (*wanwu* 万物) come into being because of it and it has the function of regulating all the celestial bodies [which, in turn, connect to and regulate the human world as an integrated whole.] Clouds move and rain falls, and all things flow into their own natural forms. The sun continues to move from morning until night, so daytime is divided into six different stages as represented by the progressive upward movement of the six lines of the hexagram. *Qian* 乾 leads the movement of the celestial bodies by controlling the six stages of *yang* 阳 lines like driving six dragons in accordance with the appropriate time.

It moves and transforms according to the Way of *Qian* 乾 (*Qian dao* 乾道) so that the myriad processes and events acquire their true nature and direction [*xing* 性 (nature/natural tendencies/dispositions) and *ming* 命 (propensities/destinies)]. That is, the myriad processes and events evolve to an appropriate state of interconnection in balanced harmony (*he* 和). [It keeps the *yuan qi* 元气 (original vital energy) within the parameters of *Qian* 乾 [*yang* 阳] so it doesn't dissipate or scatter whilst in this configuration. Therefore, creative energy remains poised in absolute balance in the moment of *Qian* 乾. In this way the true nature and destiny (*xing* 性 and *ming* 命) of all beings comes into existence.] Accordingly, all phenomena and beings can exist perpetually relative to their true state of being.

Qian 乾 originally creates all things and events (*shuwu* 庶物)

such that all states are at peace.

注释：①《彖》曰：彖辞，即《彖传》对卦辞的解释。乾卦的彖辞对元亨利贞四德各自做了解释。②大哉：叹美之辞。③乾元：乾阳的创生之力。④资：依赖，借助。⑤统：统帅，统御。⑥品物：有形的万物。⑦大明：太阳，也指白天。⑧六位：六个时空状态，对应乾卦六爻的不同时位。⑨乾道：乾阳之道。⑩性命：万物的本性，性情与命运、遭际。⑪保和：保持，聚合。⑫太和：最和谐的状态。⑬贞：强健正固。⑭庶物：各种事物，言其众多。⑮咸：都。

大意：《彖传》说：乾阳的始创功能无限广大啊！万物借助于乾阳开始创造才有生命之机，乾阳因此统率着天道整体的运行过程。

  乾阳能够行云布雨，各类事物因为乾阳的流变而化生出各自不同的形体。太阳东升西落，终而复始，形成白昼的六个不同时段，如同六画卦表达的六个时空爻位，乾阳如同按时乘驾着六条巨龙统御着整个天道的运行。

  乾阳运动变化，使万物各自的性命得正，帮助万物各得其宜。常保永聚乾阳所赋予的元气不散，才能使性命长存，这样才获得自己的适宜状况而长存永固。

  乾阳首先创造出了众多的万物，天下都得到安宁祥和。

讲解：彖辞对乾卦的元亨利贞四德分别做了解说。先是赞叹，之后指出乾阳的创生力是宇宙之间万物生命力的来源，足以统帅天体的运行，更何况天地之间的万物和人事！从天上的万象来说，行云布雨，日往月来，寒暑交替，都不过是阳气的创造力在不同时空状态上运行的不同表现而已。从天地之间的万物来说，都是因为乾阳的创造力而获得各自的本性和性情，而顺性而生，就是各自的命运，所以万物的命运本质上都是生命的创造力在天地之间持续和绵延的状态。万物为了保持自己的生命，就要尽量保持原初的乾阳元气，使之和谐安宁，不让它消散，因为这是生命力的来源。如果能够这样，就可以成就人间的万事，使得天下的邦国万民都得到安宁。

《象》曰①：天行健②，君子以自强不息。

As the heavens move with full creativity, exemplary persons unremittingly practice self-improvement.

注释：①《象》曰：象辞，分大象辞和小象辞。大象辞紧跟在卦、彖辞之后，小象辞附在各个爻辞之后。这里是乾卦的大象辞。②健：刚健强劲。

大意：《象传》说：天道运行刚健不挠，周而复始，永不停息；君子效法天道，自立自强，永不止息。

讲解：周易观察天象，为的是推明人事，大象辞的表现最为典型。人从天象的刚健当中领悟到在人间成事也要坚定顽强，奋发进取。

初九①：潜②龙，勿用。

Nine at the beginning:

Dragon submerged, it is not time for action.

《象》曰："潜龙勿用"，阳在下也。

The *Xiang* 象 (Commentary on the Images) says:

"Dragon submerged, it is not time for action", [the first] *yang* 阳 [line] is at its first stage of development.

注释:①初九:对乾卦初爻的称呼,也称"爻题"或"爻序"。②潜:潜藏,潜伏。

大意:初九:龙潜于水中或藏于地下,不可急于施展才用,当韬晦以待时。

《象传》说:龙潜于水中或藏于地下,不可急于施展才用,当韬晦以待时。因为初九阳爻处于全卦的最下位,还发挥不了什么作用。

讲解:天地之间都是阴阳二气的交流变化。阳气初生的时候,可以理解为在盛阴之下,相对而言只有一点点,非常柔弱,不成气候,不可能发挥什么作用。人在没有机会、沉潜不为人知的时候,要学习龙的涵养,这里不仅是指龙的一般特点,更是龙之为物之精者的特殊品性,是内在而未显的深厚品德。

九二:见①龙在田,利见大人。

Nine in the second place:

Dragon appears in the field; it is advantageous to meet important people.

《象》曰:"见龙在田",德施普也。

The *Xiang* 象 (Commentary on the Images) says:

"Dragon appears in the field", virtue begins to spread its influence.

注释:①见:现。

大意:九二:龙出现在田地之上,见到大人物的有利时机到了。

《象传》说:龙出现在田地之上,见到大人物的有利时机到了。犹如一个人开始崭露头角,他的德行施布普遍,并得到广泛认可。

讲解：此爻龙德已有机会展示，还没有完全发挥出来。但能否得到机会成就事业，还需要得到大人物的认可。

九三：君子终日乾乾①，夕惕若厉②，无咎③。

Nine in the third place：

The exemplary person works hard everyday, never ceasing to do his or her best. At night s/he is watchful as if danger is near. There is no fault.

《象》曰："终日乾乾"，反复道也。

The *Xiang* 象（Commentary on the Images）says：

"Working hard everyday", returning to cultivation in the *dao* 道.

注释：①乾乾：勤勉健行的样子，本意是刚健又刚健。《说文》："乾，上出也。"段注："此乾字之本义也。自有文字以后，乃用为卦名，而孔子释之曰健也。健之义生于上出，上出为乾，下注则为湿，故乾与湿相对，俗别其音，古无是也。"可见，乾本义是物之上出，也就是向上生长体现出来的刚健有力。②夕惕若厉：惕：戒惧警省，居安思危。厉：危险。断句有"夕惕若，厉"和"夕惕，若厉"两种理解，前者认为危险实实在在，后者认为好像有危险来临一般，此处取后者。③咎：过咎，过错，有过错就会带来灾害，所以又有灾害之意，有时可以解为祸患。

大意：九三：君子一天到晚勤勉健行，直到深夜都时时警惕慎行，好像随时可能遇到危险一般。有这样的忧患意识能够免遭过失和祸患。

《象传》说:君子一天到晚勤勉健行,直到深夜都时时警惕慎行,好像随时可能遇到危险一般。有这样的忧患意识能够免遭过失和祸患。这是说君子要按照乾阳之道自强不息,反复修炼。

讲解:在保持忧患意识的前提下,努力学习,进取不止,反反复复锤炼自己。

九四:或①跃②在渊,无咎。

Nine in the fourth place:

Whether in the abyss or leaping up to the sky, there is no blame.

《象》曰:"或跃在渊",进无咎也。

The *Xiang* 象(Commentary on the Images) says:

"Whether in the abyss or leaping up to the sky", whatever choice one makes, there will be no harm to oneself.

注释:①或:或者,有疑惑之意。②跃:飞跃,跃上,与第五爻的"飞"是互文。

大意:九四:或腾跃上进,或退居深渊,都没有过错和祸患。

《象传》说:或腾跃上进,或退居深渊,前进是没有过错和祸患的,所以鼓励尝试,努力精进。

讲解:人在进退有据的时候,可以一试身手,不可等到进退失据之时再去一试身手,那时即使有才华也往往难以施展。此爻虽然在人位,但有点离开地表,不接地气。而要想跃上九五之尊的五位,难度还很高,需要有豁得出去,准备随时从头来过的气魄才有可能,但此爻告诉人们,龙到了这个时位,即使重回深渊,一切从头来过,也值得尝试一跃。这种该进则进的气势,可以说有点悲壮,带有不成功便成仁的气象。但成就一切伟大的功勋事业,都要有英雄史诗般的气魄才有可能。历史记住很多伟大的人物,他们其实是失败的英雄,其人生可能就是一连串挫折甚至大溃败的记录,他们跃了,但没有跃上去,甚至跃上去后不久还是入于渊了,有些人再也没有起来,但他们跃的气魄却永远让后人铭记。

九五:飞龙在天,利见大人。

Nine in the fifth place:

Flying dragon in the heavens (*tian* 天), it is advantageous to meet a great person.

《象》曰:"飞龙在天",大人造①也。

The *Xiang* 象 (Commentary on the Images) says:

"Flying dragon in the heavens," it is the right time for a great man to lead.

注释:①造:造化,走运,正当兴旺之时。

大意:九五:龙在天空中高飞,出现有德有位大人的有利时机到了。

《象传》说:龙在天空中高飞,这是有德有位的大人的造化,风云际会,可以一展身手,建功立业。

讲解:龙飞上天,位置尊贵,此处"出现有德有位大人"比"有利于见到大人物"的解释更加合理,因为九五已经是大人物了,他很难见到跟他时势地位一样的大人物,而主要是别人来见他,所以"见"应该是出现,而不是去见。这里的"大人"是"大心之人",也就是时时刻刻心意通天的人,也可以说,他们是善于"实意",

也就是把意念实化的人。

上九^①：亢^②龙，有悔^③。

Nine in the sixth place：

Dragon flies too high, it will have cause to regret.

《象》曰："亢龙有悔"，盈^④不可久也。

The *Xiang* 象（Commentary on the Images）says：

"Dragon flies too high, it will have cause to regret." It is impossible to sustain any perfect situation for too long.

注释：①上九：各卦最上一爻称"上"，上九标志着最上面的阳爻。

②亢：穷极高亢。③悔：悔恨，忧悔。④盈：盈满完美。

大意：上九：龙飞到穷极高亢之处，必有悔恨。

《象传》说：龙飞到穷极高亢之处，必有悔恨，因为盈满完美的状态不可能持续长久。

讲解：周易讲盛极必衰，盈满到极点就无法保持长久。从道理上说，一旦过高，就不可能持久。

用九^①：见群龙无首，吉。

Using the nine [as old *yang* 阳]：

Seeing a group of dragons without a leader, good fortune.

《象》曰："用九"，天德不可为首也。

The *Xiang* 象（Commentary on the Images）says：

"Using the nine," the excellence of the heavens can act as leader in any one of the six positions.

注释：①用九：易占七、九为阳数，八、六为阴数，占卜只用老阳、老阴之数。

大意：用九：用老阳之数"九"，它在乾卦六爻随时都可能出现，犹如出现群龙，无首无尾，都不以首领自居，所以吉祥。

《象传》说：用老阳之数"九"，六个阳爻都不以首领自居，这是效法乾阳之大德，创生万物，功成而不居首，不居功。

讲解：易经用老阳之数九来占卜，乾阳的特性是无首无尾、循环无端地流动，所以吉祥。因为乾天的特性是流动的，循环无端，无首无尾，所以模拟天道的占筮也应当是阴阳变化、循环无端而流动的。

文言（选）：《乾》"元"者，始而亨者也。"利贞"者，性情也。乾始能以美利利天下，不言所利[1]，大矣哉！大哉乾乎！刚健中正，纯粹精也。六爻发挥，旁通情也。"时乘六龙"，以"御天"也。"云行雨施"，天下平也。

The *Wenyan* 文言（The Words of the Classic Text）says：

Qian's 乾 "originality" is starting to proceed smoothly.

"Harmony and perseverance" concerns natural tendencies (*xing* 性) and real responses (*qing* 情).

Only *Qian* 乾 [*yang* 阳] has the ability to harmonize the world by means of beauty and harmony and does not claim that it has done anything harmonious.

It is so great! *Qian* 乾 is great indeed!

The *dao* 道 of the heavens moves forward in the proper way; its perseverance never deviates. It is composed purely of *jing qi* 精气 (seminal essence and vital energy) [*yang qi* 阳气].

The function that developed from the changing of the six lines of *Qian* 乾 can be correlated with the [natural tendencies and] real responses [of the myriad processes and events].

"Driving six dragons according to the proper time" to "harness the motions of the celestial bodies"; "arranging the clouds and rain," so that peace will be attained throughout the world.

注释：①不言所利：不说对什么有利，即不限定对什么有利，也就是对万物都有利。

大意："乾卦象征天，元始创生"，说明乾阳元气是创生天地万物的根源，是使万物得以亨通顺畅的起点。"和谐有利，强健贞正"是乾阳创生力的本性和情状。

乾阳创生力从一开始就能以善美的利益来恩济天下，却不说出和限定它所施予天下的恩惠，这是多么巨大的恩惠啊！乾阳的创生力真是伟大啊！刚劲强健，居中守正，纯粹不杂，精阳至诚；乾卦六爻发动变化，可以旁通其他六十三卦，通达万物发展的情理，犹如顺着时节乘驾六条飞龙，驾驭大自然而巡视天空，行云布雨，万物均平接受恩泽，天下祥和太平。

讲解：乾"元"是始而亨通，"利贞"是性情。只有乾阳才能以美和利造福天下，不说它对什么有利，太伟大了！天道刚健适中，正而不差，纯粹不杂，全是精气。乾卦六爻变化所发挥的作用，可以旁通万物的性情。六爻的顺次变化，如同按时乘驾六条龙统御天体的运行，行云布雨，滋润万物，才使天下得到太平。

君子以成德①为行，日可见之行也。

The exemplary person takes his accomplished excellence as his own practice. This practice should be manifested in his everyday life.

注释：①成德：成就道德。

大意：君子将成就德业的实践贯彻在行为当中，并且是每日精进可见的行为当中。

讲解：君子把成就自己道德的实践活动看作是行，这种实践应当表现在自己日常可见的行为中。"日可见"是自己意识到自己的德性与德行的相辅相成。德性的外在表现为德行，而没有足够的内在，不可能有足够的外在。

"潜"之为言也，隐而未见，行而未成，是以君子"弗用"也。

"*Qian* 潜" means laying concealed and not being recognized. He is still cultivating himself and has not yet become accomplished in his authoritative conduct. Hence, the exemplary person cannot function in this situation.

大意：初九爻辞所讲的"潜"，指的是潜藏隐伏而不显现，有所行动但还没有成就，此时君子暂时不宜施展才用。

讲解："潜"是隐伏而无法显露出来的意思，这里强调身处实践过程之中，但道德尚未成就，在这样的情况下，君子还不能发挥作用。

君子学以聚之，问以辩之，宽以居之，仁以行之。

Exemplary persons should gather together through study, question in order to differentiate matters, be generous in their dealings with others, and conduct themselves with consummate humanity.

大意：君子要想成就道德功业，就应该：努力学习，积累学问，积蓄德性；积极问辩来辨决疑难，明了是非；宽裕从容地保持安守所学所辨之理；以仁恕忠厚之心行事接物。

讲解：君子要积善成德，努力学习，聚少成多。有了疑难向人求教，力求辩明。以宽容的态度为人处世，以仁爱的心肠去做事。学聚、问辩、宽居、仁行，讲的是由知到行的过程：聚其所学，辨其所聚，居其所辨，行其所居，如此步步推展，层层落实，最终达到知行合一的境界。

夫"大人"者，与天地合其德，与日月合其明，与四时合其序，与鬼神合其吉凶。先天①而天弗违，后天而奉天时。天且弗违，而况于人乎？况于鬼神乎？

As for the "great persons", their authoritative conduct is coherent with the heavens and the earth; their brightness coherent with the sun and the moon; the ordering of their actions coherent with the four seasons; their fortune and misfortune coherent with the moving spirits.

The heavenly *dao* 道 will follow their actions, even when they act prior to its subtle changes. They follow harmoniously with the heavenly timing even when they act after its subtle changes. Since the heavenly *dao* 道 is harmonious with their actions, how can the common people not follow them? How can the moving spirits not follow them?

注释：①先天：先于天给予人的心思意念的发动以提示和警告之前。

大意：九五爻辞所说的"大人"，他发心行事与天地的德行相契合，他恩德遍布与日月的光明相契合；他治事有节与四季的时序相契合；他经天纬地与鬼神的吉凶相契合。他的行动即使领先于天道变化的征兆，天道都会顺应他，他的行动如果跟随着天道变化的征兆，他会顺应天时运化。天道尚且不会违背他，而顺应他，更何况一般人呢？更何况鬼神呢？

讲解：一个具有宇宙意识的人，每当他心意发动，就能够调动天地阴阳之力为己所用，并与天时相配合，所以天与人都自然跟随，进而天地之间气化阴阳变幻莫测之力，即鬼神也能够加以运用来改变，这就是天地之化会顺应大人的心思意念。

坤为地（卦二）（坤下坤上）

Kun 坤 is *Di* 地 [Earth]（Hexagram #2）

Kun 坤 [earth] above

Kun 坤 [earth] below

坤，元亨①。利牝马②之贞。君子有攸③往，先迷④，后得主，利西南得朋，东北丧朋。安贞吉。

Kun 坤 (Formation): Proceeding smoothly at the beginning, gaining advantage through perseverance like a mare.

When the exemplary person takes a lead she first goes astray, and then, [when understanding to follow,] finds a master [appropriate to her situation].

It is advantageous to find friends in the southwest. It is also advantageous to lose current friends [and follow a master] in the northeast.

Accordingly, she peacefully perseveres [in her appropriate way] and attains good fortune [in ongoing movement].

注释：①元亨：元始化生，亨通顺畅。②牝马：母马。③攸：所。④迷：迷失方向。

大意：坤卦象征地，元始化生，亨通顺畅。如果像雌马那样持柔守正，就会有利。

君子有所前往，如果抢先居首就会迷失方向，如果随后顺从，就会得到有乾阳之力的主人。在西南的阴方，与同类相伴，会找到朋友，有利；在东北的阳方，失去同类朋友，却可以找到阳为主人，也有利。安于柔顺，持守正道，吉祥。

讲解：坤卦象征宇宙之间阴柔和随顺的力量。它的特点是随乾阳之力而动，显得温柔随顺，所以不适合领头做事，而适合配合主动的力量来成就事业。

《彖》曰：至哉坤元，万物资生，乃顺承天①。坤厚载物，德合无疆②。含弘光大③，品物咸亨。牝马地类，行地无疆，柔顺利贞。君子攸行，先迷失道，后顺得常。西南得朋，乃与类行。东北丧朋，乃终有庆④。安贞之吉，应地无疆。

The *Tuan* 彖 Commentary says:

Great is the potency of the inchoate formation of *Kun* 坤 [*yin* 阴]. The myriad processes and events rely on it to complete their forms. The movement of *Kun* 坤 (Formation) follows that of *Qian* 乾 (Creativity) [as its corresponding energy].

Kun 坤 [is the representation of the earth which] generously sustains the myriad things and events (*wanwu* 万物). Boundless, the formation of *Kun* 坤 cooperates with the creativity of *Qian* 乾.

Kun 坤 encompasses expansively without limitation, and all processes and events proceed smoothly.

The mare is of a kind with the earth (*Kun* 坤). She gallops over the earth and knows no boundaries. Accordingly, it is advantageous to maintain a humble, open, and faithful disposition.

The exemplary person moves forward after penetrating the meaning of the hexagram *Kun* 坤. That is, the way (*dao* 道) will be lost if she attempts to lead others at the beginning, but once she understands that following (listening, observing, contemplating) is called for, she will discover her constant way (*chang* 常).

She then finds friends in the southwest because she associates with those of her own kind. Friends in the northeast will be lost [as the northeast is associated with *yang* 阳, which is of the opposite disposition]. However, [since *yin* 阴 follows *yang* 阳,] she finally achieves her happiness [in following appropriately].

The good fortune of her peaceful persevering [in following appropriately] corresponds to the formative character of the earth, which is vast and boundless.

注释：①顺承天：顺从秉承乾阳之力量或意念。②无疆：时间上久远，空间上无边。③含弘光大：内涵弘博，光明远大，博施厚济。④西南得朋，乃与类行，东北丧朋，乃终有庆：按照朱震《汉上易传》"斗建乾坤终始图",通过十二消息卦理解一年四季阴阳消长的规律,从南至西是阴长阳退,阴在西南方伴随同类而行;从北至东是阳长阴退,阴在东北方是丧失同类朋友,而阴以阳位主,丧朋却可得主。一说在后天八卦里,坤统领三阴居于西南,同类相求,物以类聚,所以有西南得朋之说。

大意:《象传》说:广大至极的坤阴元气的化生之力啊!

万物都依赖它才能化生,它顺从秉承乾阳之意才能形成阴阳合体,成就事物。

坤是大地深厚承载万物的象征,它的柔顺德性与乾天刚健相合,万物生生,久远无边。内涵弘博,光明远大,博施厚济,万物遍受滋养,亨顺通畅。

雌马与坤地都有着同样类型的德性,在无边无际的大地上驰骋,它温柔和顺,利于持守正固。

君子有所前往,如果抢先居首就会迷失方向,这违背阳主阴顺的常道;如果随后顺从,就会得到有乾阳之力的主人,这符合阳主阴顺的常道。

在西南的阴方,会找到朋友,这是与同类相伴。在东北的阳方,失去同类朋友,却可以找到乾阳主人,最终得到喜乐吉庆。

安于持守顺承乾阳正道的吉祥,应和了大地无边无际、无穷无尽的化生之力。

讲解:坤卦的象辞也以对坤德的顺承成就功能大加赞叹开始,因为万物都依赖坤阴秉承乾阳之力量或意念而成就。坤通过深厚的道德与天相合,如大地负载万物,如善走的母马驰骋大地。君子模仿坤道,不强行领导,而是顺从乾阳之力来成就事物,并且安于顺承乾阳之力,体现出安宁、纯正、强固的状态。

《象》曰:地势①坤。君子以厚②德载物。

The *Xiang* 象 (Commentary on the Images) says:

The propensity of the earth corresponds to [the formation of] *Kun* 坤. The exemplary person uses profound mindfulness and observation of the *dao* 道 (human excellence) to support the myriad things and events [in keeping with the character of the earth].

注释:①势:气势,势态,情势。②厚:增厚。

大意:《象传》说:坤卦象征大地的气势,顺承乾阳,化生并包容万物。君子效法大地的气势,不断增厚德性,承载万事万物。

讲解:大地之势态犹如坤阴之随顺。君子效法大地,心意德行要不断加深加厚,才能包容承载万物。修行坤道就是要不断厚德以载物,也就是要心胸宽广,气魄宏大,才能包容承载万物。

初六①:履②霜,坚冰至。

Six at the beginning:

Stepping on frost [signifies that] hard ice will soon form.

《象》曰:"履霜、坚冰",阴始凝也,驯③致其道,至坚冰也。

The *Xiang* 象 (Commentary on the Images) says:

"Stepping on frost [implies] hard ice" because *yinqi* 阴气 has begun to condense. The hard ice will come about smoothly following this natural tendency.

注释:①初六:爻序号。初指各卦最下爻,"六"指阴爻。《易》以奇数为阳,偶数为阴。阳数顺序,在"七"与"九"里,七为少阳,九为老阳。阴数逆序,在"六"与"八"里,"八"为少阴,"六"为老阴。

占筮时"用九"、"用六",老阴老阳为动爻、变爻,该爻的爻辞才起作用,因此,以"九"称阳爻,以"六"称阴爻。②履:脚踏而过。③驯:顺,意为顺着初六阴气凝结的趋势发展下去。朱熹作"慎"讲,从慎来理解是从人效法天道来说的,也就是顺天道,慎人事。

大意:初六:脚上踩到了霜,说明凝结成坚冰的严寒时节就要来到。

"脚上踩到了霜,凝结成坚冰的严寒时节就要来到",是因为初六为阴爻,霜的出现说明阴气已经开始凝结,顺着这个趋势发展下去,阴气凝聚成为坚冰的严寒时节就会自然来到。

讲解:此爻履霜坚冰,着眼于防微杜渐。坤卦的"顺",是沿着事情发展趋势的"顺",是运用天道于人事的趋势。而道家的"顺",是顺天道自然之"顺",重人事应当顺从天道本然状态的"顺"。

六二:直、方、大,不习①,无不利。

Six in the second place:

[The *dao* 道 of earth is] straight, upright, and broad with no repetition, so nothing unfavorable results.

《象》曰:六二之动,直以方也。"不习无不利",地道光②也。

The *Xiang* 象 (Commentary on the Images) says:

The movement of the six in the second place [changing from the nine in the second place, the line of dragon from the trigram *Qian* 乾 appears on earth] is straight and upright.

"No repetition so nothing unfavorable results" means that the *dao* 道 of earth is broad.

注释:①习:重复,取义修习、练习多而熟悉。②光:解释爻辞"大",通

"广"。

大意：六二：大地生物正直，地体端方，包容广大，从无刻意修习营为，万物自然化生，无所不利。

《象传》说：六二的变动，正直而端方。从无刻意修习营为，万物自然化生，无所不利，这就是大地广阔无尽的柔顺之道。

讲解：本爻如果理解为大地的特性，那应该是正直、方正，多样而不重复；如果理解为人的修行，则是坤阴之道的行动法则，也就是坤阴之道应随顺方正、敬义立德。

六三：含章[①]可贞，或从王事，无成有终。

Six in the third place：

Containing cultural magnificence, one can persevere. When engaging in the emperor's service, not taking credit for oneself, one will achieve a good result in the end.

《象》曰"含章可贞"，以时发也。"或从王事"，知光大[②]也。

The *Xiang* 象 (Commentary on the Images) says：

"Containing cultural magnificence" means manifesting oneself at the proper time. "Engaging in the emperor's service" [and not taking credit for oneself] means [one's] wisdom is great.

注释：①含章：蕴含章美才华。②知光大：智慧广大。

大意：六三：蕴含章美才华，可以持守正道。或者跟从君王做事，无法建功立业，但能够得到善终。

《象传》说：蕴含章美才华，可以持守正道，说明六三应该等待合适的时机一展才学。如果时机适宜，或者跟从君王做事，即使成事也不认为是自己的才华所致，不过是奉命行事，这就是智慧广大恢宏的表现。

讲解:"含章可贞"是说明阴中有阳。"章"和"贞"源于三爻位的阳的属性。"或从王事"的"或"表示不确定,实际上就是选择,择时而动,因为它有阳的性质在其中,但待时而发同时带有不可彰显之意。"无成有终",是从阴爻特点本身来说,坤道广大的智慧在于择"无成"以换"有终",即以不居功来换取好的结果。

六四:括①囊,无咎无誉。

Six in the fourth place:

Tying up the bag. [At this time one receives] no blame and no honor.

《象》曰:"括囊无咎",慎②不害也。

The *Xiang* 象 (Commentary on the Images) says:

"Tying up the bag, no blame" means cautious words will not lead to trouble.

注释:①括:清代段玉裁《说文解字注》中称,"括:絜也。絜者,麻一端也。引申为絜束之絜。凡物围度之曰絜。贾子度长絜大是也。束之亦曰絜"。其本义就是结、扎束,用绳或带子结扎、捆束。
②慎:谨言慎行。

大意:六四:扎紧袋口,虽然得不到赞誉,但也不会有危害。

《象传》说:扎紧袋口,不会有危害,是因为六四之时位应该谨言慎行,不显露才华,不与人争功,就可以避免危害。

讲解:坤卦六四爻变,则变为上卦为震,全卦为豫,豫有戒备之义。卦从乾卦变来,阴爻变到四爻成观卦,观卦上卦为巽,巽为绳,互卦为艮,互艮为手。观卦下卦为坤,坤为布帛,为虚,所以是空布袋。全卦有手用绳子把口袋束扎起来的象。结合观卦,从卦气来说,观为八月,于时为秋,秋为天地闭合之象。卦的六爻里,二爻多誉,四爻多惧。四爻近于五爻君位,所以多惧。伴君如伴虎,所以应该谨言慎行。这一爻阴爻处阴位,无刚美之质,而太过阴柔,有天地阴阳气息不通之气象,《文言传》说此爻"天地闭,贤人隐",是天下无道,阴阳闭塞不通之象,所以要知道沉默是金,闭上嘴,少说话。

六五:黄裳①,元吉②。

Six in the fifth place:

A yellow lower garment [signifies] great fortune.

《象》曰:"黄裳元吉",文在中③也。

The *Xiang* 象 (Commentary on the Images) says:

"A yellow lower garment [signifies] great fortune," because one has cultural magnificence within.

注释:①黄裳:裳是下衣,衣是上衣。乾为衣,坤为裳,上卦为坤为裳。五位为上卦坤之中位,为中央土,土色黄。颜色配五行:黄土、青木、白金、赤火、黑水。按古代的人文观念,"黄裳"有居下能中正而美的品德。②元吉:最吉,头等的吉利。"元吉"比"大吉"还好。③文在中:坤为文,中正又具有文采之美。

大意:六五:身着黄色裙裳,大吉大利。

《象传》说:身着黄色裙裳,大吉大利,说明六五居于上卦中位,内涵文采,中和美善。

讲解:此爻旨在说明内心修美而事业畅通。《文言》说"美在其中而畅于四支",内心有美好的德性,自然发用通畅于身体四肢,举手投足无所不美,所以"发于事业,美之至也"。把这种内心的美德进一步扩展到人间的事业上,就是将美德发挥到极致。可见,人间之美,莫过于此,内心美极,而且举手投足还无所不美。可以说,六五达到了真善美的极致境界。

上六:龙战于野,其血玄黄。

Six in the highest place:

Dragons fight in the wilds. Their blood is a mixture of indigo and yellow.

《象》曰:"龙战于野",其道穷也。

The *Xiang* 象 (Commentary on the Images) says:

"Dragons [of the heavens and the earth] fighting in the wilds" [signifies that] the *dao* 道 [of *yin* 阴] has exhausted herself, [so fighting is her only option].

大意:上六:龙在郊野交战,两败俱伤,流出的血青黄混杂。

《象传》说:地龙与天龙在郊野交战,是因为纯阴之道到了上六已经发展到了穷途末路,非战不可。

讲解:坤卦上六是坤道极盛之象,坤阴的增长已达到极端,到了穷途末路,非战不可。龙和战都是阳的意象,所以天龙地龙在郊野作战。阴极战阳,有绝境重生之意,其血玄黄,则是阴阳调和之象。所以阴极生阳,可以理解为生生之机如何从绝境逢生。《文言》曰:"阴疑于阳必战。为其嫌于无阳也,故称龙焉。犹未离其类也,故称血焉。夫玄黄者,天地之杂也,天玄而地黄。"说明终尽极困之境,不变不行,虽然战的前提在"疑",(一读"凝"),但阴极之时提示阳气必须存在,阴气太盛,被阳气怀疑,导致争战。可见龙战于野,也可以说是天地化生万物之始。

用六①:利永贞。

  Using six:

  It is advantageous to be eternally persevering.

《象》曰:用六"永贞",以大终也。

  The *Xiang* 象 (Commentary on the Images) says:

  Using six is "eternally persevering", because the great character of *Kun* 坤 completes its formative process in the end.

注释:①用六:从周易体例上来看,《易》用的数是老阴之数"六"和老阳之数"九";从意义上来说,老阴老阳都是变化之象。

大意:用老阴之数六:利于永远持守正道。

  《象传》说:用老阴之数六,永远持守正道,这样才能最终成就坤阴广大的化生之功。

讲解:乾用九坤用六,是说明周易的占筮体例,用老阳之数九,老阴之数六。坤"大终"说明坤道法大地的特性永久正固而能够最终成就事业。

《文言》曰:坤至柔而动也刚,至静而德方,后得主而有常,含①万物而化光②。坤道其顺乎,承天而时行。

  The *Wenyan* 文言 (The Words of the Classic Text) says:

  The character of *Kun* 坤 (Formation) is [most submissive in its] softness, but it becomes firm when activated [with *Qian* 乾 (Creativity)]. The character of *Kun* 坤 is quiet and still, but its excellence is upright. After it follows *Qian* 乾, it is guided by it, and travels along its constant way (*chang* 常). It can contain the myriad things and has the power to complete their [trans]formation.

　　Isn't it the character of *Kun* 坤 (Formation) to follow [*Qian* 乾 (Creativity)]? It always moves according to its proper time and takes up the creativity of the heavens.

注释：①含：包容。②光：通"广"。

大意：《文言》说：坤阴至为柔顺，但运行起来却很刚健，极为安静而化生之德却流布四方，随从乾阳之后，以乾阳为主，保持阳主阴顺的常道，化生万物，含养万物的德业广大无边。坤阴之道就是顺应，它承顺乾阳的创生之力，按照时序来运行。

讲解：坤道即是柔道，有道家味道，也有人说老子哲学和道教都是坤道的发挥。柔顺之道也可以刚健，柔顺未必没有力量，其力量来自跟随乾阳的运动。虽然坤道静止，但静止得有分寸，有道理，当静则静，并于静中见成功的力量。坤道本身不能独立应事，需要跟乾阳配合方能够成功。包容万物是运用坤道的一种情怀。总之，坤道阴从阳主，强调跟随，顺应，而且包容，于静中显出巨大的智慧和力量。

积善之家必有余庆，积不善之家必有余殃。臣弑其君，子弑其父，非一朝一夕之故，其所由来者渐矣，由辩之不早辩也。《易》曰："履霜，坚冰至"，盖言顺也。

　　The family that accumulates good [deeds] will surely have excess blessings [which it will pass on to its descendants]. The family that accumulates evil [deeds] will surely have excess disasters [which it will pass on to its descendents].

When ministers are about to kill their ruler, or sons about to kill their father, it is never the result of a single day and night, but must result from gradual accumulation. Where there is no discernment of the evil while it is still accumulating, one cannot find ways to prevent it.

The Changes (Yi 易) says, "Hard ice forms after stepping on snow." This is talking about [the result that comes from the gradual accumulation of this kind of] tendency.

大意：积累善行的人家，必定会有多余的吉庆留给后代；积累恶行的人家，必定会有多余的灾祸留给后代；臣子到了杀害君主的程度，儿子到了杀害父亲的程度，都不是一朝一夕的原因所致，而是矛盾蓄积已久逐渐发展到这般地步的，是由于没有及早对恶性事件的萌芽加以辨别并尽早提防所导致的。《易经》上说：脚上踩到了霜，说明凝结成坚冰的严寒时节就要来到。说的就是这种顺应坤阴凝结的趋势发展将会出现的必然结果。

讲解：善心有善的影响和结果；余庆来自善良心念的影响，会在同类感念人那里得到回应。余殃来自不善心念的影响，导致憎恶等恶心状态伴随当下心念而展开。

君子黄中通理，正位居体，美在其中而畅①于四支②，发于事业，美之至也。

The exemplary person thoroughly understands the patterns of events while preserving propriety like the yellow [earth] at the centre [of the five directions], locating his body properly in the cosmos.

The beautiful character of the [harmonious] centre within his mind fully expresses itself through his four limbs.

Manifesting one's excellence through one's enterprises is the consummate beauty.

注释：①畅：通畅，明达。②四支：四肢。

大意：在六五爻的时势下，君子应该像黄色那样中正，他的心意能够平衡四方，通达人情事理，立身处世摆正自己的地位，安居自身，平宁稳重，起心动念皆蕴含丰厚的文采和美德，进而在身内畅达于身体四肢，在身外扩充于事情和功业，这就达到美的极致了吧。

讲解：君子的心思意念时时刻刻保持黄色中正的状态，心意通达宇宙，表现得明了事理，在立身处世上随时随地都能自然而然地摆正自己的位置。由于君子从心意之内到时位之外都正当合宜，所以就显得更加中正。这一爻从天理上讲是天道运行于中正的状态，在人身上完美地表达出来，也就是人的心意通天，天行之意贯通在人事方面就是人处世能够行于中道而畅通无阻。

君子的念头发动之处即有光辉，也就是说，君子之意念的展开，有一种圣洁的美感，好像内里有光辉灿烂的色彩。而君子善于收摄和控制自己的意念，使之随时随地与时势相应，于是心意一动，皆能与事物之动相和谐，自然有所成就，这就好像事功是来自心灵的发动，从而自然而然带动自己的举手投足一般。于是心灵的意识所引领的人生境遇就好比打开一幅美丽的画卷，成就一道优美的风景。

水雷屯(卦三) （震下坎上）

Water, Thunder, *Zhun* 屯 (Hexagram #3)

Kan 坎 [water] above

Zhen 震 [thunder] below

屯①,元亨,利贞。勿用有攸往。利建侯。

Zhun 屯 (hardship at birth), proceeding smoothly at the beginning, it is beneficial to persevere. [In the early stages of establishing a state,] it is not advantageous to rush ahead. It is a good time to establish feudal lords.

《彖》曰：屯,刚柔始交而难生。动乎险中,大亨贞。雷雨之动满盈,天②造③草④昧⑤。宜建侯而不宁⑥。

The *Tuan* 彖 Commentary says:

Zhun 屯 is the first hexagram following *Qian* 乾 and *Kun* 坤 because it is the first time that the *yang* 阳 (strong/hard) [lines] of *Qian* 乾 communicate with the *yin* 阴 (weak/soft) [lines] of *Kun* 坤.

Since things have only just been born, they are still in hardship. [The upper Trigram is *Kan* 坎, which means hardship and the lower Trigram is *Zhen* 震, which means shaking.]

The image of *Zhun* 屯 is moving forward through hardship. [Things can only develop after they pass through the hardship of being born.]

They will develop smoothly once they persevere.

[The heavens use] movements of rain and thunder [to] moisten all things. [The lower Trigram *Zhen* 震 is the image of thunder and the upper Trigram *Kan* 坎 is the image of rain, so the combined image is the function of both rain and thunder. Thus, the space between the heavens and the earth is full of living creatures.]

The creativity of the heavens and the earth is in a primitive dark stage [when human beings have not yet settled down peacefully.]

It is appropriate to establish feudal lords. [Then, they can organize people and help them to progress.] However, even then one cannot rest.

《象》曰：云雷，屯。君子以经纶⑦。

The *Xiang* 象 (Commentary on the Images) says：

Zhun 屯 is composed of [the upper Trigram *Kan* 坎, which is] clouds and [the lower Trigram *Zhen* 震, which is] thunder. Exemplary persons [understand how the myriad things are created], and thus organize people to help them develop peacefully and smoothly.

注释：①屯：一读 zhūn，有两个含义：物之初生，刚柔初交；六二"屯如邅如"，困难之意。二读 tún，九五"屯其膏"，屯积之意。所以屯卦是天地始交而难生之象，六十四卦中，天地阴阳之气相交为"泰"，不交为"否"。甲骨、金文中的"屯"，像一颗小草或者树苗之芽出生的样子。《说文》："屯，难也，象草木之初生，屯然而难。"所以是草木初生时脆弱、艰难的形象，指任何事物的新生都充满艰难。又因初生尚未伸展开而引申出团聚的意思；进而因万物生长是从无到有，又可以申发出充满之意。②天：天地。③造：创造。④草：初步草创。⑤昧：昏昧。⑥不宁：还未安宁。⑦经纶：经，经线；纶，青丝绶；"经纶"本意是理出丝绪，编织成物，这里是比喻经营组织，治国安民。

大意：屯卦象征初生，初始亨通，有利于持守正道。（草创阶段）不利于前往，利于立君建国。

《彖传》说：屯卦，阳刚与阴柔开始交感，刚开始化生出阴阳交感之体的过程充满艰难。

下卦震为动，上卦坎为险，它萌动于艰险之中，想要亨通有利就必须持守正道。

震为雷，坎为雨，雷雨发动之时，天地盈满之象，恰似天地草创之际，万物处于冥昧之中的情状。此时适宜封爵建国，不可安居无事。各自安守本分，才能把不安宁的状态转化为安宁。

《象传》说：上卦坎为云，下卦震为雷，组合成为屯卦。君子在时局初创之际，要努力经营筹划。

讲解：屯卦紧接着乾坤两卦，而乾的刚爻与坤的柔爻刚开始交流，万物刚刚生出，还处在初生的危难情境之中。事业刚刚开始，犹如草木初生，根基不稳，不应该急于发展，而要先找到立足之地，逐步地经营发展。

上卦坎为险，下卦震为动，卦象是在险难的情境中运动发展。万物都是如此，无论有多大的险难，只有生出来才能获得生命，具备发展壮大的条件，然后才能各自保持合理的操守亨通发展。下卦震为雷，上卦坎为雨，合起来是雷雨发动，上天以雷雨滋润世间，万物生出，生命盈满天地之间。天地在蛮荒中初创，人类尚未安宁的时候，最合宜的是拥立侯王作带头人，把人们组织起来再向前发展。君子从云雷大作、万物生长这个卦象中体悟万物初生之道，在家国社群草创之初，要找到一个立足点，把大家经营组织起来，努力帮助人们建立秩序，和谐发展。

"屯"象征事物初生的艰难，是周易险卦之一。今本《周易》把《屯》作为乾坤之后第一卦的象征意义在于：人生初始于艰困之境，而如何处困是比处顺更重要的人生智慧。《周易》总是在困境中给人以指导与希望，而在顺境中却给人警戒，让人居安思危，从而能够读易寡过。

以屯为乾坤后首卦还说明《周易》是一本讲究建功立业，告诉人们如何把握时机，成就功业的书。所谓经纶，本指梳理丝绪，此处可代思绪，指对事情的梳理和分寸的把握，所以经纶的根本意思就是把握好追求和进取之中的分寸，引申到治理事情上面，经是合作，纶是分工，而如何合作与分工，是管理者需要把握好的事情。而事情纷杂，如丝一样难以理顺，人事如织网一般繁复，所以屯难之根本，在于管理分工协作之难。而为了达到管理的目标，就要经纶，也就是组织安排好。在艰难创业的初期，目标是否合理，形势是否允许，都要仔细梳理把握，不可乱了分寸。

初九：盘桓[①]，利居贞。利建侯。

Nine at the beginning:

Lingering and hesitating, it is good to stay in the right place and keep firm. It is good to establish feudal lords.

《象》曰：虽"盘桓"①，志行正也。以贵下贱，大得民也。

The *Xiang* 象 (Commentary on the Images) says：

Though "lingering and hesitating", there is still the intention to progress on the right track. Being noble yet humbly placing oneself beneath the lowest, one receives [great support from] the people.

注释：①盘桓：联绵词，徘徊不进，犹豫不决。一说盘是大石，桓是大柱，就是国之柱石，也有说"桓"借为"垣"，围墙。

大意：初九：徘徊，观望、犹豫，有利于居正稳固，有利于封建诸侯。

《象传》说：虽然徘徊观望，犹豫不定，但前进的心愿合乎正道。初九以高贵的身份谦处卑贱人之下（阳爻为贵，阴爻为贱），表示初九心志远大，亲和民众，能够广泛赢得民心。

讲解：屯卦初九主要讲的是徘徊行正，谦下成王。事情刚开始的时候都很难，犹豫不决很正常。《诚斋易传》认为初九有才无位，故只利居贞、建侯、得民。确实，初九在互坤之下，坤为民。阳爻居阴爻之下，以贵下贱，强调谦卑而没有强烈的有为之企图的状态。初九心志端正，行动方正，能够以贵下贱，自然大得民心，最终应该能够冲破前方坎险，完成志向。

六二：屯如邅如①，乘马班②如。匪寇，婚媾③。女子贞不字，十年乃字④。

Six in the second place：

[At the beginning stage, one faces] hardships and is unable to advance, pacing back and forth on horseback. The people coming are not bandits, but seek marriage. The girl sticks to her chastity, and does not accept their proposal. She finally accepts ten years later.

《象》曰:六二之难,乘刚也。十年乃字,反常也。

The *Xiang* 象 (Commentary on the Images) says:

The hardship of six in the second place is the result of the soft [*yin* 阴 line in the second place] treading on the strong [*yang* 阳 line at the beginning].

The girl accepting the proposal of marriage after ten years constitutes a return to normality.

注释:①屯如邅如:屯,困难;邅,回旋。"屯邅"今作"迍邅"。如,形容词词尾,表示状态和样子。②班:此处同"盘"。③匪寇,婚媾:匪,非;婚媾,结为婚姻。六二与九五正应,九五在坎中,坎为寇盗。④十年乃字:字,训爱,既可指嫁,也可指孕,有生育意。六二与九五中有互艮为阻;又互坤土数为十;下卦为震为反生;故女子贞定自守不生育,十年才能生育(或许嫁)。

大意:六二:刚开始时屡经坎坷,徘徊难进,骑马打转彷徨不前。来的不是强盗,是来求婚的。女子贞定,自守正道,不答应嫁人,十年之后才应许。

《象传》说:六二徘徊难进,是因为柔爻乘驾在刚爻之上,女子十年之后才答应嫁人,这是从违反常理的状态回复到常道。

讲解:六二乘刚又应险,故不利。乘刚是在卦变中与九五换位乘驾在初九刚爻之上,乘刚为不顺;应险是应九五于上卦坎险之中,又在互艮之中,有阻于险中,难以前行之象,所以行进非常艰难,骑马打转转。但保持贞固,终有返常之日。

六三：即①鹿无虞②，惟入于林中，君子几③不如舍④，往吝。

Six in the third place:

Closing in on deer with no guide, one risks being drawn into a thick forest. The exemplary person knows the timing is not right [to continue tracking deer], so he abandons the chase to avoid the danger ahead.

《象》曰："即鹿无虞"，以从禽也。君子舍之，往吝穷也。

The *Xiang* 象 (Commentary on the Images) says:

"Closing in on deer with no guide" [and not wanting to give up] refers to [being excessively greedy in] tracking beasts. The exemplary person gives up the chase because he foresees trouble if he continues to move ahead.

注释：①即：迫近，接近，挨近。②虞：古代看管山林的官吏，也负责为主人打猎时做向导，亦在田猎之时负责说明礼制规矩约束。③几：几微，征兆，事情将要发生之前的微小变化。④舍：舍弃，舍得。

大意：六三：追逐野鹿，已经挨近，没有虞人作向导，只会盲目钻入深山老林中去。君子见机行事，轻率追踪不如舍弃不追。如果一意孤行前往，会有吝难。

《象传》说：追逐野鹿，已经挨近，没有虞人做向导，还紧追不舍，就是贪图猎物的表现。君子见机行事，马上舍弃，是因为知道穷追不舍定然陷入困境。

讲解：本爻的哲理意义是：迷路失导，不妙则退。鹿引申之意为心之所欲，而前行有危险，时机并不合适，此时要知道适可而止，不宜过度追名逐利，否则会有危险。想要鹿（禄）（引为功名利禄）

而不可得,时机不到,就会逡巡徘徊。

六四:乘马班如,求婚媾。往吉,无不利。

Six in the fourth place:

Wandering back and forth on horseback, one hesitates to ask for marriage. It is good fortune to go ahead, nothing unfavorable.

《象》曰:求而往,明也。

The *Xiang* 象 (Commentary on the Images) says:

It is wise to persevere in one's advances and ask for marriage.

大意:六四:骑着马团团打转,犹豫要不要去求婚。如果坚定不移地前往,结果定然吉祥没有不利。

《象传》说:坚定不移地前去求婚,是明智的做法。

讲解:《说卦》:"坎于马也为美脊。"坎中一阳,所以为美脊。六四在上卦坎中,而屯卦是水流坎中打旋之象,故以是骑着马团团打转,说明屯难尚未解除。又六四是阴爻,正应于初九,可以求而喜结连理。

九五:屯①其膏②,小贞③吉;大贞凶。

Nine in the fifth place:

[For a leader who] holds back his favors, divining minor affairs may lead to good fortune, but divining great events leads to disaster.

《象》曰:"屯其膏",施未光也。

The *Xiang* 象 (Commentary on the Images) says:

"Holding back favors" [signifies that a leader] is not magnanimous in distributing his graces.

注释：①屯：此处读 tún，意为聚。②膏：膏泽、油脂，引申为恩泽、恩惠。③贞：占卜。

大意：九五：屯聚了一点膏泽（不向下施布）；占问短期小范围的事情吉祥，占问长期大范围的事情则有凶兆。

《象传》说：屯聚了一点膏泽，是恩泽不能广布。

讲解：此爻的哲理意义是恩泽有私，不能周遍，屯难之时宁小勿大。膏泽屯聚[九五在卦变中从临卦的二位（在兑泽即膏泽里），上升到五位后入坎水之中]，有大泽之水蒸发成为团团云气而不降雨之象，所以说"屯其膏"。"施未光也"是施布不广，一来九五有私心而施布不广，二来客观条件不够而限制了广泛施布（九五应六二，六二得九五之恩泽，但九五天子心有所私，不愿广布恩泽）。

上六：乘马班如，泣血涟如。

Six in the highest place：

Riding horses back and forth, weeping tears with blood.

《象》曰："泣血涟如"，何可长也。

The *Xiang* 象 (Commentary on the Images) says：

"Weeping tears with blood," one's days will not last long.

大意：上六：骑在马上，盘桓徘徊，血泪涟涟，十分凄惨。

《象传》说：穷途末路，泪干泣血，凄惨至极，这种惨状怎么可能长久维持呢？

讲解："乘马"就是乘刚，之所以盘桓不进，一方面处坎陷之极，一方面虽然和九五相近，但九五小气，"屯其膏"，不把好处让给别人，所以上六就很艰难。"泣血涟如",《屯》卦上卦为坎,坎可以代表血,故体坎为血。六三"君子几不如舍"。君子改过,阴爻变阳,成离中虚,为伏离。三爻变阳,卦象就变成阴阳相交的水火既济卦。离为目,互艮为手,有以手拭目流血之象。可见,九五屯聚膏泽,上六泣血无奈,六位穷途末路,先流泪,再流血。

山水蒙(卦四) (坎下艮上)

Mountain, Water, *Meng* 蒙 (Hexagram #4)

Gen 艮 [mountain] above

Kan 坎 [water] below

蒙①,亨。匪我②求童蒙,童蒙求我。初筮③告④,再⑤三渎⑥,渎则不告。利贞。

Meng 蒙 (the Unenlightened): Proceeding smoothly. It is not I [as a teacher] who seeks to instruct an unenlightened child, but the unenlightened child who seeks me out [to ask for help].

[The *dao* 道 of tutoring is like the *dao* 道 of divination:] The first divination will be answered. However, it is disrespectful [to the master or spirits] to divine two or more times. One who is disrespectful will not be instructed.

It is beneficial [for both teacher and unenlightened child] to persevere uprightly.

《彖》曰:蒙,山下有险,险而止,蒙。"蒙亨",以亨行时中也。"匪我求童蒙,童蒙求我"。志应也。"初筮告",以刚中也。"再三渎,渎则不告",渎蒙也。蒙以养正,圣功①也。

The *Tuan* 彖 Commentary says:

[*Meng* 蒙 is composed of the upper Trigram *Gen* 艮, which is the mountain and the lower Trigram *Kan* 坎, which is danger. Hence, the whole image of] *Meng* 蒙 is "danger under the mountain".

[*Gen* 艮 means stopping. So, the whole image of] *Meng* 蒙 is "stopping before danger." [Thus *Meng* 蒙 has the meaning of not knowing what to do when faced with danger.]

Meng 蒙 means [things are] "proceeding smoothly" because the main lines [of the Hexagram, nine in the second place and six in the fifth place] move according to the central and proper way.

[The judgment of the Hexagram says,] "It is not me [as a teacher] who seeks to instruct an unenlightened child, but the unenlightened child who seeks me out [to ask for help]," because the intentions [of the nine in the second place and the six in the fifth place] respond to each other.

[The judgment says,] "The first divination will be answered," because the nine in the second place is a strong *yang* 阳 line in a central place [of the lower trigram; he should be told the truth since he has the wisdom to judge.]

"However, it is disrespectful [to one's masters or spirits] to divine two or more times. One who is disrespectful will not be instructed." To be disrespectful is to be unenlightened.

Cultivating the purely upright [natural tendencies] present in the unenlightened state [of children] is the work of a sage.

《象》曰：山下出泉,蒙。君子以果行⑧育德⑨。

The *Xiang* 象 (Commentary on the Images) says：

[The upper Trigram *Gen* 艮 is mountain and the lower trigram *Kan* 坎 is water. The whole image of] *Meng* 蒙 is a spring emerging at the base of a mountain.

[The exemplary person should cultivate himself following the *dao* 道 of the water under the mountain：just as water starts as small streams but develops into great rivers，so self-cultivation starts from purifying one's intentions and persevering in one's efforts on the path toward becoming a sage.] The exemplary person cultivates his excellence through resolute action.

注释：①蒙：解蔽,启蒙。本义为缠绕覆盖草本植物的菟丝草,无叶,以刺入植物之茎,吸收营养成分而成长,故蒙为弟子,草本植物为师。一说"蒙"通"萌",幼稚之义,蒙者需要教化,而不成熟的师、未开化的生都是启蒙的对象。②我：施教者、开蒙者、老师。③筮：古代学习的一种方式,不仅仅是狭义上的占卜。④告：告诉,帛书为"吉",意为亵渎天象不吉利。⑤再：两次。⑥渎：轻慢,对他人不尊重、不严肃的态度。⑦圣功：古人认为,人悟道成圣之后行为会返回初始的自然状态。儿童没有太多成见与偏执,比成人天真,所以修炼圣功比较容易。⑧果行：果敢行动。⑨育德：培育道德。

大意：蒙卦象征启蒙、亨通。不是我(施教者)去求蒙昧的儿童(受教者),而是受教者来请教施教者。师道如同占筮之道,初次占筮,可以有问必答;但一而再、再而三地问同样的问题就是亵渎和轻侮,就如同再三占筮亵渎神灵一样(表明受教者没有恭敬之心),就不必继续回答他了。(施教者和受教者都应该保持贞正的品德)这样对彼此都有利。

《象传》说:蒙卦的组合是上艮下坎,艮为山,坎为险,卦象是山下有险。艮又为止,遇险而止,不知该怎么办,蒙住了。

蒙卦说明通过启蒙,能够亨通顺利,是因为施教双方都奉行中正之道[蒙卦由观卦变来,观九五与六二换位变蒙,蒙卦主爻九二从观卦五位(上卦中位)卦变后来到二位(下卦中位),始终在中道运行],施教者适可而止,受教者心怀诚意,都能够顺应时势。不是我去求童蒙而是童蒙来求我,是因为九二与六五是应爻,心意相互呼应。初次占筮可以告诉他,是因为九二是刚爻又在中位,具备中庸之道又刚毅能断,有施教的能力,故可告。一而再再而三地占筮,是一种糊涂的做法,既蒙昧又亵渎,当然不能告诉他。蒙卦揭示出从蒙昧状态培养正道的可能性,可以开发修养成为圣人的功夫。

《象传》说:上卦艮为山,下卦坎为水,卦象是山下流出泉水,这就是蒙卦。山泉清纯不杂,流出后汇为江河,虽然迷蒙中不知流向何处,但显示出果敢向前的勇气。君子看这个卦象要反求诸己,培养自己的道德要从纯真清澈开始,以果敢的行为由小而大积累成圣功。

讲解:蒙的本义是蒙昧蛮荒,乾天坤地化生万物,屯是万物始生,蒙是人类还在幼稚蒙昧时期,心智未开,需要教育来启蒙,故此卦主要讲师道。

教育的根本,在于教会人控制和驾驭人生的"缘"。人生的"缘"包括自己与他人、他心的"缘",以及与他物的"缘"。每个人在人生未定的"缘"面前,通常都深感困惑,这就是一开始蒙昧的感觉,但有先知先觉的圣人,能够通达缘分于阴阳未分之前,从而建立教育的系统,让常人得以遵从。儒释道亦哲学亦宗教,更是教育理论,它们都把握了驾驭人生的某种法则,可以帮助蒙昧中人找到立身处世的思想与行为法则,引领他们开悟,从而令其在人生复杂的关系和幻灭的缘分当中不迷失自我。

初六:发蒙①,利用刑人②,用说桎梏③,以往吝④。

Six at the beginning:

In educating the unenlightened, one should make effective use of examples to discipline one's students, in order to help them avoid [physical and spiritual] shackles. [However,] there is danger of humiliation if one [pushes them] too hard.

《象》曰:"利用刑人",以正法也。

The *Xiang* 象 (Commentary on the Images) says:

"Using examples in disciplining people effectively," [signifies that one] use uprightness to regulate people to behave properly.

注释:①发蒙:启发蒙稚之人。②刑人:通"型",以刑正人,用一定的模式培养和塑造人。③桎梏:桎,脚枷;梏,手枷;古代刑具。④吝:好坏的中间状态,偏向坏的倾向。一说法律之吝,弊端。

大意:初六:对蒙昧的开发教育,最好的办法是树立楷模。用以脱去刑具桎梏,不能急于求成,急功近利,否则前往会有吝难。

《象传》说:用树立模范的办法,对人进行处罚教育,是为了(用正确的例子来端正人的行为),端正法规,以便遵循。

讲解：此爻主要讲明刑立矩，正法发蒙，人受教育之后，知道遵守规矩，可摆脱刑具加身的灾害。在教育初始阶段，本爻强调要使用律法、戒条甚至刑律，这与传统儒家德治优先的思想其实有所不同。所以本爻认为启蒙阶段要树立规矩和规范，引申为遵守律法和刑罚，同时意味着法治与德治相比有优势，比如快速，还有齐准。所以此爻的倾向是，纪律约束比德行教化的效果明显，见效迅速。

九二：包蒙①，吉。纳妇②，吉。子克③家。

Nine in the second place：

Tolerating the unenlightened [among other students] is good fortune, just like taking a good wife is also fortunate, as her son will be able to support the whole family.

《象》曰："子克家"，刚柔接④也。

The *Xiang* 象（Commentary on the Images）says：

"A son is able to support the whole family," because the firm [nine in the second position] connects with the [upper and lower] soft [*yin* 阴 lines].

注释：①包蒙：九二是全卦的主爻，上下有四个柔爻包围，刚明能断，可包养蒙昧的人。②纳妇：九二与六五阴阳正应。③克：能，因为二位是大夫位，古代封建制诸侯有国，大夫有家，所以九二能统领众阴。④接：连。

大意：九二：很多人来请教，能够包容蒙昧的人，当然是吉祥的。正如家里娶了好媳妇是吉祥的一样，教出来的儿子能持家。

《象传》说：这样的老师教出来的儿子将来都能持家，说明九二挨近初六、六三、六四、六五四个柔爻,刚爻能够胜任领导柔爻的职责,而且九二在互震里,震为长子,故可持家,犹如家长刚柔节制适当。

讲解:九二刚健处中,如卦主统治群阴,刚柔相济,故有包容众生,妻贤有福,儿子持家之吉象。也就是那个包容含纳众多蒙童,犹如纳妇,可能多娶,而有众星捧月之象,因而吉利。又九二以阳爻居阴位,以刚居柔,有刚而有节、刚毅亲和之意,于处世上有包容之心而能居下位而任上事,有其德而当其事,于蒙昧局势中犹如中流砥柱一般。从教学启蒙上讲,九二是老师卦主,而六五是学生卦主,在蒙卦当中,需要学生主动学习,故可以说是六五学生为实际的卦主,而九二老师需要有好的六五学生才能衬托出老师的好。

六三:勿用取女,见金夫①,不有躬。无攸利。

Six in the third place:

Do not take a woman who does not preserve her virtue when she meets a man of wealth. Nothing good will come from such a marriage.

《象》曰:"勿用取女",行不顺也。

The *Xiang* 象 (Commentary on the Images) says:

"Do not take [such] a woman," because her behavior is not proper.

注释:①金夫:有钱的男子,指九二。

大意:六三:不能娶这样的女子,见到有财势的美男子就会不守妇道,娶她没有好处。

《象传》说：不能娶这样的女子，因为她的行为不顺合礼节（六三阴爻乘刚）。

讲解：六三本与上九正应，应与上九结婚，但看到九二是全卦众阴之主，众星捧月，势众富有，六三阴爻居阳位不正，贪慕财势，见利忘义，悦随九二，乱了分寸，也就是六三会拜金失身，乱伦失据，最终没有理想的结局。在这样的理解中，是以伦常之中的男女之礼来教化，与六二不同之处在于，六二指向美好姻缘，六三则指向乱伦的因缘。

六四：困蒙，吝。

Six in the fourth place：

Stranded amid the unenlightened, there will be danger.

《象》曰："困蒙之吝"，独远实也。

The *Xiang* 象 (Commentary on the Images) says:

"Stranded amid the unenlightened, there will be danger," because it is alone, far from the full *yang* 阳 lines.

大意：六四：被困在蒙昧中，犹如陷入困境之中。

《象传》说：六四在蒙卦里，只能是"困蒙"，因为爻象显示的是，六四作为阴爻，与刚爻毫无关系，只有它远离刚（实）爻，犹如远离良师益友的指教。

讲解：六四的状态是远离师长，不得指教，还自暴自弃，停留在蒙昧的状态而不前进，所以必然会出现不太有利的情况。

《易》以阳爻为实，阴爻为虚。全卦四个阴爻，初六与九二相比，六三有上九正应，六五与九二正应，只有六四既无依无靠又无应援，客观上离刚爻最远，主观上又不努力寻求良师益友的指导。如果自己不求良师益友的帮助，就会走入困境，被蒙住，没有人指导，也没有人帮忙，进而会有危难。

自己离得远，反正没有机会，也就不去寻求指点，不努力去争取他人帮助，所以有点自暴自弃的味道。当然，相比之下，六四因为位置关系，很难争得过其他阴爻，所以比较失望伤心，只有放任自流，又可以说是自己陷入困惑，无法自拔。

在师生关系中，六四属于无可救药的学生，自己蒙住了，不知道自己要学什么，不知道要怎么学。也属于没有学习兴趣的学生，自己蒙住之后，就是名师也拿他没有办法。既有外因：客观上离师长的助力远；又有内因：自己感觉无论如何努力都比不过周围的竞争者，既然实在突破不了，就索性沉沦下去了。

六五：童蒙，吉。

Six in the fifth place：

An unenlightened child signifies good fortune.

《象》曰："童蒙"之"吉"，顺以巽也。

The *Xiang* 象（Commentary on the Images）says：

The "good fortune" of an "unenlightened child" is because this line moves smoothly [into an upper central place from a lower central place].

大意：六五：蒙童（虚心向老师求教），吉祥。

《象传》说：蒙童虚心向老师求教的这种吉祥状态，是因为柔顺进入中位，犹如受教者虚心学习，如和风顺应循循善诱的施教者。

讲解：六五主要讲的是柔顺善学，了道入圣，学致天道。"顺以巽也"

从象上说,蒙卦由观变来,观卦上巽下坤,坤为顺。六五从下卦中位升到上卦中位,始终没有离开中正之位,故能养成圣功。从取义上说,"顺以巽"是巽为入,受教者虚心学习,施教者循循善诱,这是柔顺地进入中位接受教育的良好状态;从义理上说,是受教者虚心学习,如和风顺应循循善诱的施教者。

上九:击蒙[①],不利为寇,利御寇。

Nine in the highest place:

Enlightening by striking, it is not good to become a bandit, but it is good to repel bandits.

《象》曰:利用"御寇",上下顺也。

The *Xiang* 象 (Commentary on the Images) says:

It is good to "repel bandits" because then [people] above and below will all follow harmoniously.

注释:[①]击蒙,用较为严苛的态度对待学生,如棒喝、体罚,如戒尺击蒙等。

大意:上九:用打骂责罚的方式启蒙,但不能用当寇盗的那种方式来毒打受教者,而应该采取抵御寇盗那种谨慎小心的态度才有利。

《象传》说:采取抵御寇盗那种谨慎小心的态度(如果蒙童没有恰当启蒙,将来就可能成为强盗,要防止把蒙童教成未来的强盗)才有利,这样施教者和受教者双方的关系才能够理顺。

讲解:从象上说,上九是刚爻,位置亢极,在上卦艮手里,大局蒙昧,就粗暴地用手来"击蒙"了。上九应的六三在下卦坎寇盗中,六三就近随悦九二,不应上九,所以上九不利于跟坎寇一起,而"利御寇",反而利于非常小心地来防范盗寇。

上九是教育老师的,说明掌握驾驭学生的师道分寸难乎其难。上九在蒙之极致,需要别人干预才能启蒙他。此时特别需要讲究方式方法,稍有不慎,儿童的蒙昧打不开,就真的可能发展成为未来的强盗了。所以要非常非常小心才是。作为施教者,如果不注意教学方法,自己过分粗暴,就成为强盗了。所以既要防止孩子成为强盗,也要防止老师成为强盗。而不教不行,没有好好教也不行,所以最终强调教学的中道。

水天需(卦五) (乾下坎上)

Water, the Heavens, *Xu* 需（Hexagram ♯5）

Kan 坎 [water] above

Qian 乾 [heavens] below

需①,有孚②,光亨,贞吉。利涉大川。

Xu 需 (waiting/cultivating): There is sincerity, brilliant and smooth. Good fortune awaits if one maintains the right way. It is advantageous to traverse the great river.

《彖》曰:"需",须也,险在前也。刚健而不陷,其义不困穷矣。"需,有孚,光亨,贞吉",位乎天位,以正中也。"利涉大川",往有功也。

The *Tuan* 彖 Commentary says:

"*Xu* 需" means waiting, because danger lies ahead. Being strong and not trapped, this implies one will not be in hopeless situations without solutions. "*Xu* 需, there is sincerity, brilliant and smooth. Good fortune awaits if one maintains the right way," situated in the place of the heavens, one is upright and central. "It is advantageous to traverse the great river," going ahead will bring success.

《象》曰：云上于天，需。君子以饮食宴乐。

The *Xiang* 象 (Commentary on the Images) says:

Clouds are above in the heavens, which is the image of waiting [*Xu* 需] for the rain to fall. Exemplary persons should take part in drinking, eating, feasting, and merriment.

注释：①需：彖辞解为"须也"，须是等待，《序卦》认为是养育。②孚：诚信。

大意：需卦象征需要、等待，心怀诚信，光明亨通，持守正道可获吉祥。有利于涉过大川险阻而有所作为。

《彖传》说：需是等待的意思。上（前）卦是坎，坎为险。下卦是乾，乾为刚健，上卦坎为坎陷，因为心意刚健，所以不会陷入险难出不来，从道理上讲不会被困在危险的境地。需要，等待，心怀诚信，光明亨通，持守正道可获吉祥，因为主爻九五在尊贵的天位又有中正之德。有利于涉过大川险阻的难关，最终能成就功业。

《象传》说：下卦乾为天，上卦坎为云，需卦的卦象是云气上集于天（雨待时而降）。君子从卦象中得到启示，要饮食宴乐，积蓄力量，等待时机。

讲解：屯是始生，蒙是幼稚蒙昧，需是养育等待长成。所以需卦是养精蓄锐，修身待时，刚信行险。

从象上看，云上天是云气积累在天上，迟迟不下雨而只能等着下雨之象，所以需是等待之意。云要等，万物也要等，关键是如何等待养育成熟，而养育又需要营养。所以，既然天象只能等待雨露滋润，那么对人来说只能等待摄取营养，养精蓄锐以待时机成熟。

从义理上看，需卦主要谈的是等待的哲学。需卦认为不能消极，也不能着急，要待机而动，从容自在地等。即使乌云密布却久不下雨，也不要等得焦心，要安心舒适地等。不要看着天上密布的乌云，内心就乱了分寸，所以，积极等待自有其哲学意义。

另一方面，任何等待都有战战兢兢的意味在里面，很多时候要按捺心中的焦急，做好准备，等待时机，即使乌云压城的时候，也要能从容吃饭喝酒，丝毫不惧，才是积极等待需要的大气象。可见，等待之时，需要准备该备的酒食，也要准备必要的学养，总之是要修身以待时。孟子说："修身以俟之，所以立命也。"就是说等待的过程其实就是修身的过程，而修身并不脱离人伦日用、饮食宴乐。人要于日常生活当中效天法地，砥砺自我，挺立自己。

需卦说明的等待不是简单盼望，而是临事不惧、气定神闲的等待。需卦明确说内心刚健，外有危险，犹如云上于天，乌云压城，大势不好，但人面对这样的险境，反而特别能凸显出一个人控制内心、方寸不乱的修养。知道时机未到，还一个劲儿地继续饮酒作乐、养精蓄锐，这不是内心软弱的表现，不是期待甘霖普降的天真，不是自以为是的刚愎自用，而是内心强大，不为外界所动，是面对复杂处境的哲人智慧，是知道面对危险要适时放松的通达明变。

这也说明,对彖辞虽然可以独立理解,但具体到某卦某爻,还是要与具体的象辞或爻辞相互参证,才能通顺融贯地理解透。

初九:需于郊①,利②用恒③,无咎。

Nine at the beginning:

Waiting in the outskirts, it is advantageous to keep one's constancy. No blame.

《象》曰:"需于郊",不犯难行也。"利用恒,无咎④",未失常也。

The *Xiang* 象 (Commentary on the Images) says:

"Waiting in the outskirts", do not risk moving ahead. "It is advantageous to keep one's constancy. No blame," because it does not depart from the normal situation.

注释:①郊:本指城外之地,这里指离水稍远的水岸之上。《周易正义》谓:"'郊'者是境上之地,亦去水远也。"②利:宜。③恒:恒常。④无咎:无咎过、无过错。

大意:初九:在郊外等待,有利于保持常态,没有咎害。

《象传》说:在郊外等待,不冒险去行动。持之以恒,等待时机,因为危险还比较远,情况还算正常,没到非常时期。

讲解:初九的意义在于远险稳进,蓄势待时。在等待的过程中饮食养身、安乐养心,宁神待机。可见初九是需中之需,等中之等,要安之若素,修身养性,待时而动。

九二:需于沙①,小有言②,终吉。

Nine in the second place:

Waiting on the sands, there is some gossip; good fortune in the end.

《象》曰:"需于沙",衍③在中也。虽小有言,以终吉也。

The *Xiang* 象 (Commentary on the Images) says:

"Waiting on the sands," because [where there is a sandy beach,] there is water in the center [of the lower trigram]. Although "there is some gossip", it will bring good fortune in the end.

注释:①沙:水边沙滩。《说文》:"沙,水散石也。从水从少,水少沙见。"孔颖达说:沙是水傍之地。②有言:言语纠葛,九二在互兑里,兑为口舌。③衍:沙衍,水中沙。

大意:九二:在沙滩上等待,遭到小的闲言碎语,最终吉祥。

《象传》说:在沙滩上等待,九二位置在下卦中位,犹如在水中的沙洲上从容自在。虽有些闲言碎语,只要宽心等待,合理因应,最终结果吉祥。

讲解:二爻是沙滩上等待,有闲言碎语,静待而化解。九二在沙中等待,比初九离坎水之危险更近,处境不太好,又起了言语纷争,此时需要明观谨行。恰好九二以刚健之德而能居中示柔,宽裕自处,故终吉。因为九二刚健又处沙地,不可用刚,需轻柔自守,否则陷入沙中,可见只要不陷入沙中遇险就算吉祥。所以,九二虽有环境之忧,但只要静观慎思,纳言正行,可逢险化吉。

九三:需于泥,致寇①至。

Nine in the third place:

Waiting in the mud, inviting the arrival of bandits.

《象》曰:"需于泥",灾在外也。自我致寇。敬慎不败也。

The *Xiang* 象 (Commentary on the Images) says:

"Waiting in the mud,"[because] the disaster is outside．[Although] one invites bandits oneself, disaster will not ensue if one is respectful and cautious．

注释:①寇:盗寇,艰难,取坎象。

大意:九三:在泥泞中等待,(偏偏此时还)招来寇难。

《象传》说:在泥泞中等待,寸步难行,灾难(坎)就在外边,不时就来。偏偏是自己招惹了强盗来,不过只要敬谨审慎,高度警戒,就不会陷于危败(因为还未陷入坎险之中)。

讲解:九三主要讲近险招寇,敬慎免难。九三离上卦坎(水、沟、险难)很近了,可以理解为脚踩在烂泥里面了,在泥里等待,容易招致危险,故说"致寇至"。而且坎为陷,为险,为盗,所以临近寇盗之险。"自我致寇"是自己以刚逼险,步步近险。九三虽近坎险。但因以阳刚当位得正,又与上六相应,所以可以恭敬谨慎而不败于寇。可见,需待是积极的需待,不是不前进的需待。

六四:需于血①,出②自穴③。

Six in the fourth place:

Waiting in blood, escaping from a hole.

《象》曰:"需于血",顺以听也。

The *Xiang* 象 (Commentary on the Images) says:

"Waiting in blood,"because one can faithfully follow the advice．

注释:①血:取坎象。坎险带血,是为血泊之中,危险至极。一说通

"洫",沟洫,指城下的壕沟。②出:卦变六四从五位出来,上卦成坎,从穴中出来。③穴:洞穴或深渊之穴,黑黝黝(坎北玄武配黑色)、深不可测的坎陷之地。

大意:在血泊中等待,从洞穴中爬出来。

《象传》说:在血泊中等待,要随顺听命,冷静地顺从九五:听命于时势而行,最后能化险为夷。

讲解:六四主要讲血泊求生,顺势听命,而能大难不死。六四虽然已经在上卦坎险之中,有在血泊中等待之象,但是,阴爻居阴位,而且又与初九正应,并居九五之下,所以可以血泊逃生,有惊无险。卦变中六四从五位出来,上卦成坎,从穴(坑陷之地)中出来,所以说"出自穴"。坎为耳,六四阴爻居于阴位,又上承九五,下应初九,能够顺势听命,听取正确意见以形成合理的意向,最后化险为夷,捡回一条命。

九五:需于酒食,贞吉。

Nine in the fifth place:

Waiting in wine and food, with perseverance there will be good fortune.

《象》曰:"酒食贞吉",以中正也。

The *Xiang* 象 (Commentary on the Images) says:

"In wine and food, with perseverance there will be good fortune," because [the nine in the fifth place is in] the center [place of the upper trigram, and] is upright.

大意:九五:在美食宴饮中等待,安于守正可获吉祥。

《象传》说:在美食宴饮中安于守正可获吉祥,是因为九五阳刚中正。

讲解：九五主要讲履险如夷，宴饮待时。本卦从下往上皆有危险，死里逃生到了九五可以庆祝一下，同时看得清楚，既然进退皆有险难，那么饮食宴乐就不要错过。从象上说，五爻阳刚，居尊得正，克尽其道，可以好吃好喝。而身处危险，依然从容自若，是长期耐心修炼的境界，也是需卦教诲的关键所在。

九五居天子中正之位，犹如圣人之履居帝位，可以大行其道，德泽天下。万物需雨泽，常人需饮食，天下正需涵养之时。可见，即使到了九五之尊，也不可激进行事，不可贪图浅近之功，而应实行王道，久而成化，崇德广业，化成天下。

君子处在九五这样有利的地位，仍要安命知时，宽以待之，在酒食之中修身养性。九五中正又能安之以待，随时调整自己的行为，反思自己的心意，时刻保持中正之道，正位居体，老成持重，从容不迫，则终会取得好结果。

上六：入于穴①，有不速之客②三人来，敬之终吉。

Six in the highest place:

Falling into a hole. Three unexpected guests come, respecting them will lead to good fortune in the end.

《象》曰："不速之客来，敬之终吉"，虽不当位，未大失也。

The *Xiang* 象（Commentary on the Images）says:

"Unexpected guests come, respecting them will lead to good fortune in the end," because though one is not in a correct place, this is no great mistake.

注释：①入于穴：上六在坎的上面，坎为穴，卦变之后，上六被变入坎象,故为进入洞穴。上六阴变阳,为巽,为入。如把应九三讲成"入",不太合适。②不速之客:不请自到的客人。速,召请。

大意:上六:(卦变上卦为坎)落入洞穴之中,有三位不请自来的客人,对他们恭敬相待,最终获得吉祥。

《象传》说:有几位不请自来的客人,对他们恭敬相待,最终获得吉祥。说明本爻虽然所处位置不当(上位),但敬慎小心,则不至于招致重大损失。

讲解:上六主要说的是来了不速之客,礼敬无失。大壮九四与六五换位,上六入坎象,为"入于穴"。需卦是等待,到了上六,就是等待到最后要付诸行动,内卦的乾要刚健地突破上卦的险难,乾为人,下乾三个阳爻以刚健之德跋涉大川(上坎),因而上六会遭遇三个不速之客,因此"不速之客三人来"。因为上六是全卦穷极之位,下又乘刚,但与下乾的九三正应,心志相应,可以沟通,不会阻挡刚爻上位,反而会顺利让出,可以理解为小人会主动帮助君子完成突破险难的使命,自然就没有大的过失。

这里的核心在于处理不速之客的意识和态度,即"敬之终吉",也就是要以顺敬的态度对待事变,随时根据情境变化调整个人的意识境遇。也可以理解上六自身处于危险之地(坎),又面临"不速之客来"的意外情况,但能够以阴柔之态度宽以待人,最终化解紧张态势。从个人心意修养方面来说,心意"需于酒食"获得充分滋养,涵养魄力之后,仍然要在事上磨炼,也就是要善于处理修炼心意过程中遭遇到的突发状况,这时候对于外在的意外刺激应该持敬不失,要把敬慎的态度延续到最后,善始善终,不可功亏一篑。这样说也说明了心意修炼之艰辛,要经得起各种考验和挑战,不可出偏差。

天水讼（卦六）（坎下乾上）

Heavens, Water, *Song* 讼 (Hexagram ♯6)

Qian 乾 [the heavens] above

Kan 坎 [water] below

讼①,有孚②,窒惕,中吉,终凶。利见大人。不利涉大川。

Song 讼 (dispute), having evidence, but feeling suffocated and worried; good fortune [to stop] in the middle; but danger if one fights to the end. It is advantageous to meet with great persons. It is not beneficial to cross the great river.

《彖》曰：讼,上刚下险,险而健,讼。"讼有孚窒惕③,中吉",刚来而得中也。"终凶",讼不可成也。"利见大人",尚中正也。"不利涉大川",入于渊也④。

The *Tuan* 彖 Commentary says:

[In the Hexagram] *Song* 讼 (dispute), the upper [Trigram *Qian* 乾] means stubborn and the lower [Trigram *Kan* 坎] means danger, hence it is called dispute. "Having evidence, but feeling suffocated and worried; good fortune [to stop] in the middle", because the strong line comes to reside in the middle place. "But danger if one fights to the end", because one's suit cannot be fully completed. "It is advantageous to meet with great persons", because the aim of dispute is to find justice. "It is not beneficial to cross the great river", because one will be [stranded] in a dangerous abyss.

《象》曰：天与水违行，讼。君子以作事谋始。

The *Xiang* 象（Commentary on the Images）says：

The heavens running in the opposite direction to water, this means dispute. Exemplary persons plan carefully before they start to act.

注释：①讼：卦名。《序卦》"饮食必有讼"，为了争夺生存的物质条件，一定会有争讼。《杂卦》"讼不亲也"，因为争讼使得人们之间不再亲和。可见，讼是人不亲而争讼，希望通过打官司评理，所以有诉讼之意。②孚：凭信，打官司的证据。下卦坎为心，上卦乾为实，心中诚实故有孚（凭证）。③窒惕：窒，郁闷，窒塞。惕，担心，戒备。因主爻九二在下卦坎里，坎为"加忧"，因忧虑而戒惧。④入于渊也：在卦变中主爻九二从三位下到二位，下卦成坎水，是大川没有过去，反而扎到水中去了。

大意：讼卦象征打官司，有证据，但诚信受阻，双方互不信任，就诉诸法庭。如能持中，心有惕戒，适可而止，中途结束官司则为吉祥；把官司打到底则有凶险。有利于见到公正的法官，但不利于渡过大川险阻。

《象传》说：讼卦，上卦乾为刚健，下卦坎为险，外表险恶内心刚健，就容易引发争讼，总想打官司。所以称作讼卦。

讼卦象征打官司，有证据，但诚信受阻，双方互不信任，就诉诸法庭，如能持中，心有惕戒，适可而止，中途结束官司则为吉祥，因为主爻九二（刚爻）由遯卦三位下来得到下卦中位。把官司打到底凶险，因为打官司不宜纠缠不休，否则最终一定会两败俱伤。

有利于见到公正的法官,因为决讼追求守正持中,所以希望中正的法官(九五)秉公断案。但不利于渡过大川险阻,是说恃刚乘险终将陷入深渊,任何诉讼都充满危险的变数。

《象传》说:上卦乾为天,下卦坎为水,天向上浮,水向下流,(或者太阳从东向西转动,河流自西向东流),越来越远,不能亲和,相争不息,所以是个讼卦。君子见到这种相互背离的卦象,从一开始就要认真谋划,从源头杜绝产生争讼的可能。

讲解:讼卦要说明官司凶险,避讼为上。一般情况下,打官司都是弱者告强者,因为强者不需要打官司,但弱者打赢官司的几率不高,往往需要靠大人良心发现才能告赢,所以即使有证据,官司也要尽量不打。讼卦的精神其实是大事化小,小事化了,最好能调解。可见,打官司跟乘小木船过大江一样,随时有覆没的危险,打得越久越凶险。古人的经验中,过大河非常凶险,而打官司也是类似的玩命过程,所以认为不可取。"涉大川"对古人来说是一件大事,所以通情达理的君子从一开始就要掐灭产生争讼的意念,避免争讼意念发展壮大,以致最后不可收拾。另外,打官司凶险是因为打官司是为了求公道,所以不应该坚持诉讼到底,应该见好就收,否则两败俱伤。这里的基本精神是,争讼总是不好的,进入打官司的过程,不可能有真正的赢家,而赢家需要建立在善良意念的基础上。

初六:不永所事,小有言,终吉。

Six at the beginning:

Do not continue to insist on a matter. There is some gossip, there will be good fortune in the end.

《象》曰:"不永所事",讼不可长也。虽"小有言",其辩明也。

The *Xiang* 象 (Commentary on the Images) says:

"Do not continue to insist on a matter," because disputes should not last long. Even though "there is some gossip," the judgment is clear.

大意:初六:不要久缠于争讼之中,必要时稍做辩解,让小的闲言碎语尽快过去,最后才会吉祥。

《象传》说:不要久缠于争讼之中,因为诉讼不是长久之计。即使有一些闲言碎语,做点辩解,是非最后都可以辨别明白。

讲解:初六是要说如果引发争讼,应该明了事理,及早消解。此爻说明,对小的事情要尽量避免诉讼,因为诉讼越少越好,努力息事宁人。初六以阴爻居阳位,不中不正,显得柔弱不争,所以不愿久缠于争讼之中。另外,打官司不是长久之计,对小事的纷争不宜各执己见,打起官司了也不可长期纠缠,否则费时费事,没有好处。从象上看,初六是被动而讼,争讼刚开始,下卦坎为耳,前临互离为明,耳聪目明,耳朵一听就明明白白之象,不必长期纠缠下去。可是毕竟在讼卦,小的口舌是非无法避免,而且适当为自己辩解也是必要的,应该申诉一下,让闲言碎语尽快过去,而且初六有正应在九四,上面有人,所以最后吉祥。

九二:不克讼①,归而逋②。其邑③人三百户,无眚④。

Nine in the second place:

One's dispute cannot succeed, so return and hide. The three hundred families in one's county won't suffer any repercussions.

《象》曰:"不克讼",归逋窜⑤也。自下讼上,患至掇⑥也。

The *Xiang* 象（Commentary on the Images）says：

"One's dispute cannot succeed，" so return and hide in exile. When inferiors dispute with superiors, disaster comes because one picks it up oneself.

注释：①不克讼：九二阳刚居柔位，处坎险之中，初六、六三两相为难，而不得通达；加以九二与九五相敌不应，九五在尊位，有权有势，九二肯定打不赢官司。②归而逋：逋，逃。见势不妙，逃回故里。③邑：采邑，封建制给大夫的封地叫采邑。④眚：灾难。坎为隐伏，被采邑里的人隐藏起来。三百户是小势力，不可能对九五构成挑战，所以不会有灾难。⑤窜：解释"逋"。⑥掇：拾取。

大意：不能赢得官司，逃回家躲起来，那是只有三百户人家的小村庄，不会遭到迫害。

《象传》说：不能赢得官司，只好逃窜回归故里。在下位的人（九二）去告在上位的人（九五），这是自己捡来的祸患。

讲解：九二爻以下讼上，几必失败，此时当识时务者为俊杰，及时退却。从卦象上看，九二阳爻居阴位，虽然失位，但是得中。讼卦九五阳爻中正，居阳位、尊位、大人位、君位，而九二居于下卦中位，身份地位明显低于九五。九二与九五敌应，双方因某事发生争讼，九二当然不是九五对手。可是九二坚持己见，以为不论对方官位多高，势力多大，只要自己有理，就可以争讼一番。但九五官高势大，九二跟九五争讼属于以下犯上，等于自取祸患，显然是无法打赢这场官司的。好在九二比较识时务，在达不到争讼的目的之后，就逃回到自己的采邑去了，由于及时示弱，不继续为敌，加上逃亡及时，才没有牵连到自己故乡的三百户邑人。本爻说明地位低下的人去诉讼地位高上的人,祸患会来得很快,就像俯首可拾的东西。九二作为争讼之民,是无法和九五争讼的,俗话说,民告官,十讼九输,说的就是这种情况。这爻打官司必输无疑,要逃回家才能保住自己的封地和家族,能够避免大灾患就谢天谢地了,如果不赶紧跑回家,自己保不住不说,连累家人和族人都有可能。

六三:食旧德①,贞厉,终吉。或从王事,无成。

Six in the third place:

Living off one's old privileges, remaining upright with a sense of danger, so good fortune comes in the end. If one serves a king, do not expect much credit.

《象》曰:"食旧德",从上吉也。

The *Xiang* 象 (Commentary on the Images) says:

"Living off one's old privileges," there will be good fortune in following superiors.

注释:①食旧德:食,饮食,引申为喜好、保持。旧德,自己旧有的功德,或祖先留下的功德。"食旧德"指保持旧有的功德,或蒙受祖上的余荫,吃祖宗留下的饭,也就是"吃老本"之意。

大意:六三:享用祖宗旧日积累的功德,守住正道,提防危险来临,终将获得吉祥。或跟从君王做事,不能以成功自居。

《象传》说:享用祖宗旧日积累的功德,因为六三顺从阳刚尊上(上卦是乾,乾为君王),因此当为吉祥。

讲解:六三爻说明吃老本要守正防危,不居功顺上才能转安。吃祖宗留下的饭要保持危机感,因为三位虽是公侯之位,公侯有余荫,但也随时有被废除的危险,所以要小心守住正道,加上六三有上九正应,所以最后还是可以吉祥的。

如果六三有机会随从君王做事,自己一定不要居功,即使有功也要推给君王,因为功劳本来就没你的份,六三不应该有成就。爻象上六三挨着上卦乾,乾为君王,六三还在下卦坎险里,说明跟着君王做事,能够免除危险就算不错了。但如果不跟从君王,那又肯定是不可以的,因为六三家族的余荫都是君王给的,君王随时可以收回去,这就是六三潜在的危险。于是,对六三来说,既然要想蒙受祖上的余荫,继续吃祖宗留下的饭,那么只有顺从上边(上卦是乾,乾为君王)才是吉祥的选择。

可见,享受祖上余荫的人,因其占尽先机,古今都令人羡慕,但是,这种有利条件来自上位君王的恩泽,自己如果不跟从君王做事,做事又不跟君王保持一致,那是肯定不行的,而跟从君王做事的时候,自己又是不可以有争功之心的,这是因为整个家族的荣耀都是君王给的,如果想自居有功,君王可能会收回对家族的恩赐,六三将无法延续家族的德业。可见,六三必须要保持危机感,坚守正道,小心行事,才能延续家族的荣耀。

九四:不克讼,复即①命②,渝③安贞,吉。

Nine in the fourth place:

Not able to win in one's dispute, so accepting one's fate. Changing one's attitude to seek peace in uprightness, there will be good fortune.

《象》曰:"复即命,渝安贞,吉",不失也。

The *Xiang* 象 (Commentary on the Images) says:

"Accepting one's fate, and changing one's attitude to seek peace in uprightness, there will be good fortune," because there is no loss.

注释：①即：就，到。②命：天命，命定的正道，分限。③渝：变。

大意：九四：无法打赢官司，转念回复命之正道，消除争讼的意念，变得安分守正，吉祥。

《象传》说：转念回复命之正道，消除争讼的意念，变得安分守正，说明九四安顺守正不会有失误。

讲解：九四爻强调认命不争的智慧，认为应该克去讼念，以转危为安。九四刚爻居阴位，失位不中，显得过于刚健好胜，但与初六应，所以不是跟初九争讼，而是跟九五打官司，但告九五必然失败，于是服从审判，从想要争辩回归心平气和，回复未争讼前的限定，并作为自己命定的状态来接受，通过主动化解争端，终止争辩，应该可以安然无事。从卦象上看，九四在互巽天命（巽风为天的命令）里，不存在违背天命的问题，回复天道本然，安心守正，所以没有失误，还比较吉祥。

九五：讼，元吉。

Nine in the fifth place：

[Dealing with] disputes [justly will bring] great fortune.

《象》曰："讼，元吉"，以中正也。

The *Xiang* 象 (Commentary on the Images) says：

"[Dealing with] disputes [justly will bring] great fortune," because Nine in the fifth place is central and upright.

大意：九五：明断争讼，大吉大利。

《象传》说：判案公正，明断合宜，大吉大利，是因为九五在上卦中位，品性光明正大，有中正之德。

讲解：此爻的意义在于：九五尊位决讼，中正秉公断案。作为九五之尊，在讼卦里面，有想告谁就告谁，也有想怎么判就怎么判的意思，当然，这不是指九五乱判一气，而是指九五英明能断才吉利，如果不能明断，也就不吉利了。九五阳爻居阳位，既中且正，象征大人得位，品性光明正大，有中正之德，所以能够以公正严明的态度处理讼事，争讼能够得到公正的审理。此爻也说明，不打官司才是讼卦的精神，但需要法官英明能断才能止讼，还需要争讼的双方接受判决，所以判决的公正性就非常重要。而公正的审判除了要有理之外，还要正好遇到公正的审判人员，好在九五爻有位有德，英明能断，能够服众，所以最后才有吉利的结果。

上九：或锡①之鞶带②，终朝③三褫④之。

Nine in the highest place:

Despite having been bestowed with official clothing and a broad belt, one will be deprived of them three times by the end of the day.

《象》曰：以讼受服，亦不足敬也。

The *Xiang* 象 (Commentary on the Images) says:

Being bestowed with official clothing as a result of a dispute is not worthy of respect.

注释：①锡：赐，赏赐。②鞶带：大带。按照古代朝廷任命官员的礼制，不同的官职等级颁赐不同的官服，鞶带是官服的重要部分,在带钩和带上镶嵌饰物以区别官职等级,如金、玉、角、木等。赏赐鞶带就是赐给相应等级的官服和官职。③终朝:终日,一天之内。④褫:夺,剥夺。

大意:上九:诉讼(偶然)获胜,君王赏赐饰有大带的官服,但一天之内会被剥夺三次。

《象传》说:因打官司获胜而得到高官厚禄,不足以为人敬重。

讲解:卦上九说明讼争不可败德,忍和方能走远。从象上看,上九在乾卦里,乾为衣、金、玉,金玉为服是鞶带之象。乾为白昼,上九位处穷极,有剥退之象,所以一天之内被贬谪三次。根据王注孔疏,上九处刚之极,健讼,因讼得胜,获赐爵禄,但这不是获取功名荣华的正道,所以不可长久,很短时间之内就会被剥夺。换言之,如果打官司是为了获胜以争取显要职位,这是不足以为人敬重的,也是难保长久的,所以不应该通过争讼的方式去谋取利益。

地水师(卦七) (坎下坤上)

Earth, Water, *Shi* 师 (Hexagram #7)

Kun 坤 [earth] above

Kan 坎 [water] below

师①,贞②。丈人③吉,无咎。

Shi 师 (Going into Battle), [the multitude needs] uprightness. Old and respected leaders bring good fortune without blame.

《彖》曰：师，众也。贞，正也。能以④众正，可以王矣。刚中而应，行险而顺，以此毒⑤天下，而民从之，吉又何咎矣。

The *Tuan* 彖 Commentary says:

Shi 师 means multitude and *zhen* 贞 means upright. He who is able to lead the multitude in an upright [way] can be a ruler. The firm [nine in the second place] is central [and upright] and resonates [with the six in the fifth place]. [The lower Trigram *Kan* 坎 is danger, and the upper Trigram *Kun* 坤 is submissive and smooth, so the Hexagram means] advancing smoothly through dangerous situations. Handling things in this way may damage the world, but since people follow, [there is] good fortune, so what is to blame here?

《象》曰：地中有水，师。君子以容民畜⑥众。

The *Xiang* 象 (Commentary on the Images) says:

[The upper Trigram *Kun* 坤 is earth, and the lower Trigram *Kan* 坎 is water.] [There is much] water in the earth, and this is the image of *Shi* 师. Exemplary persons [learn from this to] hold close to the people and nurture the multitude.

注释：①师：卦名，众的意思，引申为打群架，军队和战争。按《序卦》，争讼之后会出现众人组成军队打仗之事。②贞：师出正道。一是要打正义的战争，打仗是为了天下苍生，不是为了个人私利。二是将领（丈人）要对国家统治者忠贞不贰，心思和行为都不能出现一点偏差。③丈人：年长而受人尊敬的人。④以：率领。⑤毒：荼毒。⑥畜：蓄。水再大也要容蓄在大地里，君子要学习这种包容广大的胸怀。

大意：师卦象征领兵打仗，善守正道，有德望、有经验的英明统帅领导军队，就能吉祥而不会有什么灾祸。

《彖传》说：师是部属众多；贞是善守正道。如果善于带领众多的部属行走正道，就是率领正义之师，就可以成为王者施行王道。内心刚健中正（九二）又有人（六五）响应，从事危险之事、行进在险难中，因顺合正道而能顺利。凭借这样的优势去荼毒天下，而人民依然心甘情愿跟随他去干，如此势必吉祥，又会有什么咎害呢？

《象传》说：上卦坤为地，下卦坎为水，地中有水就是师卦。君子从地下蕴藏的大量水当中得到启示，要像大地蓄水一样蓄聚民力，广容百姓，爱护群众。

讲解：师卦是要说明，率众行正可王，容民蓄力则吉。从象上可以有多重解释，一、一阳爻居下卦中位，五阴爻应而顺之，有一呼而百应的师旅之象；二、坤为众，坎为险，象征一群危险的人，从率众人以设伏行险角度来看，是用兵之象；三、坤为地，坎为水，象征平地之下暗流涌动，有兵戎之机；四、坤安静，坎不测，表面安静而内藏不测之机谋，为运兵之象；五、坎为险，坤为顺，用危险的方式给天下带来破坏，但人民依然跟从，说明是正义之师；六、坎为水，坤为地，地能包水，象征寓兵于民，也喻指全民皆兵，还暗示军民一体。

"丈人"的"丈"可以理解为"杖"，那么"丈人"就是挂杖的老人，也可以理解为老成持重之人；杖也是权杖，有德高威重之象。综合来看，"丈人"应是年高德重而又显威严的三军统帅。可见，对打仗来说，选择合适的将领至关重要。

总之，师卦说明打仗的第一要义是正义，第二要义是有能够代表正义的将领，第三要义是赢得民众的支持才能打赢正义的战争。所以师卦推崇的是正义之师，认可的是正义的战争。

初六：师出①以律②，否臧③凶。

Six at the beginning:

An army must move out with discipline, otherwise disaster will follow.

《象》曰："师出以律"，失律凶也。

The *Xiang* 象 (Commentary on the Images) says:

"An army must move out with discipline," losing discipline brings disaster.

注释：①出：师初六来自复六二，下来，故言"出"。②律：坎为律，取坎水之象，水平如法，引申为军律、军纪。③否臧：否，表否定。臧，同意，称赞。如果有的同意，有的反对，意见不一致，那就破坏了纪律。

大意：初六：出师打仗全凭军律严明，军律不良必然凶险。

《象传》说：出师打仗必须纪律严明，如果失去军纪的约束必将招致凶险。

讲解：《师》卦初六说明：师出以律则吉，不守军纪则凶。初六在全卦的始位，是刚开始用兵，又在下卦坎里，坎为打仗时的军律。一说初六变得临，坎水变兑泽，为河水被阻断之象，象征军队指挥官心意被阻，导致军纪散乱之象。

初六说明行军打仗要军纪严明，没有按照军法行事非常危险。初六表示军队即将出发，战斗还没有打响，但凝聚意志、统一军心、鼓舞士气非常重要。当此之时，一是师出必须有名，如果不是正义之师,就无法凝聚人心;二是有必要借助于一定的祈祷、祭拜仪式以统一人心,统一军律,而在古代,军律可以包括军乐律和军纪律两方面。

战争一发动,军队的纪律非常重要,军律通常是外在的约束,但也象征着军人心力的向背,如果军人失去军律的约束,也是从民众中来的军人心力不齐不聚的表现,那么战争的正义性就等于被军人质疑,而取胜的可能性就微乎其微了。所以军队一动,其正义性首先在严整的军队纪律上表现出来。

九二:在师中吉,无咎,王三锡命①。

Nine in the second place:

In the central army divisions there is good fortune, without blame. The king bestows commendations three times.

《象》曰:"在师中吉",承天宠也。"王三锡命",怀②万邦③也。

The *Xiang* 象 (Commentary on the Images) says:

"In the central army divisions there is good fortune," because one is trusted by the emperor. "The king bestows commendations three times," because he thinks of subduing the myriad states.

注释:①锡命:颁赐嘉奖的爵命。②怀:心怀德政的感化力量来令四方臣服。③万邦:万国。

大意:九二:在三军中位,吉祥,没有咎害,君王三次赐命嘉奖。

《象传》说:军中统帅持中守正就可以获得吉祥,因为承受了天子的宠信。君王多次通令嘉奖,是因为(君王)志在平定天下万国。

讲解:《师》卦九二爻众星捧月,心怀天下,万国臣服。"在师中"不仅仅是"在师之中",而是指"在中军",是野战主帅所在之位。九二爻是师卦中唯一的阳爻,率领众阴,能够赢得众阴爻的信赖和臣服。九二处下卦之中,具备刚毅、果敢的品格和持中不偏的德性,用这样的将领统率兵众,战争能够吉祥顺利,而不会有过失和灾祸。九二与至尊六五正应,以阳滋阴,得到君王的宠信,所以象辞称九二能"承天宠"。"赐命"是发令嘉奖,象辞解释为赐命嘉奖,万国臣服,如果解释成发布命令则不足以让万邦来朝。王"怀万邦",说明君王的心志在天下,也有说是统帅怀万邦的。

爻辞译法跟《象传》译法略有不同,是因为两种解释都可以说得通,不必偏执一方。此处"三军中位"跟"持中守正"并不矛盾,爻辞译为"三次",而象辞译为"多次",因为"三"可作"多"来理解,都行得通,予以保留。区别在于,爻辞的译法应该更加精确一些,而象辞本来就是解释爻辞的,所以可以对意义做一定的解说和发挥。

六三:师或①舆②尸③,凶。

Six in the third place:

Going into battle may result in hauling back corpses. Danger.

《象》曰:"师或舆尸",大④无功也。

The *Xiang* 象 (Commentary on the Images) says:

"Going into battle may result in hauling back corpses," because one [is defeated and] achieves nothing.

注释:①或:很可能会。②舆:车厢,指战车,这里用作动词,指用战车拉。根据《说卦》、《系辞》,坎取棺椁之象,可盛尸体,坎又为舆,所以是车拉尸体之象。③尸:尸体,尸主之说不取。一说尸取坤象,虽比较形象,但证据不足。④大:程度副词。

大意:六三:军队很可能会载运尸体回来,非常凶险。

《象传》说:领兵打仗的结果很可能是一车一车的尸体从战场上运回来,说明彻底败北,无功而返。

讲解:《师》卦六三爻出师不利,形势不妙。六三爻不中、不正、下乘刚、上无应、近无比,上不在天、下不在地,印证了"三多凶"的说法,异常艰难。六三不自量力,在自己能力有限、状态不好、敌我力量对比悬殊的情况下贸然打仗,很可能劳而无功,兵败失利。

六四:师左①次②,无咎。

Six in the fourth place:

The army retreats to its left and camps. No blame.

《象》曰:"左次无咎",未失常也。

The *Xiang* 象 (Commentary on the Images) says:

"Retreating to the left and camping. No blame," because it does not lose its regularity.

注释:①左:用兵贵右,左是退舍。②次:部队驻扎。《左传·庄三》:"凡师,一宿为舍,再宿为信,过信为次。"孔颖达:"次谓水旁也。""次"是两天以上的驻扎。"左次"就是退后三十里驻扎。

大意:六四:部队退后驻扎,没有灾祸。

《象传》说:率领部队撤退,当退则退,说明六四并没有失去用兵的常道。

讲解:《师》卦六四爻的哲理意义:进退适时,不失常道,因为没有失去用兵的常道,所以不应当有灾害。六四爻居上卦之始位,虽无阳爻,却有自知之明,能够柔顺得正,遭遇不利形势则主动撤退,不轻举妄动,等到时机成熟再发动进攻。

六四上不在天,下不在地,处境艰难。"四多惧"也就是四多谨慎之词。程颐认为左次就是退舍。因古有军中尚右之说,右进则左为退,另吉事尚左,凶事尚右,《老子》曰:"君子居则贵左,用兵则贵右。"互卦为震,震木为左,六四在水旁,次也可以理解为驻扎,即在水边埋锅造饭。震行入坤,不知深浅,不如退扎水畔,静候战机。

另一说如王弼:"行师之法,欲右背高,故左次之。"按上古兵法,布阵的地形原则是,左前方要低,便于随时出击,还可产生加速度;右后方要高,背后有靠山,防御据点厚实,这样才不会腹部受敌。孔颖达:此兵法也。故《汉书》韩信云:"兵法欲右背山陵,前左水泽。"这是把左次解释为驻军方位,这样讲兵法符合易理,也符合传统风水布阵之法。应该说两说都通,也都符合行军谨慎的常道。

六四变解,恰好是暂时休整部队之象,进退有度,合乎用兵之法。可见部队暂时解脱,在等待战机,埋锅造饭,随时准备背水一战。尽管是相对安全之地,可以埋锅造饭,但依然是战时状态,危机四伏,充满破釜沉舟的悲凉气息,因为既然此爻进退皆是载尸而归,那就唯有背水一战。

可见,六四爻是在讲战术。《象》曰:"左次无咎,未失常也。"凸显出打仗也是有常道的,战场上要按照兵法来。兵法是无数代人战争经验的总结,统帅要根据当下的敌我力量对比和地理条件,按兵法的常规布阵,才能避免不必要的损失。

六五：田有禽①，利执言②，无咎。长子帅师，弟子舆尸，贞凶。

Six in the fifth place:

[While hunting] in the field one meets wild game, it is good to catch them with upright words. No blame.

The elder son should be commander, as [appointing] the younger son [as general] will result in hauling back corpses. Excessive perseverance leads to danger.

《象》曰："长子帅师"，以中行也。"弟子舆尸"，使不当也。

The *Xiang* 象 (Commentary on the Images) says:

"The elder son should be commander," because he follows the central route. "The younger son pulls dead bodies back," because his appointment is not suitable.

注释：①田有禽：禽：《说文》谓"走兽总名"，可指捕获猎物，引申为敌军俘虏。田地里有禽来破坏庄稼，犹如敌人侵犯自己的国家，自己一方是处于道德制高点的，此时可以大胆谈判，利于言论讨伐，则无咎。大加讨伐，之后师出有名，当然正义在我。"田有禽"之"田"象来自师卦的上卦坤，坤为地，为田，为田猎，又为柄，可执。"禽"象来自师卦下卦坎的反对卦离。②执言：以仗义执言的姿态去捕猎。执：抓获、捕获，《说文》曰："执，捕罪人也。"执言，抓住这件事用言辞质问对方，宣示己方正义。仗义执言，以正义之师喝退敌兵，如孔子夹谷会盟喝退齐武士，比真正打仗要好。言，取震象，从二到六爻为一个大的震象，表示说话的人多，七嘴八舌，你一言我一语，大呼小叫，人声鼎沸、欢声雷动，吵吵嚷嚷，呈现场混乱之象。人声鼎沸以至震耳欲聋，震为言虽有理，但于象于史皆鲜有先例。一说取坤象之柔，相比动武显得有柔声细语解决敌我争端之象,值此战争之际,执言以对,尽现柔和处理争执的风范。

大意:六五:田猎中遇到禽兽,可以率军仗义执言地猎获,有利,没有咎害。君王任命长子(德高望重的长者)带兵打仗好,但如果任命弟子(品德不高的人)带兵打仗,就会载尸败归。六五如果正固不动有凶。

《象传》说:任命长子(德高望重的长者)成为军中主帅,是行施中道(六五在上卦中位)。如果任命弟子(品德不高的人)为统帅,就会载尸败归,因为所用非人(六三不是长子)。

讲解:六五爻主要说明要仗义执言,师出有名。这是一个率军打猎的场景,可以就字面理解为有野禽跑进田地里破坏庄稼,也可以理解为打猎时在田地当中捕获了来祸害的禽兽,引申为外地入侵,可以率军仗义执言地猎获敌军俘虏,这是有利而没有咎害的事情。孔颖达:"己今得直,故可以执此言往问之而无咎也。"作为国王,首先要了解有外敌来犯的情况;其次要进行外交交涉,执言以对。再次派军征讨。三个步骤环环相扣,很符合实际情况。打仗跟打猎差不多,只是打的对象不同,但可以把敌人理解为禽兽。

六五在中位,尊位,下有应,这几方面为吉,决定了其用人有正确的一面。任用九二这个长子为统帅比较好。同时,六五阴居阳位,失正不当,上下无比,为阴人所围,自身又为阴性,犹豫不决,决定了用人有不当的一面,所以也可能会用六三为将,那就会"弟子舆尸,贞凶",这当然是错误的决定。可见,君王任命长子(德高望重的长者)成为军中主帅,是行施中道(六五在上卦中位);但如果任命弟子(品德不高的人)带兵打仗,就会载尸而归，是用人不当。

上六：大君①有命，开②国承③家，小人勿用。

Six in the highest place:

The ruler issues orders [and commendations], [letting exemplary ministers] found states and establish families; petty persons should not be employed.

《象》曰："大君有命"，以正功也。"小人勿用"，必乱邦也。

The *Xiang* 象 (Commentary on the Images) says:

"The ruler issues orders [and commendations]," in order to give proper premium to those with merit. "Petty persons should not be employed," because they will bring the country turmoil.

注释：①大君：通常指国君，但此处应该指先君。古代出师献捷，册封颁赐，都要在宗庙里举行仪式，表示天子要征求先王神灵的意旨，而自己不敢擅自做主。上位是宗庙位，所以此爻的意思有点特殊。"大君"见的不多，履卦六三有"大君"，但指代君位，而这里应指君主或先君。结合爻位为宗庙位，应解为先王更恰当，而讲成天子虽然意思可通，但不合上位。"大君有命"是君王准备对群臣封赏时，先在宗庙里面请示先王，想起或者听到了先王的告诫，也可以理解为在宗庙里先王的神启。战争结束后，国王去宗庙拜祭，有点像"家祭无忘告乃翁"，但也可能天子有想法，需要假托先王的神启，这样理解突破了易学史上的一般讲法。②开：建立。③承：世袭继承。

大意：上六：天子颁赐爵命，功臣封侯，建立家祠，但品德不良的小人不可重用。

《象传》说：天子颁赐爵命，论功行赏，要正当奖赏有功之臣。品德不良的小人不可重用，因为分封小人必会危乱邦国。

讲解： 上六主要讲：托先君言，论功行赏，勿用小人。这是师卦最后一爻，对应战争的最后阶段：论功行赏。大功者裂土封侯，中功者也封赐土地为卿大夫，使其成家立业。至于在战争中暴露出小人行径的，即使有微功，也不要重用。可见，开国承家主要是战胜方内部集团的利益分配。

　　如何理解此爻中的小人？论功行赏就要分好人坏人，自己人还是外人，如果是狡兔死走狗烹，那就是最惨的状况。小人通常指没有君子的修养，没有位置的人。在师卦，可以理解为一起打仗的时候，表现不够好的，不够听话的，争功诿过的人。也指对君主来说的外人，因为君主担心分给外人的利益多了，会影响自己人的利益。简言之，德威并重、经验丰富、老成持重的是战争中的君子，反之为小人。小人没有治理国家的才能和德行，最后会把国家搞乱。当然，这个国家是天子的"家—国"。师卦是战争，战争打完了才能立国，小人可以有能力，有军功，但不能使用他们来治理国家。小人如果在战场上的确杀敌立功了，则可以论功行赏，但不能被分封，不可加官赐爵。看来古代战争打完之后的最大问题就是区分君子小人。家国也应该是取坤象。没有一个大国的建立，就没有小家的安宁。但小人太在乎小家的利益，不能够从国家的公义出发，所以在打仗结束之后，可以给小人以钱财，却不可以给他官位。

水地比(卦八) (坤下坎上)

Water, Earth, *Bi* 比 (Hexagram #8)

Kan 坎 [water] above

Kun 坤 [earth] below

比①,吉。原筮②,元永贞,无咎。不宁方③来,后夫凶。

Bi 比 [Affinity and Accordance], good fortune.

Inquiring by divination, if all is upright from the beginning to the end, there is no blame.

Those recovering from disorder gather from all around, those who join too late might find misfortune.

《彖》曰:比,吉也;比,辅也,下顺从也。"原筮,元永贞,无咎",以刚中也。"不宁方来",上下应也。"后夫凶",其道穷也。

The *Tuan* 彖 Commentary says:

Bi 比 means good fortune; *Bi* 比 is assisting. [The lower Trigram *Kun* 坤 is submissive, so] those below are submissive. "Inquiring by divination, if all is upright from the beginning to the end, there is no blame," because the firm [nine in the fifth place] is central [and upright]. "Those recovering from disorder gather from all around," because the upper and lower respond to one another. "Those who join too late might find misfortune," because their roads are exhausted.

《象》曰:地上有水,比。先王以建万国,亲诸侯。

The *Xiang* 象 (Commentary on the Images) says:

[The lower Trigram *Kun* 坤 is earth, and the upper Trigram *Kan* 坎 is water, thus the image of] water [moving closely] on [the surface of] the earth is [Hexagram] *Bi* 比. [Learning from this,] the former kings established states and showed affinity to marquises.

注释:①比:亲近、亲比,依靠、归附、辅助等义。古代五家叫一比,所以"比邻而居"带有守望相助之意。②原筮:原,初。统一之后,开国之初的占筮。古时建国之后要用占筮的方法确定国策,取象上说,上卦坎为筮(见蒙卦),下卦坤为田原。③方:指代不安宁者,即不安宁的诸侯国;一说为副词,指刚刚,亦通。

大意:比卦象征亲比、团结、亲密,自然吉祥。推原真情,筮占厚意,占决而推举出一个能够永久持守正道的有德君长作为亲比的对象,这样就没有咎害。感受不到安宁者多方前来亲比,迟迟不来亲比的人就有凶险了。

《象传》说:亲比团结自然吉祥。比是在下者心甘情愿归顺辅佐在上者。推原真情,筮占厚意,占决而推举出一个能够永久持守正道的有德君长作为亲比的对象,这样就没有咎害,因为主爻九五占据上卦中位,有刚健中正之德。

感受不到安宁者多方前来亲比,因为上下心意相通,彼此响应(九五与六二上下正应)。

迟迟不来亲比的人就有凶险了,因为已处在穷困之中,无路可走(上六在全卦的穷极处)。

《象传》说:上卦坎为水,下卦坤为地;卦象显示的是地上有水,这就是比卦。开国的先王从地与水的亲密无间中得到启示,要封邦建国,亲合诸侯。

讲解:比卦的哲理意义是归附比合,及时亲辅,主要有以下几个方面的意思:

比是水亲附于地,密切无间之意,也可取地上之水向低洼之处汇聚亲比之意。比卦的比,有注家说要读四声,取地上附水,亲密无间之"密"意。下坤上坎,水在地上,地和水来为比,如"水善利万物而不争","江海之所以为百谷王"等表明水和地有包容、宽厚的共性。马恒君认为,比卦从剥卦变来,即剥上九与九五换位变为比卦。比卦一阳五阴,九五占据了天位,象征圣明天子,其余五个阴爻都要向九五亲比归附,犹如各诸侯国向天子归附之象。国一开始是部落,后来部落合并,刚开始时叫邦,所以开始时有万邦,后来逐渐变成一个国家。

比卦与师卦是一组覆卦(即师卦颠倒过来就是比卦),师是用兵打仗,比是刚从战争中不安宁的局势下过来,不安宁的各方都要来亲比。如果一些诸侯国还迟疑观望,不来归附,那就是认不清形势,可能有凶险。师卦讲的是战争,战胜的一方改朝换代,比卦讲的就是战败者对战胜者的亲近和归附,战败了就要亲比,否则凶。还有战胜者对支持者的封赏以巩固前盟,比可以理解为结盟,是形成新利益集团的过程。打完仗了,出现新的盟主,分完蛋糕(《师》上六),在比卦就是重新结盟了,从战胜者内部延伸到邦国全体。

比卦中的比是有两层含义的,一是在上者亲比在下者,二是在下者亲辅在上者,这两者缺一不可。所谓独阴不生,独阳不长,在这个卦上有很好的体现。阴阳相应相合,才是亲比吉祥。双向都可亲比,比卦讲的是战败方亲附战胜方,而战胜方接纳战败方。唯上六顽固不化,乘于九五至尊,居险之极而下无应,待不宁方来,欲比而无人纳之,自得后夫之祸。

比之亲密是需要把握时机和分寸的,否则就是违背比之道,成为单纯的利益交换。如果比是利益交换,那么比就只是一种手段,无法成为道。这个实践比之道的关键人物是九五,好比通过占决而推举出一个能够永久持守正道的有德君长作为亲比的对象,这样举国上下才能够让大家都自始至终持守正道。换言之,九五作为比的核心,实践比之道的时候,既要目标正确也要手段正义,否则无法称先王建万国。

初六:有孚①,比之,无咎。有孚盈缶②,终③来有它吉④。

Six at the beginning:

Where there is sincerity, showing affinity, there will be no blame. Being sincere like earthenware filled with water, affinity [comes from afar] bringing unexpected good fortune.

《象》曰:比之初六,有它吉也。

The *Xiang* 象 (Commentary on the Images) says:

The six at the beginning showing affinity [from afar], there is unexpected good fortune.

注释:①孚:《说文》"一曰信也",诚信,取象为上卦坎为心,有心怀诚意之象。②缶:古代常用的大肚子小口的瓦器或陶制容器,也像带盖子的盆。十六斗为一缶,"盈否"说明诚信很丰盈充溢,上卦坎为水,下卦坤为器,器皿上方有水说明水充满丰溢的状态。③终:有最终、终会两层意思。马恒君解释为九五从剥卦的上六之终位过来,可备一说。之:两现,爻辞指代九五,象辞意为到。④它吉：格外的、特殊的、非同一般的吉祥。

大意：初六：心怀诚信、心甘情愿地去亲比他，不会有咎害。诚信充满如盈满的水盆，来亲比终会有格外的吉祥。

《象传》说：比卦的初六，都来亲比，会有意想不到的吉祥。

讲解：比卦初六的哲理意义在于：王道气象成型，远邦诚心亲比，主要有这几个方面的意思：

初六主要说明：王道气象成型，远邦诚心亲比。师卦下坎上坤，描述军队战争，师卦上下颠倒而成比卦，比卦下坤上坎，意从师卦的不安宁之中来亲附，因此比卦之不安宁当从师卦战争而得，而"民无信不立"，所以，诚与信是比卦从不安宁之中化转过来的内在前提。

本爻说明，心怀诚信、心甘情愿地去亲比他（九五），没有咎害。初六来亲比，其诚信满满如盈满的水盆，它终于离开观望的状态加入亲比的行列，说明邦国的王道气象最终成型，所以对于九五和初六都会有格外的吉祥。初六距九五最远，初六来亲比，有如边远之地的诸侯国受到感化，也来归附，说明九五的恩德力量无边广大。初六肯归附，是国泰民安之兆。对于国家来说，是非同一般的吉祥，对于初六本身来说，也是有特别的、格外的好处。

初爻本在坤卦，又在最下，自然柔顺至极。柔顺至极体现为初六自然是诚心归附，所以强调是"有孚盈缶"的亲比。即在边地原本观望最终决定归附，所以说"终来有它吉"；也可以理解为一语双关，即也可以说最终来亲比，也终会有格外的吉祥。如果根据大象辞先王封万国之说，诚心归附之后，应该能够被封为诸侯，继续统领本部族，当然可以说是有格外的吉祥了。

这样也能够解释"不宁方",也就是说并非是方国不宁,而是方国对于与主国的关系表现得有所不安。经过战争,一些方国直接归附,或者投降,或者被灭,但还有一些没有参与战争,在战争当中幸存下来的方国,它们还在察言观色,踌躇不前。初六虽远,但诚心归附,可能不但保住了原来的邦国,更获得了新君主的赏赐,所以真可以认为是"有它吉"了。

六二:比之①自内②,贞吉。

Six in the second place:

Affinity comes from one's own people, and there is good fortune in persisting.

《象》曰:"比之自内",不自失也。

The *Xiang* 象 (Commentary on the Images) says:

"Affinity comes from one's own people," because Six in the second place is on the right track and would not make mistakes.

注释:①之:指代九五,意指君王。虽有做虚词解,但因为有正应,解为九五更恰当一些。②内:内卦,内心,指从内在的德性出发,真诚而自然的亲比状态。

大意:六二:从内而外,真诚亲比,持守正道吉祥。

《象传》说:由内而外,真诚亲比,说明行在正道上,自己没有失误(六二位中又正)。

讲解:六二主要说明,内心真诚亲比,正道不失吉祥。本爻爻辞象辞都是正面肯定六二具有内心中正不失的品性。内卦六二与外卦九五阴阳正应,原本亲切相应,所以是从内卦内心出发来亲比。六二阴柔,处阴位,有自内心守正的本性,自己会主动不失误。联系《象传》说的"元永贞",那么"贞"是本卦所强调的重要一点,而"贞"的特点在六二身上得到最佳呈现。

伊川将此讲成被动的告诫,虽然情理可通,但是有一点问题,需要纠偏。王弼注"不能来它",因为初六来亲比,具有怀柔远人的意思,所以格外吉祥,有特殊意义。而相比之下,六二本来就跟九五很亲,顺理成章地从内心出发来亲比,是从自身而言的吉祥,对他者产生的影响有限,或外在方面影响不足。相比之下,初六是观望的外方,而六二是心腹嫡系,本来就行事中正,基本没有失误,自己也知道避免失误,也确实不用太担心有什么失误。

从爻位和正应上来说,六二的位置明显比初六好很多。但是,初六"吉",而六二"贞吉",这里的区别是时位和形势的区别,初六之比,有怀柔远人之象,明显是"比"之王道所具有的意义,其"比"带有外向的特点。孔颖达也说六二这方面不如初六。

六三:比之匪①人。

Six in the third place:

Showing affinity to the wrong people.

《象》曰:"比之匪人",不亦伤乎?

The *Xiang* 象 (Commentary on the Images) says:

"Showing affinity to the wrong people," how sad this case is!

注释:①匪:同非。

大意:六三:亲比的不是该亲比的、行为失正的人。

《象传》说:亲比于不仁不义、行为不端的人,是找错亲比的对象,怎么不是件令人伤叹的事呢!

讲解:六三爻主要说明:不中不正,比之非人,内外皆伤,无法解脱。总的来说,六三不中不正,处三位凶地有伤,既代表内心之伤,又有外在时势之伤,呈伤心透顶之象,是内外皆受伤的人。《易》例以邻近爻为比,六三向上比邻六四,向下比邻六二,但没法跟九五亲比,是六三比错人了,近不能相得,远又没有回应。

从根源上讲,六三的时势说明他没有选择,如果说他选择失误而可悲,显得有点批评太过;其次,六三的问题最主要在于自身不中不正,然后才是比之匪人。从时势上来说,六三是没得比,比不到合适的人,既感时伤怀,境遇也确实可悲可叹。周围各爻都不是自己应该亲比的人,这都是相对来说的,因为对六三来说,六四、六二都是非人,因二爻自修,四爻外比之,都没有空理六三,那样也就上六和六三惺惺相惜,但上六"比之无首",所以六三也会有"无首"之咎。所以说六三自己的本性不好,加上六三所处的时势不好,导致内伤加外伤,可谓已然伤不起。而象辞的"伤"字用得很妙!说明伤人处伤地,正是内外都伤透的状态。

关于六三的选择,是本爻的根本意义所在,应该说,不好指责六三有什么选择的错误,因为这样的人处在这样的时势,实在是没法选对人,所以令己令人伤悲。还有一种说法,说六三不选择,是因为其是阴爻,又在互坤,有点暗自神伤的味道。但不选择也是一种选择,无论怎样,都似乎只有黯然神伤一条路了,而且身边连安慰的人都没有。至于六三的内心是否很想慎重选择亲比的对象,这并不重要,重要的是无论怎样选择,都所选非人,不止是上六。

六四:外比之,贞吉。

Six in the fourth place:

Showing affinity outwardly [to the Nine in the fifth place], there is good fortune in persevering on the right track.

《象》曰:"外比"于贤,以从上也。

The *Xiang* 象 (Commentary on the Images) says:

"Showing affinity outwardly" to the worthy, because one follows one's superior [the nine in the fifth place].

大意:六四:向外亲比、团结外面的人,守正吉祥。

《象传》说:向外亲比是亲比到贤人身上,是主动亲随上面的贤明领导(九五)。

讲解:六四主要说明,追随贤明君主,辅佐明主大业。六四顺承九五,都得位,都正,有六四向外从上亲比贤君之意。九五为贤王,有刚健贤明之德,能够比合天下。《象传》强调德行的重要。爻辞中的"贞"与象传互补,爻辞要求六四守正不曲从,而《象传》要求六四听从贤君的领导,这是从不同角度说明相通的德行。可见,王弼六四"比不失贤,处不失位",概括得极好。孔颖达解释"以从上"时说:"五在四上,四往比之,是以从上也。"自内之外,这是往。从全卦来理解,六四虽得正位但阴柔无力,处多惧之地,下无正应处险地,当不宁之时,柔弱无才,必须寻求强者庇护。显然初六不是最佳人选,所以舍初六以从上九五,既符合比卦之道,又契合爻象爻位和时机。又因为四与五为亲比之爻,固有相亲之道!但六四与六二相反,不能光靠自修,要主动求比。

九五：显比①。王用三驱②，失前禽③，邑人不诫④，吉。

Nine in the fifth place：

Manifesting his affinity, the king [hunts according to the rites and] only chases [game] on three sides, letting go the game ahead. Thus, the people in the states are not frightened, good fortune.

《象》曰："显比"之吉，位正中也。舍逆取顺，"失前禽"也。"邑人不诫"，上使中也。

The *Xiang* 象 (Commentary on the Images) says：

Good fortune in "manifesting affinity," because one's position is central and upright. Discarding the rebellious and accepting the submissive, one "lets go the game ahead." "The people in the states are not frightened," because the superior [nine in the fifth place] takes the central position.

注释：①显比：全卦只有九五一个刚爻，非常明显。②王用三驱：古代打猎相当于战争演习，追捕禽兽要讲究一定的仪式和规范。关于"三"的说法，马恒君认为，九五从师卦二爻升到五爻，三进到位；一说狗之所以三个月而生，是因为狗被斗所主，而斗数为三。③失前禽：指下五爻，下为始为前，上为终为后，上六、上为前。④邑人不诫：诫：惊惧而怀有戒备。因为下坤为国邑，五个阴爻都相信九五的德政。老百姓觉得君王有品德，不戒惧君王，而君王也就得到了民心。邑人的象应该是下面的四柔爻，坤为邑。

大意：九五：九五象征光明无私而明显得到大家拥护的亲比对象。君王用三驱之礼狩猎，网开一面，让前面跑得快的禽兽逃走。国邑里的人看到君王如此仁慈，不惊怕，不警戒，这样自然吉祥。

《象传》说：九五刚爻居刚位位正，在上卦中位，德行中正，以身作则让大家诚心拥护。对愿意归顺的留下，不愿归顺的任他自去，不强迫他们，好似网开一面，舍去逆我而来的猎物，猎取顺我而逃的猎物。百姓看到君王这样仁慈，便不存有戒心，也可以说是下面的阴爻愿意拥戴九五上去居于中位，作为大家归附的核心。

讲解：九五爻要说明九五能够中正显耀，舍逆取顺，以达到天下归心。九五爻当位，中正有应，是整个卦的卦主，全卦因为九五的存在而具有意义，所以九五光明、无私、显耀，大家都追随拥护。九五像太阳，光芒无所不照，但也不强求所有的都来归向，比如六三不当位无应，虽是六三自己的事情，跟九五无关，但六三不是没来跟九五亲比，只是因为九五关心的是天下，光耀天下，所以对六三顾不过来，也可以说六三想比都比不上，九五的阳光雨露虽然洒到六三，但对六三来说并不滋润。相对于初六的忠心耿耿来说，六三自己对九五还是不够诚心诚意，跟着边上的人就凑合了，所以自己的心意不中不正，虽然自己有些拎不清，但毕竟还不是以下犯上。

此爻用三驱之道，来比喻王者对归附者来者不拒、往者不追的大格局、大气象。舍逆取顺，是指狩猎的时候，对野兽不赶尽杀绝。动物逆我而来相当于投降，舍之不杀；顺我而去相当于逃跑，则可以尽力射杀。这是一种仁慈的狩猎之道。九五之比不在于去亲比他人，而在于如何接纳他人，分别有必须接纳、可以接纳、不能接纳，还有不但不能接纳，还要给予处罚等多种类型。此外还必须做到中道，分寸要把握好，大家才服帖。这就是"邑人不诫",上使中也。

上六:比之无首,凶。

Six in the highest place:

Showing affinity with no leader, there will be danger.

《象》曰:"比之无首",无所终也。

The *Xiang* 象 (Commentary on the Images) says:

"Showing affinity with no leader," there is no proper conclusion.

大意:上六:想亲比依靠但找不到首领,这样就会有凶祸。

《象传》说:上六想亲比依靠,但如果不能真心按首领的旨意来配合首领,就不会有什么好结果。

讲解:上六爻生不逢时,心无尊长,无处亲比。比卦六爻中,只有上六一爻直接说凶,可证卦辞"后夫凶"的"后夫"就是指上六。上六以阴乘阳,爻辞的"无首"正与"后夫"对应。

所谓"无首",程颐取没有早点亲比的意思,这与象辞"无终"构成互补,意为要亲比还是要趁早,而且最终结果不好要从自身出发去找原因,如是否自己太高傲了。应该说,比卦上六应该是尝试去比了,但没有领先,也没有比到,这样更加合乎比的整体意思。整个卦是比卦,如果上六不比,没有比过,甚至没有尝试过,就不太合理,所以伊川说不取。不过,程颐此说的一个长处是义理的发挥,即突出了上六是自己德行不够,没有去比辅九五,所以上六得反省自己,这体现了他的苦心。

还有一说,如马恒君认为是没有地方去亲比,因阴以阳为首,上六处坎险之极当不宁之时,欲比九五而九五不纳,所以说比之无首。卦变中剥卦的上九到了五位,上面已不可能再有可亲比的了,是无首之象,有点像一群乌合之众的联合,没有领头的首领,那就肯定不会有好结果。从另一个角度看,剥卦九五的宫人上到最上位,相当于到皇帝之上,可以理解为宫女目无皇上,那就想亲比也比不了,非常凶险。说上六不能配合首领的带领,有点目中无首,也合乎时势。上六以柔弱之身,凌驾于九五之上,可以理解为上六没把九五放眼里,主要是没放心里,因而上六的比,就明显带有虚情假意,所以最终也不会有好结果。

风天小畜(卦九) （乾下巽上）

Wind, the Heavens, *Xiaoxu* 小畜 (Hexagram #9)

Xun 巽 [wind] above

Qian 乾 [the heavens] below

小畜,亨。密云不雨。自我西郊。

Xiaoxu 小畜 (Small Accumulation), flourishing.

[The sky is full of] dense clouds but no rain, coming from our western suburbs.

《彖》曰:小畜,柔得位而上下应之,曰小畜。健而巽,刚中而志行,乃亨。"密云不雨",尚①往也。"自我西郊",施未行也。

The *Tuan* 彖 Commentary says:

Xiaoxu 小畜, the soft [*yin* 阴] line attains its proper place and responds to the upper and lower lines. Therefore, there is something accumulating [*Xiaoxu* 小畜].

[The lower Trigram *Qian* 乾 means strong, and the upper Trigram *Xun* 巽 means with a tail wind.] Strong and with the help of a tail wind, a firm [nine in the] centre [of the Trigram] means things can go ahead smoothly.

"Dense clouds but no rain," still [the wind blows] forward. "Coming from our western suburbs," [clouds are] accumulating but [rain is] still pending. [Hence, grace has not reached the common things.]

《象》曰:风行天上,小畜。君子以懿②文德。

The *Xiang* 象 (Commentary on the Images) says:

[The upper Trigram *Xun* 巽 stands for] the wind, blowing above [the lower Trigram *Qian* 乾 as] the heavens, this is something accumulating (*Xiaoxu* 小畜).

[When they see the images in the Hexagram,] exemplary persons should [follow the image of the wind blowing in the heavens and] refine their beautiful excellence.

注释:①尚:同"上"。②懿:美化。

大意:小畜卦象征小有积蓄,亨通。天空密布浓云,却不降雨,乌云从我西边的郊外升起来。

《象传》说:小畜卦,柔爻六四取得合适位置,上下五个刚爻都来跟它应合,好像把它们蓄积在一起,所以称"小有积蓄"。下卦乾为健,上卦巽为顺风,不但刚健而且有顺风相助,而且上下卦中位都是刚爻,意味着内心刚健,心志能够得到推行。因此可以亨通。

"天空密布浓云,却不降雨,"因为柔爻没有力量蓄积足够的阳气,聚拢了一点却没有下雨的实效,好像风把云吹往天上去了,还得继续往上吹。"乌云从我西边的郊外升起来"是说天上飘来密布的浓云,但雨却降不下来,犹如蓄聚了一点恩泽,想要施布,却没有到真正付诸行动的时候。

《象传》说:上卦巽为风,下卦乾为天,小畜卦就是和风在天上飘行的卦象。君子看到乌云密布、等待下雨这样的卦象,就要效法天象,不断美化文采,修养品德,以待时机。

讲解:小畜从姤卦或夬卦变来,即姤初六与九四或夬上六与九四换位变为小畜,所以柔爻得位。因为柔爻为小,被刚爻夹在中间,蓄聚起来。夬卦是刚爻决去柔爻,柔爻的位置十分不利(见夬卦),变为小畜后柔爻来到四位,阴爻处阴位,位置好了,所以说"得位"。全卦只有一个柔爻,成了五个刚爻的宝贝,当然"上下应之"。巽风是天的号令,小畜卦令不下行,还不能把恩泽施布天下,最好是先去加强道德修养。

初九:复自道,何其咎?吉。

Nine at the beginning.

Going back to one's proper way, how could there be any blame? Good fortune.

《象》曰:"复自道",其义①吉也。

The *Xiang* 象 (Commentary on the Images) says:

"Going back to one's proper way," so there should rightfully be good fortune.

注释:①义:道义、道理。

大意：初九：[心念发动出错了，]赶快返回自身阳刚之道，哪里会有什么咎害？这样做必定吉祥。

《象传》说：初九意识到心念发动出了偏差，赶快调整过来，复返自身阳刚正道，从道理上讲初九这样做是合适的，肯定容易吉祥。

讲解：初九与六四正应，被六四引诱和牵引，不可能不动心，但初九能够立即调整心思，回复到正道上，说明心意转变很快，并且立即付诸行动。初九其实还没有明确的行为上的错误，只是心思可能有点偏差，能马上自我纠偏，所以是很吉利的做法。也是处事明智的表现。孔子表扬颜渊"不二过"，不是真正要付诸行动才算，而是心思出偏就算错，需要人及时调整自己的心思意念，否则一旦导致实际行为就已经晚了。阳刚为阴柔所引诱牵引，是再正常不过的现象，关键在于如何应付和处理这种情况。

九二：牵①复，吉。

Nine in the second place:

Being drawn back to the right track, good fortune.

《象》曰："牵复"，在中，亦不自失也。

The Xiang 象 (Commentary on the Images) says:

"Drawing back to the right track" in the central position, also because one can avoid mistakes oneself.

注释：①牵：牵引。

大意：九二：受到牵引，能返回正道，吉祥。

《象传》说：九二受到九四的引诱和牵引，但因为在中位，受到牵引而反思，觉得还是要走中道为好，所以没有大失误。九二在下卦中位,行为中正,自己没有过失。

讲解:跟初九一样,九二也受到九四的引诱,心理也有波动,但能够返回自己的阳刚之道。

九三:舆说①辐。夫妻反目。

Nine in the third place:

The cabin falls off the carriage wheels. [This might lead to] the husband and wife facing each other with incriminating eyes.

《象》曰:"夫妻反目",不能正室也。

The *Xiang* 象 (Commentary on the Images) says:

"The husband and wife face each other with incriminating eyes," because they cannot keep proper relationships at home.

注释:①说:通"脱"。

大意:九三:大车身脱落车轴,夫妻反目失和。

《象传》说:夫妻反目失和,说明丈夫(九三)不能规正妻室,把家庭关系理顺。

讲解:下卦乾为"夫",上卦巽为妇,夫在下,妇在上,关系颠倒;巽又为多白眼,九三又在互离里,离为目,故为"夫妻反目"。輹是固定车轴和车轮的,易脱。辐条则不易脱,故作輹恰当些。辐条脱落感觉没有办法,吵也没用;车厢脱落,经常发生,吵起来的可能性大一些。

六四:有孚①,血②去,惕③出,无咎。

Six in the fourth place:

With sincere help [from above], one escapes from blood [disaster], leaving worries behind. No blame.

《象》曰:"有孚惕出",上合志也。

The *Xiang* 象 (Commentary on the Images) says:

"With sincere help ... one leaves worries behind," because the superior [nine in the fifth place] shares one's intention.

注释:①孚:真诚相助。②血:流血之灾。③惕:忧惧。

大意:六四:有阳刚(九五天意)真诚相助,得以离开流血之灾,从忧惧中走出,没有太大的影响。

《象传》说:上天(九五)以诚信感化助人(六四),帮人(六四)离开了流血之灾,走出了恐惧的阴影,说明六四向上与九五(天子)心志相合。

讲解:六四有九五的保护当然处境很好。离开卦变之前的危难状态(从夬卦的上六来,夬上六爻辞"无号,终有凶",即哭号也没有用,最终会有凶祸),来到九五之下,受到九五的真诚相助。

九五:有孚①挛如②,富以其邻。

Nine in the fifth place:

With sincerity and affinity, one prospers together with one's neighbors.

《象》曰:"有孚挛如",不独富也。

The *Xiang* 象 (Commentary on the Images) says:

"With sincerity and affinity," because one does not prosper alone.

注释:①有孚:全卦唯一柔爻紧承其下;一说是建立良好信用,大家都有信用,财富就得到分享。②挛如:挛,拳拳系恋,牵系取巽象。

如,形容词词尾。指九五与六四孚信相结,相互系恋。

大意:九五:自己心怀诚信,跟群阳携手,一起拳拳系恋一阴,与近邻共同分享阳刚之富实。

《象传》说:自己心怀诚信,跟群阳携手,一起拳拳系恋一阴,说明九五不独自享受阳刚之富实。

讲解:九五与群阳共同分享富实,不独自霸占六四,不但对六四有情,而且对群阳有义,有群体感,有大局观,是个好的领导。九五与人分享财富(九五是上巽的中爻,巽为近利市三倍,九五与上九、六四共同构成巽卦)。

上九:既雨既处,尚德载①。妇贞厉。月几望,君子征凶。

Nine at the top:

The rain has already fallen and all live in harmony.

Sustaining excellence [of the *yang* 阳 line in the highest place] should be esteemed.

A wife will get in trouble if she perseveres [because she is in the upper position of her husband.]

The moon is nearly full, so it is a dangerous time for exemplary persons to persist [without hesitation].

《象》曰:"既雨既处",德积载也。"君子征凶",有所疑也。

The *Xiang* 象 (Commentary on the Images) says:

"The rain has already fallen and all live in harmony," because those with excellence have continuously accumulated support.

"It is a dangerous time for exemplary persons to persist [without hesitation]," because they will be suspected [since those in the highest place should have doubts］。

注释：①载：积习，积累，乾车为载。

大意：上九：已经降了雨，也停了（阳刚被释放，阴阳已经安然相处）。（得到物质滋养之后，）是应该崇尚积累道德的时候了。妇女（在阳卦上位置不正）需要持守正道以防危险，要像月亮将圆而不盈满那样，君子此时如果还盲目进取和追求（物质财富），会（像月满则亏一样）有凶险。

《象传》说：已经降了雨，也停了（阳刚被释放，阴阳已经安然相处）。（物质满足之后，）现在是积累道德的时候了。君子此时如果还盲目地进取和追求（物质财富），就会被其周遭所质疑。

讲解：下了又停的雨，乃阴阳相和而成。上九之处，有解为雨下即为安处；有解为畜成则阴阳和而无争，为安处之时；有解因巽反兑，则雨过，离为日，兑为月，乾为天，日月丽天则晴，是"既处"之象。"既雨既处"与"尚德载"，前人多认为有因果关系。如孔颖达认为所以得"既雨既处"者，以"上九道德积聚，可以运载，使人慕尚"；一说因为日子好过了，就开始崇尚道德了。"月几望"若以六四为妇，则与"妇贞厉"连言。若以上九为妇，则与"君子征凶"连言。以六四为妇较少见，如朱震；以上九为妇的较常见，如胡瑗。"君子征"：一是上九之征，一是九三之征。上九之征常见，如王弼；九三之征不常见，如孔颖达。"凶"因巽在乾上，妇人正固不动危险，月亮将满，君子征进凶险。一说小畜到了上九，生活小康，还拼命赚钱，致众人疑之。从卦变的角度说，此卦如从姤来是初六到四位，夫下之妇骑到夫上去，不动就危险；从夬来是上六来四位，两解都有道理，因为姤初六，夬上六都很危险,夬上六更加危险一些。从姤来取六四互兑为上玄月,按照纳甲,兑为上玄月,是小畜将满之象;从夬来,兑变巽,上玄月变下玄月。可见从夬来,上九从四位上来,比较适合君子征凶,可见从夬来解释六四和上九都更合理。但从姤卦变来,解释九二九三都更通顺,所以马恒君《正宗》取姤卦变来之说。上九也与四应,但位置不好,虽然也对六四倾心,但不动不太好。上九想调到有利位置,但奈何动了就会有危险,之前九五帮助过的那些邻居,此时都对上九存疑。按照小畜卦的意思,上九的日子还可以,还想得陇望蜀啊?如果那样,大家都会联合起来怀疑上九,一起对付他,所以上九一动就很凶险。

天泽履(十) (兑下乾上)

The Heavens, Lake, *Lü* 履 (Hexagram #10)
Qian 乾 [the heavens] above
Dui 兑 [lake] below

履虎尾,不咥①人。亨②。

Stepping on the tail of a tiger, but it does not bite. Smooth.

《彖》曰:"履",柔履刚也。说③而应乎乾,是以"履虎尾,不咥人"。"亨",刚中正,履帝位而不疚,光明也。

The *Tuan* 彖 Commentary says:

Lü 履 [Stepping] is to tread softly and carefully on the powerful.

[The lower Trigram *Dui* 兑 means pleased and upper Trigram

Qian 乾 means the heavens.] Pleased and responding to the heavens, hence "stepping on the tail of a tiger, but it does not bite."

"Smooth," because the strong [line] is central and upright. Stepping into the shoes of an emperor but feeling no remorse, this is because one's mind is full of brightness and illumination.

《象》曰：上天下泽，履。君子以辨上下，定民志。

The *Xiang* 象 (Commentary on the Images) says：

[The upper Trigram *Qian* 乾 is the heavens and the lower Trigram *Dui* 兑 is lake.] The heavens are above and the lake is below, this is the image of Hexagram *Lü* 履 (which also means Rites and Regulations). Exemplary persons follow this sequence, discerning the superior and inferior, and thereby settling the mind of the people.

注释：①咥：咬，咬噬。②亨：亨通，因有幸没有被咬到。③说：悦。

大意：履卦象征小心行事，踩到了老虎的尾巴，老虎却没有回头咬人，亨通。

《象传》说："小心行事"，柔爻从刚爻上踩踏过去，犹如应对刚猛之虎，需以阴柔之道来小心行事。下卦兑为悦，上卦乾为天，内心和悦顺应刚健，所以才能"踩到了老虎的尾巴，老虎却没有回头咬人，亨通"。帝位上的九五是刚爻，居上卦乾的中位，阳爻居阳位位正。九五登上皇帝之位问心无愧，因为心地和行为都正大光明（上卦乾为白昼，故光明）。

《象传》说：上卦乾为天，下卦兑为泽，天在上，泽在下，履卦象征着这种自然的秩序。君子学习履卦，要深明大义，分辨上下名分，安定民心，守礼有序。

讲解：履卦主要意义是明辨出上下，守礼则幸运。履卦在小畜卦之后，皆为一阴五阳之卦。《序卦》曰："物畜然后有礼，故受之以履。"《管子》："仓廪实而知礼节，衣食足而知荣辱。"由"小畜"而物质有所蓄积，到"履"进入文明礼乐的时代，故"履者，礼也"。《说文》："礼，履也，所以事神致福也。""礼者，人之所履也。""履"是行为，行为之守则为"礼"。马王堆帛书本这一卦就叫《礼》："礼虎尾，不咥人。"直接用了礼字。可见，履的含义从鞋子、踩踏、行走、礼节，贯通下来。"履"为柔顺有礼，近"谦"。

对于"履虎尾"，王注和《正义》皆认为：三以阴柔履初九、九二之刚，故曰"履虎尾"。兑为虎，为口，为老虎咬人，但兑又为悦，又可以理解为不咬人，所以是踩到老虎尾巴，但没有被咬，亨通。

象辞说，柔爻从刚爻上踩踏过去，因履卦从夬变来，夬卦九三刚爻上往六位，柔爻礼让刚爻而下到三位。下兑为虎，因为从下踏上去，上首下尾，故取"履虎尾"之象。下兑为悦，上乾为天，喜悦而顺应天，所以"履虎尾，不咥人"。履卦亨通，九五刚爻居上卦之中的帝位，阳爻阳位位正。九五踏上皇帝之位而无愧疚，是因为行为光明正大。上卦乾为白昼，故光明，意味着帝王的心胸广博，心地光明，如同柔爻踏踩着刚爻而下，"履虎尾"也能"亨通"。

天在上、泽在下是大自然的天然秩序，君子要把人类社会按照天然秩序加以组织，所以人也要分高低尊卑，这就是礼的作用，让大人君子排在上面，小人平民排在下面。百姓看到社会的上下排列合理有序，他们的心思和意志才会安宁稳定，才能够学习和执行礼仪。

初九：素①履，往无咎。

Nine at the beginning:

Doing things in one's regular way, there will be no blame in going forward.

《象》曰："素履之往"，独行愿也。

The *Xiang* 象 (Commentary on the Images) says:

"Doing things in one's regular way and going forward," acting according to one's own will.

注释：①素：平素，不失本色。

大意：初九：按平素的做法小心行事，前往没有咎害。

《象传》说：保持自己纯朴的本性，不失本色地谨慎行动，专心努力想去实现自己的意愿。

讲解：素（下兑为白，为素）履是指质朴无华地顺着自己的本性，按照自己本来的意愿行动（初九为足，在履卦用脚行走），不为外面环境的改变所动。与上不应，在卦变当中不动，即使被越过也不在乎，故独行所愿。"独"一方面指遵循自己的心意去行动，是慎独之中持守心力的状态；另一方面指专一，即要我行我素地保持心志的原始状态，不偏离正道的方向，只有这样才能心志不乱，避免咎害。

九二：履道坦坦①，幽人②贞吉。

Nine in the second place:

The road of advance is smooth and broad; those in the gloom

are upright and thus have good fortune.

《象》曰:"幽人贞吉",中不自乱也。

The *Xiang* 象 (Commentary on the Images) says:

"Those in the gloom are upright and have good fortune," because they stick to the centre and do not act haphazardly.

注释:①坦坦:心地坦然,无外事挂心。另解为道路平坦。②幽人:九二在互离下兑之中,离为目,兑为毁折,目受伤成了盲人,故为"幽人"。在下卦中位,守中不变,故为"贞吉"。一说"幽人"是因为大环境不合适,自己幽居起来,固守自己的想法。

大意:九二:履进的道路平坦宽阔,即使幽隐如盲人在幽暗之中,但只要持守正道前行就能吉祥。

《象传》说:即使幽隐如盲人在幽暗之中,但只要持守正道前行就能吉祥,因为九二能够坚守中位不自乱阵脚。

讲解:之前的解法前后逻辑关系不清,但应该还是可以梳理出前后逻辑关系的。因为道路平坦宽阔,即使盲人都可以前行而没有问题,只要他能够居中守正,内心不乱。其他讲法,如前面当社会安定、秩序良好时,履进的道路平坦宽阔,当后面大环境不好时,不如到幽暗之中,守正吉祥,虽然有理,但毕竟是两面。虽然《正义》说是"幽隐之人",可是如果理解为隐士或者归隐,跟前面的关系还不够明确。但如果理解为眼盲之人,守正和中不乱就很重要了。而这种眼盲未必是真的眼盲,其实我们每一个人虽然睁着眼睛,但都没有办法看清楚前行的方向,所以都是不同程度的眼盲之人,我们需要时时刻刻守正,而且心中不乱、意念不分才行。

六三：眇①能视，跛能履，履虎尾，咥人，凶。武人为于大君。

Six in the third place:

With one eye deformed, one is still able to see, just like a cripple can still walk. [If in such condition one still tries to] step on the tail of a tiger, one will be bitten, leading to misfortune. An ambitious general wants to be a great ruler.

《象》曰："眇能视"，不足②以有明也。"跛能履"，不足以与行③也。"咥人之凶"，位不当也。"武人为于大君"，志刚也。

The *Xiang* 象 (Commentary on the Images) says:

"One eye deformed but able to see," but not well enough to gain clarity. "A cripple still walks," but not well enough to travel far with others. The misfortune of "being bitten by a tiger" is because one's position is wrong. "An ambitious general wants to be a great ruler," because his will is strong.

注释：①眇：《说文》："一目小也"，指一只眼好、一只眼不好的斜眼偏盲状态。②不足：不胜任。③与行：一起正常行走。

大意：六三：一只眼不好，还能看得见。拐子还能走路。在这种情况下，走路不利索，踩在老虎尾巴上，迟早会被老虎咬到，凶祸。有武力但缺乏仁德的军人（六三），自不量力，还要向帝位履进。

《象传》说：一只眼睛快瞎了，不能看得很清楚，没法辨明事物。脚跛了，不能像常人那样走路。踩在老虎尾巴上，有被咬到的危险，六三阴爻居阳位，位置很不妥当。有武力但缺乏仁德的军人，自不量力，想登上大君的宝位，虽为柔爻，但心志比刚爻还刚强。

讲解：六三阴居阳位，位置尴尬，自不量力，所以又眇又跛，伤败不轻，虽危险至极，但心志刚猛，想凌驾刚爻继续向帝位攀升，这样的想法体现了心志过分刚强，超过了自己的本分，非常不合适。

有武力但缺乏仁爱之意的军人才会思路出偏，正如《论语·泰伯》中所说："好勇疾贫，乱也。人而不仁，疾之已甚，乱也。"孔子说："喜好勇力的人，如果怨恨自己过分贫困，就会作乱生事。对于心中没有仁爱之意的人，如果厌恶嫉恨得太过分，就会逼迫他作乱生事。"说的就是如果只有勇力却没有仁爱之意的人，不愿意处于不合适的位置，就可能会作乱生事。

九四：履虎尾，愬愬①，终吉。

Nine in the fourth place:

Stepping on the tail of a tiger, acting with caution, there will be good fortune in the end.

《象》曰："愬愬，终吉"，志行也。

The *Xiang* 象 (Commentary on the Images) says:

"Acting with caution, there will be good fortune in the end," because his intentions are concretized.

注释：①愬愬：战战兢兢，恐惧之相。

大意：九四：踩在老虎尾巴上，戒慎恐惧，终归能够吉祥。

《象传》说：戒慎恐惧，终归能够吉祥，说明处事小心谨慎，能够逐步推行自己的心志。

讲解：九四的主要意思有：恐惧慎行，战栗谦顺，虎口脱险。九四虽然处于危险境地，但非常戒慎恐惧，还是有可能逐步推行自己的心志。九四靠近九五，有近君之危，又在上下卦之间，在兑虎的虎口之上，如踩到老虎尾巴，加上以阳居阴，位不当，如果小心谨慎免除祸患,可以实现自己的愿望,心志最终将得到推行。

九五:夬①履,贞厉。

Nine in the fifth place:

Acting resolutely, there will be danger if one perseveres too firmly.

《象》曰:"夬履,贞厉",位正②当也。

The *Xiang* 象 (Commentary on the Images) says:

"Acting resolutely, there will be danger if one perseveres too firmly," because one's appropriate position is merely temporary.

注释:①夬:决。②正:正好,恰好。

大意:九五:果断刚决,小心行事,守正以防危厉。

《象传》说:独断专行,刚愎自用,不能灵活应对会有危险,说明九五虽然位置正好中正,处尊得位,但容易疏忽大意、恃正刚决。

讲解:这里用两种不同的译法来说明爻辞的意义,可以说一正一反,皆得其意。从正面的角度说,刚决的九五要守正才能防止危险;从负面的角度说,因为九五得位,就容易独断专行,自认为持守正道,其实是刚愎自用,反而招来危险。所以这里的九五要行动,还是要合理而且小心地行动,这跟全卦的意旨是相符的,也说明人即使在刚强得位的时候,也要用非常柔顺的方式小心应对,好像时刻踩在老虎尾巴上一样。

上九:视履考祥①,其旋元吉。

Nine in the highest place:

Looking back on one's past ways and examining the auspicious and ominous signs, frequent self-reflection brings boundless good fortune.

《象》曰:元吉在上,大有庆也。

The *Xiang* 象 (Commentary on the Images) says:

The boundless good fortune in the last stage [after an extremely cautious journey] deserves great celebrations.

注释:①祥:吉凶的预兆。一说为看准方向,对不祥的放弃,而注重那些吉祥的。

大意:上九:审视一路小心走来的行为,思索考察其间得失。回头看看(六三),大吉大利。

《象传》说:大吉大利在上位,一路小心走来实在不易,真是修来的值得大喜庆祝的福气。

讲解:虽然一路走来不容易,一般到了上位都感觉不好,但因为一路非常小心谨慎,结果到了上六回头一看,原来还跟六三正应,这下的感觉就非常不错了,尤其是跟其他爻比起来,全卦上九有正应,下面有人心志相通,阴阳感应,所以相比之下就是最舒服最理想的状态了。

地天泰(卦十一) (乾下坤上)

Earth, the Heavens, *Tai* 泰 (Hexagram ♯11)

Kun 坤 [earth] above

Qian 乾 [the heavens] below

泰,小往大来,吉,亨。

Tai 泰 (Peaceful Communication), losing little and gaining a lot, good fortune, flourishing.

《彖》曰:"泰,小往大来。吉,亨。"则是天地交而万物通也,上下交而其志同也。内阳而外阴,内健而外顺,内君子而外小人,君子道长,小人道消也。

The *Tuan* 彖 Commentary says:

"*Tai* 泰, pettiness departs while greatness comes, good fortune, flourishing," because the heavens and earth interact and the myriad things communicate, the upper and lower being attracted to each other and sharing the same purposes.

The *yang* 阳 [*qi* 气] is inside and the *yin* 阴 [*qi* 气] is outside, the inner [Trigram] is strong and steadfast, and the outer [Trigram] is submissive, the internal is exemplary and the external is petty. This means the *dao* 道 of exemplary persons is growing, while that of petty persons is in decline.

《象》曰:天地交,泰。后①以财②成天地之道,辅相③天地之宜④,以左右⑤民。

The *Xiang* 象 (Commentary on the Images) says:

The heavens [upper Trigram *Qian* 乾] and the earth [lower Trigram *Kun* 坤] communicate with each other. This is *Tai* 泰 (Peaceful Communication).

The ruler of the state regulates the distribution of resources based on the *dao* 道 of the heavens and earth, and facilitates the moving of this *dao* 道 in order to direct his people.

注释：①后：帝位的六五是阴爻，故称后，代指君王。②财：通"裁"，裁节，裁断，制定。③辅相：辅助赞勉，辅佐赞助。④宜：适宜，适合。⑤左右：率领，指挥。一说影响，或者让百姓做参考，一说保佑。

大意：泰卦象征安泰通顺，小的失去，大的到来，吉祥，亨通。

《象传》说：泰卦，小的失去，大的到来，吉祥，亨通。天地阴阳交感，万物亨通畅达。上下交互感应交流，心意协同，志愿相通。阳气内葆，阴气外发。内卦（心）刚健，外卦（表）柔顺。内近君子（阳爻）外远小人（阴爻）。君子之（力）道在昌盛生长，小人之（力）道在减弱消退。

《象传》说：下卦乾为天，上卦坤为地，天地阴阳二气交接感应，这就是泰卦。君王学习天地之间阴阳交流就通达，不交流就闭塞的道理，制定出社会的合理制度，助成天地化生万物的合宜运行，以此来指导佑助民众。

讲解：泰卦主要讲天地交通，阴阳平衡，上下和谐。履卦上六是动心忍性，笑傲江湖，所以接下来是泰卦，阴阳交流之后就是乾宁坤清。《序卦》："履而泰然后安，故受之以泰。泰者，通也。"

泰卦卦辞是"小往大来"，这里的小指阴，大指阳，小往大来指的是阴气消退，阳气增进。按照十二消息卦，泰卦象征春日正月，也是冬季结束之后，万物开始复苏的时间，阳气这个时候已经前进到人的位置（三爻），象征阳气开始普遍地作用于社会之上。天地交指的是乾在下，坤在上，乾象征天在上，坤象征地在下，双方各自要交流才能回到自身所在位置之上，在天上升而地下降的过程之中，阴阳二气发生交感，万物在阴阳交感中孕育创生,独阴不生,独阳不长。

象辞的"阳"既指阳爻,也指阳气。坤卦对应小人,不是品德意义上的小人,而指社会地位卑下之人。"利"是普通人的利益诉求,泰卦象征社会从混乱中复苏,需要重新立"义",要重视"君子之道",因此小人对于社会利益的诉求就相对不那么重要了。

《象传》的"财"多理解为"裁",表示裁断、制定之意,因此指君王根据天道的运行来制定合理制度,佑助指导百姓的行为。通达于人天之意的君子,可以把天道落实到人世当中,从而参赞天地以行其化育万物之功。

初九:拔①茅②,茹③以其汇④。征吉。

Nine at the beginning:

When pulling out couch grasses, their roots are still connected together with those of the same kind. Advancing will bring good fortune [because people who share the same intentions move forward together].

《象》曰:"拔茅征吉",志在外也。

The *Xiang* 象 (Commentary on the Images) says:

"Pulling out couch grasses" and "advancing will bring good fortune," because the intention of the Nine at the beginning is aimed [at the Trigram] outside.

注释:①拔:拔起,一义同拔节的拔,植物上长。②茅:茅草是靠根系滋生的草,根系蔓延,既长又多,成丛成片。《说文》:"营也。"
③茹:根牵连的样子,牵连的茅根。④汇:类,汇聚。

大意：初九：拔茅草的时候，连根带泥拔出，因为根系牵连带着同类，说明跟志同道合的人一起征进吉祥。

《象传》说：拔起茅草，跟志同道合的人一起征进吉祥，说明初九的心志是向外发展。

讲解：初九是泰之为泰的根本原发点，可谓牵一发动全身，见几微知大局。初爻是内卦三爻的核心，九二九三在初九的引导下跟着动，有点像拔茅的时候，主要的动了周围的也跟着动。下三爻都为阳爻，一起动所以可以说是同志。初九微妙的运动，会对全局产生表及里的变化甚至颠覆性的效果，所以要重视变化的起始之点，也就是"几"微，事物发生的细微的变化。周易注重"极深而研几"，注意"几"作为量变的始点，几微的变化可能导致质变。

象辞强调了初爻志在六四，与四爻相应。一说志在坤卦，两种说法并不矛盾。

九二：包荒①，用冯河②，不遐③遗。朋亡，得尚于中行。

Nine in the second place：

One's mind encompasses the rough and coarse, accepting even those who wade through rivers on foot, so no one is left behind. One loses friends [due to selflessness], thus one is admired for advancing on the central way.

《象》曰："包荒……得尚于中行"，以光④大也。

The *Xiang* 象（Commentary on the Images）says：

"Encompassing the rough and coarse ... one is admired for advancing on the central way" because one's intentions are enlightened and magnanimous.

注释：①荒：广远的，又指没有文化的人。英译中的"the uncultured"（Wilhelm）、"uncultivated"（Legge）、"uncouth"（Lynn）都指是没文化的、未开化的人。②冯河：徒步过河，涉越。③遐：远。④光：光明，一说广大。

大意：九二：心胸宽广，能够包容广远，连徒步过河这类人都起用，再远的人也不遗弃，同时没有朋党以结党营私，能够保持中正之道而行，于是就能受到推崇。

《象传》说：胸怀宽广，保持中道，正道而行，受到推崇，是因为光明磊落，仁德高尚。

讲解：九二爻辞意思清晰一贯，但前解鲜能通透。开始说一个人志在囊括天下，所以心胸宽广，心志广远，于是什么人都能够包容启用，连徒步涉水这样有勇无谋的人都能够使用，再远的人都不放弃，这样就能够团结最为广大的力量。中间说此人还不结党营私，能够保持中正之道。如果能够做到这些，当然就能够受到推崇。象辞的意思也非常清楚，就是因为九二内心光明磊落，所以能够做到这些。

九三：无平不陂①，无往不复。艰贞无咎。勿恤②其孚③，于食有福。

Nine in the third place:

Nothing is perfectly flat with no slant; nothing leaves without returning. [All things change, but] being upright in difficulty, there is no blame [in the end].

As long as one's intentions are sincere, there is no need to worry about others' trust, and [when one meets difficult situations] it is fortune enough to enjoy good food.

《象》曰:"无往不复",天地际也。

The *Xiang* 象 (Commentary on the Images) says:

"Nothing leaves without returning," because this is the interface of the heavens and the earth.

注释:①陂:倾斜不平,起伏。一说所有平的其实都是不平的。②恤:忧虑,害怕。③孚:从个人之信念到社群的信仰。

大意:九三:没有只平坦而不起伏的,也没有只前往而不复返的。在艰难的境遇中保持合理的操守就可以免于灾害。不必忧虑自己内心信实却无法让别人相信,管好自己的饮食俸禄就自然会有福庆。

《象传》说:有去就有回,这是天地交际之处转化而然。

讲解:前半句讲一种正常的规律,后半句讲一个人如果受到挫折,在极其艰难的情境当中,应该怎样做才能够避免灾害,要相信天道轮回,坏事会转化成为好事,艰难时日过去之后福庆自然就会来到。要尽量维持平衡,艰难地维持不变,尽管最后一定要变,无力回天,也明知最后会输给天道的变化,但还是应该勉力维持,在大变化之前能够有口福就是大福报。可见,"艰"说明九三维持平衡很艰难,但又别无选择,时势使然,不是物质条件艰苦,而有安贫乐道之意,跟经济条件本身没有直接关系。"艰"不是沉沦于艰苦之中自暴自弃,而是在困难面前不低头,不退缩,不变色,逐渐去除错误,迎来光明。"贞"是在艰苦困难之下,能够潜龙勿用,不易乎世,不成乎名,安于正道。人因为内在心意坦荡无私,就可以泰然处之,无私地与九二的朋亡相呼应就可以快足宽平，这也是自强不息，面对困境的核心理念，所以追寻快乐与平安，首要在于守住自身的德性。"勿恤其孚"就是确乎其不可拔，就是进德修业欲及时也。"孚"此处有中庸之至诚之意，是心意真诚到了通于天的地步。在艰难困苦的境遇之中，把饭吃饱吃好就有福气，而诚信将自明于天下。

泰卦在十二消息之中象征孟春之月，正是天地和同、草木萌动的时节，所以小象"天地际也"从象上说，是三爻之后就进入坤卦的状态，阴阳相接。象辞的解释从九三的确处于天（乾）地（坤）交接之际加以发挥，从天道的角度加以概括人生哲理，这本来就是大自然的回环往复的运行规律使然，人生境遇变动不居，根本不要过分担心不顺的处境，要学会处之泰然，等待时机的转化。好像一个人看着远方天地交际之处，领悟天地沟通、天道好还的道理，相信境遇转化的时机很快就会到来。

六四：翩翩①不富以其邻②，不戒以孚。

Six in the fourth place：

Casually and complacently sharing with one's poor neighbours, and taking no precautions through trust [in engaging with the growing *yang* 阳 lines]

《象》曰："翩翩不富"，皆失实也。"不戒以孚"，中心愿也。

The *Xiang* 象 (Commentary on the Images) says：

"Casually and complacently sharing with one's poor neighbours," because all of them are not strong lines. "Taking no precautions through trust" because the Six in the fourth place is willing to welcome the growing *yang* 阳 lines.

注释:①翩翩:飘飞的样子。一说小鸟飞翔的样子。六四本向下逆应阳,但轻飞以求顺应于阳。《说文》:疾飞也。《释文》:"篇篇,如字。《子夏传》作翩翩,向本同,云:轻举貌。古文作偏偏。"《诗经·小雅·巷伯》:"缉缉翩翩。"②不富以其邻:周易以阴虚无阳为不富,六四与其相邻之六五、上六皆阴爻,故不富。

大意:六四:轻飘飘地下降,与邻居一样都不富余,对近邻不加戒备,还心存孚信。

《象传》说:轻飘飘地下降,与邻居一样都不富余,因为六四与六五、上六都是柔爻,柔爻为虚,都不实,所以都不富。对近邻不加戒备,还心存孚信,因为六四愿意亲近九三,是从内心深处愿意无所戒备地真诚相处。

讲解:"翩翩"是轻飘飘下降的样子,阴爻代表阴气下降,三爻都下降,但四爻轻降有顺应阳长之气而翩翩起舞之象。邻居指上面的两个阴爻,都是虚、空、不富的感觉。如果向下的话就会遇到九三,就是富,而爻辞是不富,所以是顺着阳气上扬之象,因为六四对九三不但不戒备,反而有亲近感,愿意配合阳气上扬的趋势。

关于六四是向上还是向下的问题在于,是从消息卦的角度,理解阴气要向上退去合理,还是从阴阳交流的角度,取阴气下降说合理?翩翩的本义是飞得快,但没有讲方向,从王弼、程颐到黄寿祺,都认为是向下,所以关键看对"不戒以孚"的理解。"不戒以孚"和"中心愿也"都是亲近九三的说法,所以应该取大象"天地交",阴气在下降过程中轻飘飘地保持上退的姿态,有一种亲近阳气的感觉。所以马恒君认为是向上,取消息卦的大方向。因为从消息卦的角度,阴气虽然下降与阳气相交,但最终趋势必然是退却的。可见六四无论下降和上飞都心甘情愿,虽然必退无疑,但六四阴爻轻飘飘地顺应刚爻向上推移的趋势,正是在下降中暗合了自己心中配合阳气上升的意愿。

六五:帝乙归①妹,以祉②元吉。

Six in the fifth place:

Emperor Yi had his younger sister married, and great good fortune followed.

《象》曰:"以祉元吉",中以行愿也。

The *Xiang* 象 (Commentary on the Images) says:

"Great good fortune followed," because his intentions were concretized.

注释:①归:女子出嫁。②祉:福,幸福,福禄。

大意:六五:帝乙嫁出自己的妹妹,妹妹因下嫁而收获幸福,这是十分吉利的事情。

《象传》说:妹妹因下嫁而收获幸福,这是十分吉利的事情,是因为六五居中应阳,代表妹妹(柔爻)能够保持中正之德,从而实现长期以来的美好愿望。

讲解:六五通过帝乙嫁妹与女,指出夫妇守中道,则大吉大利。按纳甲,坤纳乙,所以称帝乙。"帝乙归妹"是殷周之间的一场政治婚姻,"帝乙"既是名字,也是尊称,商代称为"帝乙"的君王有五位,这里的"帝乙"指哪位国君,尚不明确,多认为是商纣王的父亲,也有的认为是商汤。"帝乙归妹"在古代被认为是一种礼制确立的标志,此前虽然也有公主下嫁诸侯,但没有成为一种规制,而"帝乙归妹"之后,就有了一系列规范,约束类似婚姻中双方的心意和行为，尤其是约束公主不可因自身地位尊崇而轻视夫君。至于是嫁妹妹还是嫁女儿，这个问题颇有争议。有人考证是先嫁了妹妹，后嫁了女儿。比较得到大家认可的说法是帝乙之妹嫁给文王父王季，女儿嫁给文王，主要目的是拉拢文王，让他既是帝乙的外甥，又是帝乙的女婿。"帝乙归妹"强调了阴阳各归其位，各自遵循相应的行为准则，男女只是分工不同，没有尊卑之序。

泰卦强调阴阳交感，婚姻是人间阴阳如天象相感。六五居外卦之中，品德中正，象征地位尊贵的女子；在坤卦之中，有顺的品德。六五作为一位具有贤良品德的女子，安于礼制，懂得进退，行于中道，与九二配合融洽。所以爻辞通过"帝乙归妹"强调礼制的重要性，特别是阴当顺阳。

上六：城复于隍①，勿用师，自邑告命。贞吝。

Six in the highest place：

The city wall collapses into the moat. It is too late to use the army. One can only issue commands in one's own domain. ［In such dangerous times，］holding without change will bring regret.

《象》曰："城复于隍"，其命乱也。

The *Xiang* 象（Commentary on the Images）says：

"The city wall collapses into the moat，"［signifies that］one's heavenly mandate is in disorder.

注释：①隍：没有注水的城外壕沟。古人筑城墙就近取土，城墙修成后城墙外就挖成大壕沟。一说护城河，壕沟里注满水就是护城河。

大意：上六：城墙倒塌在护城河里，自己的兵力没有用了，也不需要麻烦他国出兵。只能够在自己的采邑里传递告急的命令。危难之时还继续顽固不化，必有吝难。

《象传》说：城墙倒塌在护城河里，因为天命都已经变了。

讲解：城被攻破，自己国家眼看就要灭亡了，军队没有用了，其他国家发兵来救也来不及了，这个时候，命令不畅，作用已经非常有限了，只在有限的封地或者采邑里面可能还行。眼看江山不保的时候，还正固不化，那就会有更大的灾难发生了。前面说有发布罪己诏的，但此举已经是回天乏力了，罪己诏基本无用，而且反而像是一种正固不变的表现。

象辞的意思就是，对原来保佑的王朝来说，天命已经乱了，城被攻破，国破家亡，连天命都不再保佑旧王朝了，大势已去。

天地否（卦十二）（坤下乾上）

Heavens, Earth, *Pi* 否 (Hexagram #12)

Qian 乾 [the heavens] above

Kun 坤 [earth] below

否之匪人①，不利君子贞，大往小来。

[In the time of *Pi* 否 (Lack of Communication),] the wrong people get into trouble. It is not good for exemplary persons to stand firm, because now is a time of losing more and gaining less.

《彖》曰："否之匪人，不利君子贞，大往小来。"则是天地不交而万物不通也，上下不交而天下无邦也；内阴而外阳，内柔而外刚,内小人而外君子,小人道长,君子道消也。

The *Tuan* 彖 Commentary says:

"[In the time of *Pi* 否,] the wrong people get into trouble. It is not good for exemplary persons to stand firm, because now is a time when greatness departs and pettiness arises." [The upper Trigram *Qian* 乾 is the heavens and the lower Trigram *Kun* 坤 is the earth. The *yang qi* 阳气 of the heavens moves upward and the *yin qi* 阴气 of the earth moves downward, so] there is no communication between the heavens and the earth and things do not flourish.

[Rulers do not love their people and people do not respect their rulers, so] there is no communication between superiors and inferiors and thus no [proper] state under heaven.

The *yin qi* 阴气 is inside and the *yang qi* 阳气 is outside, the inner [Trigram] is submissive, and the outer [Trigram] is strong and steadfast. Therefore, [in terms of the whole image,] petty persons are [the *yin* 阴 lines] inside and exemplary persons are [the *yang* 阳 lines] outside; the *dao* 道 of petty persons is growing, and the *dao* 道 of exemplary persons is in decline.

《象》曰:天地不交,否。君子以俭德②辟③难,不可荣以禄。

The *Xiang* 象 (Commentary on the Images) says:

[The Trigram *Qian* 乾 as the heavens is above and the Trigram *Kun* 坤 as the earth is below, thus] there is no communication between the heavens and the earth, this is [the Hexagram] *Pi* 否 (Lack of Communication).

The exemplary person understands [from this hexagram that

it is time for him] to pay attention to conserving his excellence, and avoiding whatever dangers may arise. It is not the proper time for him to seek great honor and wealth.

注释：①匪人：不像个人样。在否塞的环境里，走正道的人反而处于不利地位。②俭德：为避免祸患，压抑自己的心意和才华，不去谋求富贵，帮助小人。③辟：同"避"。

大意：否卦象征闭塞不通。在否闭无道的世道当中，不该被否塞的君子也会被折磨得失去人样，导致君子迂腐不加变通，因为正大的阳气还在消逝离去，卑小的阴气正在生长到来。

《彖传》说：在否闭无道的世道当中，不该被否塞的君子也会被折磨得失去人样，导致君子迂腐不加变通，因为正大的阳气还在消逝离去，卑小的阴气正在生长到来。上卦乾为天，下卦坤为地，天的阳气上行，地的阴气下行，天地悬隔，不能交感流通，导致万物无法生长，上下不再沟通。在上位的人不亲下，在下位的人不爱上，互不交往，天下就没有安定的邦国。内部阴（爻）暗，外表阳（爻）明；内里柔弱，外表刚强；小人受宠于内，君子排挤在外；这是小人之邪道在生长，君子之正道在消退。

《象传》说：乾天之卦在上，坤地之卦在下，阳气上升，阴气下降，天地之气上下不交流，这就是否卦。君子从阴阳不交的形势当中得到启示，要暂时退隐，收敛才华，自我约束，俭损德行，躲避时灾，不可去追求利禄，谋取荣华富贵。

讲解：在否卦中，阳气不断上升，阴气不断下降，天地阴阳之气不能感应交通，所以越来越远，最后闭塞不通。从爻的推移上说，阴爻从下息长，阳爻从上消退，代表阴长阳消的大势所趋，必然闭塞难通。

这个时候，即使道德良善的人，都可以被折磨得人不像人，所以君子不可以有贪恋荣华富贵之心，而要勤俭生活，退隐待时，等待时局变换，不宜轻举妄动。

初六：拔茅，茹①以其汇②。贞吉，亨。

Six at the beginning:

When pulling out couch grass, its roots are still connected with those of the same kind. Keeping upright will bring good fortune. Smooth.

《象》曰："拔茅贞吉"，志在君也。

The *Xiang* 象 (Commentary on the Images) says:

"When pulling out couch grass ... keeping upright will bring good fortune," because people's intentions are directed to their ruler.

注释：①茹：根系牵连的样子，指初六牵连着六二、六三。②汇：类，汇聚。

大意：初六：拔茅草的时候，连根带泥拔出，因为根系牵连带着同类，说明跟志同道合的人一起安定地持守正道吉祥，亨通。

《象传》说：拔茅草的时候，其根相连，跟志同道合的人一起安定地持守正道吉祥，说明大家的心志都在为君王着想。

讲解：初六阴爻开始从下息长，一串一起上来，所以跟泰卦的初九有类似的地方，不同的是，泰卦的初九是一起"征吉"，表示要一起积极进取，努力做事，就会吉祥；而这里是"贞吉，亨"，也就符合阴爻的特质，应该持守正道，而不是征进。象辞特别说明大家的心志都在为君王着想,因为上应九四君爻,希望能够为九四排忧解难,而能够做到的就是守正不进,不惹麻烦。

六二:包①承②,小人吉;大人否,亨。

Six in the second place:

Tolerating and sustaining is good for petty persons; great persons refuse to work together [with petty persons], thus it is smooth.

《象》曰:"大人否亨",不乱群也。

The *Xiang* 象 (Commentary on the Images) says:

"Great persons refuse to work together [with petty persons], thus it is smooth," because this will not make the group disorderly.

注释:①包:包容。②承:顺承,仰承,承载。

大意:六二:能够包容并且顺承大人(九五),对于小人来说是吉祥的。大人能够拒绝、否定小人(六二),就会亨通。

《象传》说:大人能够拒绝、否定小人,就会亨通,是因为大人不会与小人一起同流合污,成为害群之马。

讲解:《象传》提示"大人否,亨"应成为一个单独的意群,如果跟前面"小人吉"联系起来看,就多有不通,而诸家多难以解释为什么最后又通了,所以应该把爻辞前后两部分分开理解。小人包容仰承领导,这样对小人来说会比较吉祥,可是,如果大人这样做却会否塞。不过大人不接受威逼利诱,最后就能亨通。既然大人否塞,为什么爻还亨通?这是因为阴爻与阳爻各自的群体没有乱,上卦三爻为阳爻,下卦三爻为阴爻,各自非常严整。虽阳消阴长,但还是符合天地阴阳的运动,所以可理解为大人只是退避,但并不与小人同流合污。

象辞明确提出,大人不会跟小人同流合污,否则就会成为君子当中的害群之马,把群搞乱。前人有人把"不乱群"解释成为不被群乱,即大人不被小人之群党搞乱,义理也通,只是语气被动了一些,还是应该倾向于大人的心意是人天之意,其意发动就不可能去助群小为乱更合适。

六三:包羞①。

Six in the third place:

Being tolerated [and acting willfully] brings shame.

《象》曰:"包羞",位不当也。

The *Xiang* 象(Commentary on the Images) says:

"Being tolerated [and acting willfully] brings shame," because one's position is not right.

注释:①羞:羞耻;《说文》:"进献也";一说是珍馐(朱升)。

大意:六三:被包容而为非作歹,招致羞辱。

《象传》说:被包容而为非作歹,招致羞辱,因为六三居于不正当之位。

讲解:小人道长,到六三就有点无所忌惮了,加上被上面的阳爻包容,就有点有恃无恐、胡作非为的意思了,所以最后一定招来羞辱。加上六三以柔爻居阳位,以小人之道居不正之位,那就会为非作歹,把事情搞坏。孔颖达《周易正义》认为,六三被包容为非而导致羞辱;一说六三包畜邪滥,甚为可耻;一解充满羞耻。关键是包上还是包下哪个合理? 孔颖达说包容群阴而承上。荀爽认为被九四所包,唐代的李鼎祚《周易集解》引荀爽:"卦性为否,其义否隔,今以不正,与阳相承,为四所包,违义失正,而可羞者,以位不当故也。"苏轼说:"包承于众阳。"《东坡易传》:"三本阳位,故包承群阳而知羞之矣。"

九四:有命,无咎,畴①离②祉③。

Nine in the fourth place:

Receiving the mandate [to turn around the situation], there is no blame; [in this way] people gather around and share good blessings.

《象》曰:"有命无咎",志行也。

The *Xiang* 象 (Commentary on the Images) says:

"Receiving the mandate [to turn around the situation], there is no blame," because his intentions can be put into practice.

注释:①畴:同"俦",同类称俦。②离:丽也,依附。③祉:福祉,福禄。

大意:九四:接受命令扭转否道,不犯过失,底下人依附在身边,才能共享福祉。

《象传》说:接受命令扭转否道,不犯过失,使九四扭转否闭之道的心志能够得到推行。

讲解:巽为命,乾为君,君命即天命,二者可以互通,天子的命令就是天命的化身。所以"有命"释为有人授命,或者承受君命比天命要通畅,因为更多谈论的是人世之道。从下往上,九四作为此卦第一个出现的阳爻,需要努力遏制阴爻还在不断生长的趋势,犹如得到上面的命令,带领大家一起努力,同甘共苦,不让阴爻增长过快,九四这样做既是在顺从上面的心志,也是让自已扭转局势的心志得到推行。

九五：休^①否，大人吉。其^②亡其亡，系于苞桑^③。

Nine in the fifth place：

The situation of lacking communication is prevented [for the time being], so there is good fortune for great people. [Only by keeping in mind the risk of being] destroyed and annihilated, [can one survive like] being tied to a cluster of mulberry trees.

《象》曰：大人之吉，位正当也。

The *Xiang* 象（Commentary on the Images）says：

There is good fortune for great people because their position is appropriate.

注释：①休：休止。②其：语气词，表推测。③苞桑：大桑树。一解为茂，即丛生的桑树。

大意：九五：否闭的局势休止住了，大人将获得吉祥。（但意念仍然时刻居安思危：）将要灭亡啊，将要灭亡啊，才能好像被拴在丛生的大桑树上一样安然无恙。

《象传》说：大人能够吉祥，是因为九五居于中位，合适得当。

讲解：九五暂时处于安宁的局面，阴爻升进的势头被九四给挡住了，可是大人在意念上一定要时时刻刻居安思危，忧虑防范阴爻继续来犯，以及随时都有的倾覆的危险。所有大人虽然居于九五中正之位，看似位极人臣，似乎可以无忧无虑，其实仍然要高度警惕，不容有半点闪失。

九五从心里感激九四，因为九四犹如横刀立马，挡住了阴爻上长趋势,可谓居功至伟。不过,还是后怕不已,因为阴爻上冲的力量实在太恐怖了,几乎只有一线生机的感觉(三四五互巽,有绳之象,故言系于苞桑,)所以要异常小心谨慎才行。

大人吉,就是命被救了,所以不取"弱桑"解,因为跟前面的一致性不够。互艮,应为山上丛生的粗壮的桑树,又为止,就是牢固地系在了桑树上。

上九:倾否①,先否后喜。

Nine in the highest place:

The situation of lacking communication will be overturned. [In this changing process,] communication will still be lacking at first, but happiness will be achieved in the end.

《象》曰:否终则倾,何可长也!

The *Xiang* 象 (Commentary on the Images) says:

In the end, the situation of lacking communication will surely be overturned, how can such a situation last long!

注释:①倾否:倾覆否闭的局势,一说既得利益者会强烈反弹,想把整个去否的力量倾覆掉。

大意:上九:困顿不通的局面将发生天翻地覆的改变,改变刚开始的时候还会有点闭塞不顺,最后通达顺畅,皆大欢喜。

《象传》说:困顿不通的局面发展到极点就一定会彻底颠覆,闭塞的局面怎么能够继续长久保持下去!

讲解:闭塞、困顿的局面,到了极点就一定要改变,天翻地覆,但一开始不可能很顺利,而且阻力一定非常大,不过到后来一定要被颠覆,不可能长久保持不合理的局面。"否极泰来"的核心在于事物到了极点会向原点返回,这是变化中的动态平衡。物极必反,否极泰来。否塞不通到了极点就会变得顺畅通达。

山地剥(卦二十三)　(坤下艮上)

Mountains, Earth, *Bo* 剥 (Hexagram #23)

Gen 艮 [mountain] above

Kun 坤 [earth] below

剥①,不利有攸往。

Bo 剥 (Corroding), it is not a good time to move forward.

《彖》曰:剥,剥也。柔变刚也。"不利有攸往",小人长也。顺而止之,观象也。君子尚消息盈虚,天行也。

The *Tuan* 彖 Commentary says:

Bo 剥 means corroding. [In this Hexagram,] the soft [*yin* 阴 lines rise up and] replace firm [*yang* 阳 lines].

"It is not a good time to move forward," because petty persons (the soft *yin* 阴 lines) are rising up. [The lower Trigram *Kun* 坤 means smooth and the upper Trigram *Gen* 艮 means limitation.] Smoothly observe the moving patterns to prevent the rising [of petty persons, i.e. the soft *yin* 阴 lines]. The exemplary person favors the *dao* 道 of declining and rising, fullness and emptiness, because he follows the moving patterns of the heavens.

《象》曰:山附于地,剥。上以厚下安宅。

The *Xiang* 象 (Commentary on the Images) says:

[The upper Trigram *Gen* 艮 is mountain and the lower Trigram *Kun* 坤 is earth.] Attaching mountains to the earth results in [the Hexagram] *Bo* 剥（Corroding）.

The superior person [understands that the meaning of attaching the mountains to the earth is the rocks and trees of the mountains being corroded by rising earth, and thus] strengthens the base [of his house or people] in order to live more securely.

注释：①剥：剥蚀掉落。

大意：剥卦象征剥蚀掉落，不利于有所前往。

《彖传》说：剥就是剥蚀掉落的意思。是阴柔上涨即将变去阳刚之体。不利于前往，是因为小人的势力正在不断上长。下卦坤为顺，上卦艮为止，全卦是五阴逼退一阳的架势，阳爻应该顺势抑止小人之道的成长，这从观察卦象就可以看出来。君子处事崇尚消息进退、盈盛亏虚的转化哲理，这也是顺从天的运行法则。

《象传》说：上卦艮为山，下卦坤为地，山剥蚀掉落附在大地上就是剥卦。在上位的君子看到大山被剥蚀将尽、山石掉落重压在地面上的卦象，担心根基不固，要增厚宅基，安稳而居；同时也要厚待百姓，让他们安居乐业。

讲解：剥卦不利于前往，可以说意味着盲目乱动都是不利的，也就是处于一个剥蚀掉落的危难时势当中，到处都有剥落下来可能伤害自己的因素存在，所以怎样行动都充满危险，如果真要行动就需要特别小心。

五阴来决一阳，阳气处于彻底的弱势，此时只能够顺势而为，不可以逆势而动，即使顺势而为也是符合天道运行的规律，并不是同流合污,自甘堕落,而且最后一切都会按照天道运行,适可而止。

　　卦象前人讲清楚的少,山在地上本来应该是非常安稳的,可为什么又会剥落,而且几乎是最为危险的卦? 其实,这指的是大山附于地面,地的阴气和山体的阴气不断上长,把山体表面的草木土石剥蚀将尽,山石纷纷掉落,重压在地面上,这是非常危险的情况。好比山边的房子面对山体滑坡的危险一般。

初六:剥床以足,蔑①贞,凶。

Six at the beginning:

Corroding away at the feet of the bed, just like uprightness being defeated, [signifying] bad fortune.

《象》曰:"剥床以足",以灭下也。

The *Xiang* 象 (Commentary on the Images) says:

"Corroding away at the feet of the bed," is being defeated from the bottom up.

注释:①蔑:通"灭",腐蚀灭掉。

大意:初六:从床脚开始剥蚀,邪道开始侵蚀正道,必有凶险。

　　《象传》说:从床脚下面开始剥蚀,就是要从根基开始毁灭。

讲解:剥床之足,是灭下之道。马恒君说:"考之卦画,艮像一张床,下有床腿,上有床板。"程颐说:"以床为象者,取身之所处也。"初爻还有足象。一说,"床"泛指卧具。床在人下,足在床下,剥蚀床足,就是要灭掉下面,是阴剥阳,柔变刚,邪侵正,小人消君子,所以"凶"。床本接地气之物,地气被剥蚀就凶。此时不宜前行,应该顺时而止。必须对邪道侵蚀正道的迹象非常重视,否则会越来越危险。但由此爻看,守正未必能够防止危险,只能减低危险的程度。

象辞说:一上来就要从根基上毁灭基础,是多么凶险恐怖。

六二:剥床以辨①,蔑贞,凶。

Six in the second place:

Corroding away at the legs of the bed, just like uprightness being defeated, [signifying] bad fortune.

《象》曰:"剥床以辨",未有与②也。

The Xiang 象 (Commentary on the Images) says:

"Corroding away at the legs of the bed," because it [the Six in the second place] has nothing [no line] to resonate with.

注释:①辨:床腿,依郑玄说"足上称辨"。从"辨,分也"的角度说,更接近花纹,雕刻。一说床板,在床席下。从象上看,应该是床腿的上半部分。还有床头、床端、床干等解。应该不是床腿就是床腿上面一点点。②与:赞同,支持,相与,一起,正应。

大意:六二:继续剥蚀床腿,邪道继续侵蚀正道,越来越凶险。

《象传》说:继续剥蚀床腿,是六二孤立无援,没有应与。

讲解:六二的位置很尴尬,上下不通,左右无援,但六二有带头主动干坏事的意念,在剥卦从下到上,层层递剥的大势当中比较主动,目中无人,无所不为。但另一方面,六二没有爻跟它相应与,处于非常危险的孤立无援之境遇。六二与六五不应,得不到上面的支持和帮助,自己在邪道侵蚀正道的大势当中,有心无力,已经大难当头,面对益发凶险的环境,显得越来越可怜。

六三:剥之,无咎。

Six in the third place:

Following the tendency of corroding, but with no blame.

《象》曰:"剥之,无咎",失上下也。

The *Xiang* 象 (Commentary on the Images) says:

"Following the tendency of corroding, but with no blame," because it [the Six in the third place] separates itself from the group [of *yin* 阴 lines] above and below.

大意:六三:顺剥落之势,却没有什么过失。

《象传》说:顺剥落之势,却没有什么过失,是因为六三跟上下阴爻都不一致。

讲解:六三虽然不得不顺着剥落的大势,但不会跟上面下面的小人们同流合污,所以不会有大的过失,也就是不会把坏事做绝,知道适可而止。六三内心里跟君子(上九)心意相通,说明虽然表面是小人,但还是能够了解正道所在,这样当然跟上下阴爻都不一样了。全卦就六三有上六正应,跟其他爻都不同,没有同党,不会跟上下的小人结党营私,虽然是在剥的大势当中,却没有什么大的过失。此处"无咎"讲成"过失"应该比"祸患"好一些。

六三愿意同流合污,跟着做坏事,但又不愿意跟着大家把坏事做绝,知道不做绝才是不被剥之道。虽然有时候和不好的人在一起,但自己还是知道要从正道,尽力做好事。但在剥的大势当中,一个人毕竟势单力薄,只能力争无咎。如果要想更好,变为吉利,那就要结交更多的好人,抱团取暖,一起干好事。

六四:剥床以肤,凶。

Six in the fourth place:

The corrosion of the bed reaches one's skin, bad fortune.

《象》曰:"剥床以肤",切①近灾也。

The *Xiang* 象 (Commentary on the Images) says:

"The corrosion of the bed reaches one's skin," one cuts close to disaster.

注释:①切:挨着,迫近。

大意:六四:剥蚀床已经到了人的皮肉,非常凶险。

《象传》说:剥蚀床已经到了人的皮肉,说明六四已经切实迫近灾祸了。

讲解:肤有说皮肤,也有说床面,其实都是皮肤和床面的临界面,但剥到皮肤显得更加危险恐怖,跟象辞的说法一致,犹如火烧眉毛一般凶险的灾难就在眼前发生了,躲都躲不开了。

六五:贯鱼①,以宫人宠,无不利。

Six in the fifth place:

Moving smoothly ahead like a school of fishes, being doted on like ladies of the palace. There is nothing disadvantageous.

《象》曰:"以宫人宠",终无尤也。

The *Xiang* 象 (Commentary on the Images) says:

"Being doted on like a ladies of the palace," there will be no regrets in the end.

注释:①贯鱼:贯:贯串一排。贯鱼是群鱼游动时前后连贯排成行列的样子。柔爻阴性为鱼,六五下边四个柔爻,是领头的鱼带着成行的鱼。

大意：六五：率领众宫女们鱼贯而进，受到宠爱，是无所不利的。

《象传》说：像宫女们一样受宠，最后不会有什么怨尤。

讲解：这是明显地从象上来说，六五带领五个阴爻，好比一群宫女，进去服侍君王。本来六五是众阴的排头兵，气势汹汹地要上来剥蚀掉上九，但一看上九剥蚀不掉，自己又能够居于上卦中位，足以继续带领众阴，马上改变态度，以众阴来顺承阳，因为调整得迅速到位，所以最后不会有什么怨尤。六五是阴爻的老大，老大要有团队领导能力，广结善缘，兼蓄并包，像王后统领后宫嫔妃一样"贯鱼以宫人宠"。在老大的位子上要方向正确，"六五"居于剥卦的君位，做了老大，上承"上九"之阳，得到处于剥势的好处。

上九：硕①果不食。君子得舆②，小人剥庐。

Nine in the highest place：

A large fruit has not yet been eaten. Exemplary persons take it to be a riding carriage [to carry people], while petty persons, by occupying it, allow the roof of their cottage to corrode away.

《象》曰："君子得舆"，民所载也。"小人剥庐"，终不可用也。

The *Xiang* 象（Commentary on the Images）says：

"Exemplary persons take it to be a riding carriage," because they use it [to carry people], so are supported by their people；"petty persons, by occupying it, allow the roof of their cottage to corrode away," because they are not reliable to the end.

注释：①硕：大。②舆：车。

大意：上九：硕大的果实还没有被剥蚀和摘食。君子摘得，便是载人的车舆；小人占有，就会把人们庐舍的屋顶都掀翻。

《象传》说：君子摘得，便是载人的车舆，人民将放心地搭乘君子的车舆（继续拥戴他）；小人占有，就会把人们庐舍的屋顶都掀翻，说明小人终究不可任用。

讲解：艮为门，硕果，刚爻为大，这里是讲高高的大门上挂着硕大无比的果实，引得过往的君子小人全都垂涎欲滴。上九是穷极危险之位，此时一个人的仁德和操守就决定了他居于危险位置时的吉凶。如果是君子，就能够降服众阴上剥的汹汹气势，转危为安，甚至收获车舆。但如果是小人，就会连屋顶都要被剥掉，马上就无处安身了，如此则成为非常危险之象。

人民认可君子的德行，继续放心地拥戴他，坐君子的车子，因为君子能够驾驭众阴，这种剥的穷极之势就会反被君子收服利用，成为治国的车子和工具。可是，如果小人得势，得以利用剥的穷极之势，就会从内心里认可众阴对阳的剥蚀，索性就把人民的屋顶都掀翻。这样的小人一旦得势，马上就会祸国殃民，当然不能任用他们。

地雷复（卦二十四）（震下坤上）

Earth, Thunder, *Fu* 复 (Hexagram #24)

Kun 坤 [earth] above

Zhen 震 [thunder] below

复，亨。出入无疾，朋来无咎。反复其道，七日来复，利有攸往。

Fu 复 (Returning) is smooth. There are no flaws in the departing and returning [of the *yang qi* 阳气], so when friends [who share the same intentions] come along, there is no blame. [The *yang qi* 阳气] moves back and forth on its path and returns every seven days. It is good to move ahead.

《彖》曰:"复,亨"。刚反,动而以顺行。是以"出入无疾,朋来无咎"。"反复其道,七日来复",天行也。"利有攸往",刚长也。复,其见天地之心乎。

The *Tuan* 彖 Commentary says:

"*Fu* 复 (Returning) is smooth," the strong [line] comes back and moves smoothly along the path, thus, "There are no flaws in the departing and returning [of the *yang qi* 阳气], so when friends [who share the same intentions] come along, there is no blame."

"[The *yang qi* 阳气] moves back and forth on its path and returns every seven days," this is how the heavens move. "It is good to move ahead," because the strong [line] is growing.

In Hexagram *Fu* 复 (Returning), do we not observe the intentions of the heavens and the earth?

《象》曰:雷在地中,复。先王以至日闭关,商旅不行,后不省方。

The *Xiang* 象 (Commentary on the Images) says:

Thunder [Trigram *Zhen* 震 below] in the earth [Trigram *Kun* 坤 above] [means the *yang qi* 阳气 is hidden under the ground], and this is the image of Hexagram *Fu* 复. The former kings [were enlightened by this and] shut the city gates when the winter solstice came round. Merchants and travellers were not permitted to move around, and the emperor would not make any inspections.

大意：复卦象征往而复来，亨通。阳气从内生长，出入之间，没有障碍。志同道合的阳刚朋友们一起前进，不会有过失。阴气剥尽，阳气来复，阴阳彼此消长，有其规律，七天之内就会重新回来，周而复始。利于有所前往。

《彖传》说：复卦，亨通。阳刚之气又返回来，下卦震为动，上卦坤为顺，阳气顺势震动，向上通畅运行，所以阳气从内生长，出入之间，没有障碍。志同道合的阳刚朋友们一起前进，不会有过失。阴气剥尽，阳气来复，阴阳彼此消长，有其规律，七天之内就会重新回来，周期循环往复，这是天道运行的规律。顺应这个规律向前进，是有利的，因为阳气会随着你的前往而逐渐增长。阳气往去复来，从中我们可以看到天地化生生养万物的心意吧。

《象传》说：下卦震为雷，上卦坤为地，雷蛰伏在地中，在地中微动，象征阳气来复。以前的君王知道冬至一阳来复，在冬至这一天封闭关卡，让全民静养，商贾旅客不得通行，即使是君王都不去四方的邦国巡视。

讲解：复卦卦象内震外困，一阳来复。震动坤顺，动而顺，故亨。关于七的说法很多，比较合理的有：

隔七爻说：自姤一阴生，经六爻至复第七爻一阳生，故称七日来复。

周期之数说：《汉书·律历志》："七者，天地人四时之始也。"一说人日，初一鸡日到初七人日，类似创世过程，即天的孕育和产生过程，所以这里的七也有周期之数的意味。

隔七月说：人之心意对大自然气息流变领会的一个表现是卦气说，用十二消息卦每卦主一月来表达，自姤午至复子历七月,所以称七日来复。

分卦值日说或六日七分说：一岁十二月配三百六十五又四分之一日,以坎离震兑四正卦,每卦六爻,共二十四爻,每爻主一个节气,不配具体日子。其余六十卦,分周年365天之数,每卦六日多一点(七分),取整数为七日,略牵强。此说又为隔一卦说,三百六十爻,一爻主一日,还余五又四分之一日,是用来通闰年的余日。剥卦阳气在九月之终被剥尽,到十月末都是纯阴用事,坤卦将尽的时候一阳来复。剥复之间,隔坤一卦六爻六日,到一阳来复下卦成震时为七日。

总之,因"反复其道"说明七为周期之数,而周期有完成之意,所以七为完成之数,即六合要加上人赋予意义,才完成意义系统的建构,所以后面说"天行也",即天行之道,即可见"天地之心",而天地之心意其实是人赋予天的意义,即人天之意。这样说来,无论是七日还是七月,都可以表示道运行周期的七个阶段,这种心意的七个阶段化是"天行"或"天地之心"被意念领会的结果。因为天地之意生生无穷,化育万物,循环不息,人领略天地之意而建立自己的人天之意,进而建构起意识宇宙论,在这个意识宇宙论当中,七是对阴意与阳意运动过程要分成七个阶段来表达才能实化出来的不得已状态,此谓人天之意七阶段说。

复卦"见天地之心"的心意,是要人顺从天道阳意之生,而端正自己的心意之原发端点,才能初正终修,让心意的阳气顺从天道,生生不息！心思意念端正看似简单,其实没有经历反复挫折很难回到合适的正道上来。人要涵养自己的心意于一阳初动之处,亦即万物未生之时,让人天之意顺从天地之阳意,万化之阳意顺从心之生生之意而生,阳意生心,心生阳意,此心物同源之体,而无中生有之端,万有缘生不息之源。

天地之心,既是天地运行的心意,更是天地化生、生养万物的心意。天心通于人心,所以当主动合于天心,按照天心周而复始、生生不息的刚健有为状态,去起心动念。复卦闭关,是为静养阳气,古人认为阳气初生,微动难养,所以需要静养,让阳气的气机发动,从而保持心意合于天道化生的阳意而和谐顺畅。

初九:不远复,无祗①悔,元吉。

Nine at the beginning:

Coming back to the proper path before straying too far. No regrets, great fortune.

《象》曰:不远之复,以修身也。

The *Xiang* 象 (Commentary on the Images) says:

"Coming back to the proper path before straying too far," in this way one cultivates oneself.

注释:①祗:通"祇"。多意,有"病"、"安"、"多"、"大"等,或无实义。

大意:初九:没有偏离正道太远,犯错之后,马上改正回复,不至于日后悔恨,非常吉祥。

《象传》说:没有偏离正道太远,犯错之后,马上改正回复,说明初九善于实化意念,正己修身。

讲解:初九修行人天之意,人的心意还没有偏离天道太多,能够马上自己回复正道。可见初九善于实意,对于心意的偏离非常敏感,一旦察觉自己起心动念有所偏离,马上纠正,随即回复心意通天的本然之善,这是修身的重要一步。

六二:休①复,吉。

Six in the second place:

Rectifying [one's mistakes] and returning [to the right path], good fortune.

《象》曰:休复之吉,以下仁也。

The *Xiang* 象 (Commentary on the Images) says:

There is good fortune in "rectifying and returning," because the Six in the second place is benevolent to the one below [the Nine at the beginning].

注释:①休:一意为"止";一意为"美"。会意字,《说文》:"休,息止也。从人依木。"本义休息,衍生出的解释为"停止"、"等待"、"依附"等。一解为"美好",引申为"愉快"。

大意:六二:休于阻止,回复顺应阳意上长的正道,吉祥。

《象传》说:休于阻止的过错,回复顺应初九阳意上升之正道,表现出美善吉祥的心意,是因为六二能够向下亲近顺从初九这个仁人。

讲解:六二主动休止阻挡初九阳意上升的势头,向下亲近初九。也就是说,六二虽然客观上会截住刚爻阳意上长的趋势,但六二柔爻柔位,立即发现阻挡初九之势头是不合适的,反而会柔美地向下顺从初九,附和其上升的势头。这样等于六二马上意识到必须终止之前客观上会挡住阳意上升的过错,立即把心意调整复归到顺从阳意上升的趋势上来,这符合全卦一阴来复的大势,所以是吉祥的。

六二休于阻止,返回正道,顺从仁阳。六二和众阴本有阻止初九复兴之心,但看到初九是贤人君子,良心大善,就会主动让道,有阻止之姿态而无阻止之实,其实是钦慕初九,有主动放弃而配合的味道。可见,六二的调整说明初九发心比实际力量还重要,初九阳爻刚生,虽无足够的力量,但充满谦仁之意,所以只要初九表现出顺从天道的人天之大善意,就可以感天动地,改换六二的阴止为顺阳,改止的姿态为美善的意念。总之,六二爻处下卦之中,比于初九,等于亲比阳仁,不止反而归附顺从,确有休美之意。

六三:频①复,厉,无咎。

Six in the third place:

Returning frequently [to the right path], there is danger, but no blame.

《象》曰:频复之厉,义无咎也。

The *Xiang* 象 (Commentary on the Images) says:

There is danger in "returning frequently [to the right path]," but there can be no blame in doing what is right.

注释:①频:频繁而不情愿。一通"颦",皱眉头;一说频繁。

大意:六三:频繁而不情愿地改正错误,回归正道,虽有危险,但没有祸患。

《象传》说:频繁而不情愿地改正错误,回归正道,看起来似乎常有危险,但道义上说不应该有什么灾害。

讲解:六三在下卦震里,震为震动,有频繁多动、反反复复的意思。六三处下卦最上一爻,以阴居阳,不正不中,不当位而多凶,与上六不应,上下相比都是阴爻,有甘于邪道之象,开始被动受邪道诱惑,之后主动享受邪道,而后一再被动地被拉回正道,心里似乎还继续对邪道念念不忘,所以频繁回复而不情愿。可见,好多次不情愿地回到正道,在一定意义上可以说是比较享受邪道或魔道的诱惑,心里放不下。从另一个方面说,人要改正错误,但往往不是一次就能够改好的,常常会重犯,所以要重新改过,这就是"频频回复",这是人改正错误时的正常现象,不必过分忧虑。而在这个过程当中,人们往往愁眉苦脸,心不甘情不愿。虽然老是改正错误,看起来好像总是有危险,但不会有真正的祸患。

六四:中行①独②复。

Six in the fourth place:

In the midst of others, it alone returns.

《象》曰:"中行独复",以从③道也。

The *Xiang* 象 (Commentary on the Images) says:

"In the midst of other [*yin* 阴 lines], it alone returns," because it follows the [proper] way.

注释:①中行:居中行正。②独:独自。③从:顺从(阳气上升的大势)。

大意:六四:居中行正,独自返回正道。

　　《象传》说:居中行正,独自返回正道,是因为六四与初九正应,与其他阴爻不同,能够独自顺从阳气上长的正道。

讲解:六四跟初九正应,跟其他阴爻不同,所以"独",也就是跟其他阴爻不同朋党,能够特立独行,而因为它以阴爻居柔位,所以自己就能够在中正的道路上运行,自己就会回复到阳气上长的正道上来。

六五:敦①复,无悔。

Six in the fifth place:

Returning honestly and sincerely, there is no regret.

《象》曰:"敦复,无悔",中②以自考③也。

The *Xiang* 象 (Commentary on the Images) says:

"Returning honestly and sincerely, there is no regret," because one reflects on one's intentions.

注释:①敦:敦厚忠实。②中:内心。③自考:自我反省、考察。

大意:六五:敦厚忠实地返回正道,没有悔恨。

《象传》说:敦厚忠实地返回正道,没有悔恨,是因为六五居中不偏,能够顺应大势,内心自我反省。

讲解:六五自我反省,知道自己能力不足,不会去阻拦阳气上升这一大势,所以能敦厚忠实地返回正道。仿佛一个自认为能力不足的领导,允许有能力的人按照正道发挥。

上六:迷复①,凶,有灾眚②。用行师,终有大败,以其国君凶。至于十年,不克征。

Six in the highest place:

Sticking steadfast to the returning of one's state is dangerous and will lead to disaster and calamity. [In such a situation, if] one insists on maneuvering the army, it will result in great defeat. The danger to the ruler of the state is so great that no punitive expeditions should be undertaken for ten years.

《象》曰:"迷复之凶",反君道也。

The *Xiang* 象 (Commentary on the Images) says:

"Sticking steadfast to the returning of one's state is dangerous" because it goes against the [proper] *dao* 道 of the ruler.

注释:①迷复:执迷于回复、复兴,也有陷入迷途不知复归之意。②灾眚:天灾人祸。灾自外来,眚自内发,都是灾难。

大意:上六:执迷于复兴而不知回复正道,迟早会有凶险,有天灾人祸。形势不允许的情况下,还出兵打仗以期改变,最后会大败而归,这对国君来讲是非常凶险的,以至于十年之内,出兵征伐都难以取胜。

《象传》说:执迷于复兴而不知回复正道,迟早会有凶险,是因为上六不能理解形势的发展,违背了为君之道。

讲解:上六以阴柔之力处于穷极之位,所思所行跟国君治国应该推行的阳刚之道完全背道而驰,当然凶险无比。"迷复"有说陷入迷途难以回复,有说执迷于复兴,但全卦都讲返回正道,应该是从迷途当中返回正道,可是又与后面的部分不通,因为返回正道就应该比较通顺,可是爻辞很凶险,所以反而不如前面两种讲法了。但第一种讲法加入意思太多,所以应该取第二种讲法:执迷于复兴。可是上六又不在合适的位置,已经到了穷极之位,无法发挥力量了,加上自己阴柔无力,复兴大业肯定不成。但如果这时执迷不悟,轻易动用军队,就会打败仗,多年无法振兴。

此段前后一贯,不需要分成用于带兵打仗和用于治国两个部分,因为后面其实是前面打败仗之后的自然结果,还是执迷不悟,不知回复正道的后果。上六虽然领兵打仗,但与国君应该推行的阳刚正道恰恰相反,因为不到用兵的时势,轻动武力,就会导致国破家亡,长期无法复兴,完全与复兴的初衷背道而驰。

　　从象上分析,复卦是阳爻返下复生,上六是阴爻,迷糊不明地返回到初位,重新开始,全卦会变成师卦,上六进入下坎之中,坎为灾眚,所以说"用行师"、"有灾眚"。坎为血,所以说非常凶险,如果出兵打仗,终将大败而归。复的下卦是震,震为诸侯、君王,变为师卦后,下卦变成坎卦,是震君变为坎灾,所以说如果这样的境遇发生在国君身上,凶险异常。上六在坤里,坤数为十,所以说,以至于十年无法从凶灾当中翻身。在这样的情况下,如果兴兵征战,必遭惨败;即使不战,也会天灾人祸不断。

下经选讲

泽山咸(卦三十一) （艮下兑上）

Lake，Mountain，*Xian* 咸（Hexagram #31）

Dui 兑 [lake] above

Gen 艮 [mountain] below

咸①,亨。利贞。取女吉。

Xian 咸（Stimulation and Response）: proceeding smoothly. It is beneficial to persevere. Taking a wife will bring good fortune.

《彖》曰：咸,感也。柔上而刚下,二气感应以相与②。止而说,男下女,是以"亨利贞,取女吉"也。天地感而万物化生,圣人感人心而天下和平。观其所感,而天地万物之情可见矣。

The *Tuan* 彖 Commentary says:

The meaning of *Xian* 咸 is stimulation and response. [When changing from Hexagram *Pi* 否, the Nine at the top and Six in the third place change places to produce Hexagram *Xian* 咸.] The soft [*yin* 阴 line] rises and the firm [*yang* 阳 line] falls. This is a symbol of the stimulation and response of the two [*yin* 阴 and *yang* 阳] *qi* 气 in coming together.

[The upper Trigram *Dui* 兑 means happiness, and the lower Trigram *Gen* 艮 means stopping. The combined meaning is] stopping in happiness.

[During the process of the hexagram changing, the strong *yang* 阳 line of the male falls and the soft *yin* 阴 line of the female rises. This signifies] a young man, full of humility, asking a young woman for marriage. Hence, "proceeding smoothly. It is beneficial to persevere. Taking a wife will bring good fortune."

[In Hexagram *Pi* 否, the upper Trigram *Qian* 乾 is the heavens, and the lower Trigram *Kun* 坤 is the earth. During the process of the hexagram changing, the *yang qi* 阳气 and *yin qi* 阴气 of] the heavens and the earth stimulate and respond to each other, and the myriad processes and events are transformed and generated; the sage stimulates and responds to the intentions (*xin* 心) of the people and the world is in harmony and at peace. Observing these phenomena of stimulation and response, the real expressive states (*qing* 情) of heaven, earth and the myriad processes become visible.

《象》曰:山上有泽,咸。君子以虚受人。

The *Xiang* 象 (Commentary on the Images) says:

[The lower Trigram *Gen* 艮 is mountain, and the upper Trigram *Dui* 兑 is lake. The combined image is of] a lake amid the mountaintops. This is the image of Hexagram *Xian* 咸.

The exemplary person [sees the deep lake amid the mountaintops and, intending to follow the character of the valley between the mountains,] accommodates people with openness and humility.

注释：①咸：无心之感应融通。咸有感意，还有皆意。《说文》："咸，皆也，悉也。"②相与：合到一块。

大意：咸卦象征交融感通，亨通，利于守持正固，娶妻可获吉祥。

　　《彖辞》说：咸是感应融通的意思。上卦兑为少女，下卦艮为少男，柔在上刚在下，也是柔顺往上，刚健来下，阴阳二气相互感应结合在一起。艮为止，兑为悦，交感之时稳重自制又欢快喜悦，男子对女子态度谦下，所以亨通，宜于持守正道，娶妻可获吉祥。天地相互交感带来万物创化生养，圣人感化人心带来天下和合太平。观察天地万物彼此交互感应的现象，天下事物的情理就可以明白了。

　　《象传》说：下卦艮为山，上卦兑为泽，山与泽感应相通就是咸卦。君子从这种卦象当中得到启示，要虚怀若谷，谦下包容，感化众人。

讲解：天地相感，本无心意，人悟天与心通之意，为人天之意，即无心之咸。咸为无心而彼此速应，感通至于全体的通和状态。咸必交互，非单向之意，故人天之感虽无心，却是双向有意。咸是感天动地的无心之感，是把男女感动的有心境界提升到阴意与阳意感应的无心境界，这种无心而有意的境界，是心通于天地之意，而不再是感动他心的小心，而是与天地共在之大心，因大心而有大意，如无心而无须刻意营为。如此心通天地，化男女感应之心为天地阴阳之意相感之心。

　　卦象以刚下柔，以男下女，如男女感通之始，当男求女。就卦而言，每爻都感；因山艮为止，故止而有感；感必心动而悦，心悦方能亨通。山实泽虚，山阳泽阴，阳升阴降，二气融通，阴意与阳意气息互通，相互感动包容，可见发心之感是阴阳通达之始，创生化育之源，发荣滋长之本。

初六：咸其拇①。

Six at the beginning:

Stimulation starts in the big toe.

《象》曰："咸其拇"，志在外②也。

The *Xiang* 象（Commentary on the Images）says:

"Stimulation starts in the big toe,"［which signifies that］one's intentions are directed toward the outside［trigram］.

注释：①拇：脚拇指。②外：指外卦九四。

大意：初六：脚拇指开始有感应。

《象传》说：脚拇指开始有感应，说明初六的心志向着外卦的九四。

讲解：这一爻的解法，有"感应到脚拇指上"、"交感相应在脚拇指"、"感触拇指"等等，但这些说法最后都应该以《象传》这一最早诠释《周易》的说法为准，比如这里象辞说"志在外也"，那就说明初六的心志向着相应的九四（初与四均失位），这是人之常情，说明应该是初六主动有感应，这样的话，"脚拇指开始有感应"的译法就比其他译法要好一些。初六阴爻谦静居下，对应人体的脚趾部位，虽有感而被山止住，所以代表心有所动但还没外露出来，所以初六的感应可以说还是比较压抑的，虽然心里向往九四，但是放不开而不敢表达。

六二：咸其腓①，凶。居②吉。

Six in the second place:

Stimulation reaches the calf, there is danger [if one moves willfully]. Staying put [calmly] brings good fortune.

《象》曰：虽凶，居吉，顺③不害也。

The *Xiang* 象 (Commentary on the Images) says：

Though there is danger, "staying put brings good fortune," because following smoothly avoids the harm.

注释：①腓：小腿肚子。②居：安居，静居，有等待义。③顺：六二在互巽里，巽为随顺。

大意：六二：腿肚子开始有感应，乱动会有凶险，安居待时，反而吉祥。

《象传》说：乱动会有凶险，安居待时，反而吉祥，因为随顺不会有灾害。

讲解：六二象取腓，初六脚趾头可以暗动，但六二小腿肚子只能明动，与五相应，动就有凶。但应该是因为艮山止住不动，才有可能因为安居待时而转成吉祥。

六二虽跟九五正应，但应该守本分自然感应才是正道，可是六二很难抗拒九三的魅力，所以心被同时共振而感动过度。而九三本来应该去找上六，但看身边的六二也很不错，也心动想要。加上九三本来就躁动不安，按捺不住，觉得自己距离上六太远，感觉上六没有六二近水楼台，温柔贤淑，结果把六二感动得腿肚子都抽筋了，几乎神魂颠倒。六二腿肚子都被感动了，达到被九三九五共振给震坏了的地步，只是因为六二位置中正，本来就是品性中正之人，所以即使被感动得死去活来，还能回家随顺安居，好好过日子。

卦中六二与九五中正而应，是正常的感应关系，但九三与上六就有点非正常感应的关系，九三去感应六二，就是打扰六二与九五的正应关系,而且九三心动,会遭九四嫉妒,所以最好是顺应情境,按兵不动。

六二不是不能动,而是距九五太远,动属躁动而凶,难成正果,相反,安居则吉。从另一个角度说,六二被九三蒙到感动得不行,但也知道最好别跟九三跑,两个发乎情止乎礼就好,保持山泽通气、山静而泽动的安忍状态。

九三:咸其股①,执②其随,往吝。

Nine in the third place:

Stimulation reaches the thigh, which is held back from following. [If one insists on] moving forward, one will meet with difficulties.

《象》曰:"咸其股",亦不处也。志在随人,所执下也。

The *Xiang* 象 (Commentary on the Images) says:

"Stimulation reaches the thigh," because [the Nine in the third place is stimulated and] one can no longer stay calm. One intends to follow others [the Six on the top], but is held back by one's inferiors [the two *yin* 阴 lines below].

注释:①股:大腿。②执:执意,把持住。

大意:九三:大腿开始有感应,牵绊住它想要随顺的心意,如果仍然执意前往会遇到困难。

《象传》说:大腿开始有感应,说明九三不能安静自处,想随着人动,但被下面牵绊住了。

讲解:九三易于躁动,看着六二和初六都挺好,把正应上六忽略了,所以有主动向下的心意,"所执下也"就是九三眼睛只看到六二和初六,没有看到上六,舍远求近,舍难求易,心意乱动,盲目从下,被下面给束缚住了。所以九三虽然向往上六,但艮山力量也大,很难过得去。所以九三在艮山象里被牵绊而止住了,想动都难,即使想上也上不去,因为有九四九五挡着。

九三连大腿都被感动了,可居然还走不动路,想走走不了,实在是进退维谷。而九三的真正痛苦其实是压根就上不去,因为九四九五太强大,所以九三也就只有在下艮里面待着。换言之,三个阴爻来共振九三,九三的大腿想动,可是又实在动不了,可谓有心无力。

关于"执其随",今人有"暂时相守于随顺者","执意追随于人","执意盲从泛随于人","一味听从别人怂恿","牢牢地掌握住跟随自己的人","控制住不能随着动"等不同译法,意思大相径庭,莫衷一是。根据象辞,"志在随人,所执下也",分析卦象,应该是"牵绊住它想要随顺的心意"比较合适,换言之,想随顺别人行动,却受到牵绊。六三有想随顺(巽)上面的心意,但心意刚刚发动,就被下面给牵绊(止)住了,所以寸步难行,如果执意要动,就会有困难。九三上有应爻,在互巽里,想随着动,但被互艮给止住,牵绊住了,所以心意回转,只能向下在意下面随顺它的六二,这样理解也可通。

九四:贞吉,悔亡。憧憧①往来,朋从尔思。

Nine in the fourth place:

Being upright brings good fortune, and one's regrets disappear. Coming and going in indecision,〔but having settled one's mind,〕friends will follow one's intention.

《象》曰："贞吉,悔亡",未感害也。"憧憧往来",未光大也。

The *Xiang* 象 (Commentary on the Images) says：

"Being upright brings good fortune, and one's regrets disappear," because one is not yet stimulated to the point of harm. "Coming and going in indecision," because one's intentions are not yet sufficiently enlightened.

注释：①憧憧：心意不定,往来不绝的样子。

大意：九四：贞定自守,吉祥自来,忧悔消亡。心思意向不能专一,心神不宁,飘忽无定,来来往往,(一旦思虑专一),朋友终究会顺从你的心思意虑。

《象传》说：贞定自守,吉祥自来,忧悔消亡,因为九四没有感应到自己会受伤害。心思意向不能专一,心神不宁,飘忽无定,来来往往,是因为九四的感应之道还不够广阔远大,无所不至。

讲解："贞定自守,忧悔消亡",跟后面的"心思意念一旦专一,朋友自然跟随你的心思意虑"是一样的意思,也就是自己的心志坚定安宁,无关的忧悔就会慢慢散去,心思越专注,周围的朋友及情境就会随顺你的心志。这种时候,只要没有感应到对自己的伤害,就不算真正的伤害,仍然可以我行我素,自在随性。心意不专,飘忽无定,那时心意的感应力量仍然有限,不能够扩大到广阔远大的地步,感应的力量还不够强大。

九五：咸其脢①,无悔。

Nine in the fifth place：

Stimulation reaches the upper back, no regret.

《象》曰："咸其脢"，志末②也。

The *Xiang* 象 (Commentary on the Images) says:

"Stimulation reaches the upper back," because one's intention remains to be concretized.

注释：①脢：背，背脊肉，即背上的夹脊肉。②志末：既是志于末端，又是浅末的感应。一说应为"志未"，"末"是"未"之误，全书讲到志都只讲"未"不讲"末"，没有触动心志。其实都通。

大意：九五：脊背上开始有感应，没有什么可以后悔的。

　　《象传》说：脊背上开始有感应，说明心志没有实现（志于末端，感应太浅）。

讲解：六二与九五相应，九五与上六相比，九五对上六的感应超过对应爻六二的感应，所以九五对六二之感较浅，或者说无心之感。其实六二居中得正，规规矩矩，但九五却感应不到，总是觉得上六更亲，被上六给迷住了，错过了跟六二的正应。也可以理解为，九五不论用什么方式，或者表达方式有问题，或者缺少能够感动对方的内涵，总之没有把六二感动到点上。而九五与上六之间的感应其实是比较浅的，感而无心，感应很浅很俗，如同基于地位和金钱的爱情，情动而未感于心，没有心灵深度，基本属于无效感应。九五抛弃规规矩矩的六二，追逐风尘浅俗表面的感应，从这个角度讲，就是九五没有心。按照爻辞只能感应到肉，感应不到心，可以理解为纯粹无心的肉感。这样说来，九五得其位而失其德，犯了无心之过。但九五压根儿没有用心去感，当然也就没有什么能够让他后悔的。本来跟六二是应的，可是不用心，就不能真的感动，即使跟上六有阴阳之气的交流，也是表面浅俗的，浮光掠影的。

所以,"志末也"就是对上六之末和本应之爻六二都是感应上走走形式,应付应付,不走心,上六浅末而六二基本无心,所以解为"末",没有感应或感应无效,也未尝不可。背在心后,胸在心前。心胸可容天地,背心只能遮部分身体。一说胸背对着心,感应上南辕北辙,后背受感应却不会动心。九五本应该跟六二交往,可惜交往不用心,基本没有开始,但想去交往的心还是有的,就是没有实现,不敢表达,错过了。

上六:咸其辅①、颊、舌。

Six in the highest place:

Stimulation reaches the jaw, cheeks, and tongue.

《象》曰:"咸其辅、颊、舌",滕口说也。

The *Xiang* 象 (Commentary on the Images) says:

"Stimulation reaches the jaw, cheeks, and tongue," thus the mouth prattles on without reserve [or sincere intention].

注释:①辅:上牙骨,上牙床。

大意:上六:牙床、两颊和舌头上都感应到了。

《象传》说:牙床、两颊和舌头上都感应到了,说明上六信口开河,不太可信了。

讲解:上六柔爻居正,男下女而使女大悦,女子被感动到最深的程度,如热恋一般,眉飞色舞,信口开河地说,也可以理解为头脑发热,说话自然而然,无所顾忌的状态。此爻为男女相感的最深一爻,故可以理解为主爻。

上六是否卦六三上来,心悦而愿意多说,可以滋润,可以迷惑,可以感人。阴爻来到三个阳爻之上,可以理解为一个女生到三个男生上面,兴奋活跃地跟每个人说了很多。船山说:"阴舍三而上,不由中而驰骛于外,此道听途说所以弃德也。"九五"志末"是与上六,无感于六二,故九五与上六不吉。上六与九四和九三也略有感,感应过度、用心过度而不合适。

所以卦爻本无心,就是要求咸卦不动心。一方面,咸卦以至诚感人,感之以心,方能咸有所感,如"观其所感,天地万物之情可见",而天地万物之情,本来就是无心地感来感去,故有咸卦之解,但人非要给天地安一个心上去,是自己的心被感动了,加给天地而为人天之意。

人于天地之间,无时无刻不在感应之中,应该寻找一个自在感应的分寸,即在有心与无心之间,不可无心,也不可过度用心,方为感应的中道。

雷风恒(卦三十二) （巽下震上）

Thunder, Wind, *Heng* 恒 (Hexagram #32)

Zhen 震 [thunder] above

Xun 巽 [wind] below

恒:亨。无咎。利贞。利有攸往。

Heng 恒 (Persistence): proceeding smoothly. No blame. It is beneficial to persevere [together]. It is beneficial to move forward.

《彖》曰:恒,久也。刚上而柔下。雷风相与,巽而动,刚柔皆应,恒。"恒,亨,无咎,利贞",久于其道也,天地之道恒久而不已也。"利有攸往",终则有始也。日月得天而能久照,四时变化而能久成。圣人久于其道而天下化成。观其所恒,而天地万物之情可见矣。

The *Tuan* 彖 Commentary says:

Heng 恒 means persistence. [Hexagram *Heng* 恒 develops from Hexagram *Tai* 泰 by the Nine at the beginning changing places with the Six in the fourth place.] The firm [*yang* 阳 line] rises and the soft [*yin* 阴 line] falls.

[The upper Trigram *Zhen* 震 signifies thunder, and the lower Trigram *Xun* 巽 signifies wind. The combined image is that of] the wind and thunder strengthening together.

[The lower Trigram *Xun* 巽 is smooth and the upper Trigram *Zhen* 震 is moving. The combined image is] smoothness followed by movement.

[The Six at the beginning responds to the Nine in the fourth place; the Nine in the second place responds to the Six in the fifth place; and the Nine in the third place responds to the Six in the highest place.] The firm and soft lines all respond to one another [in their proper places], hence this is Hexagram *Heng* 恒 (Persistence).

"*Heng* 恒: proceeding smoothly. No blame. It is beneficial to persevere [together]," [signifies both sides] persisting in the proper way. The *dao* 道 of the heavens and the earth persists continually without end.

"It is beneficial to move forward," because the things and events continually return as each process is completed.

The sun and the moon persist [in moving according to their proper *dao* 道] in the heavens and can thus shine eternally. The four seasons alternate and transform and can thus complete the myriad things perpetually.

The sage [follows the *dao* 道 of the heavens and the earth, and] persists in moving according to his proper dao, cultivating all under the heavens to its completion. Observing this persistence (*heng* 恒), the real expressive states (*qing* 情) of heaven, earth and the myriad processes can be comprehended.

《象》曰：雷风，恒。君子以立不易方①。

The *Xiang* 象 (Commentary on the Images) says:

[The upper Trigram *Zhen* 震 signifies thunder and the lower Trigram *Xun* 巽 signifies wind. Thunder and wind accompanying each other is a persistent phenomenon of nature. Thus the combined image of] thunder and wind is the Hexagram *Heng* 恒 (Persistence). Following this, the exemplary person establishes himself in a persisitent and unchanging course.

注释：①方：道义、规范、原则等以方正的方式表现出来。《正义》：犹道也。"方"是义方，即人在行为上遵循道义的方正状态。

大意：恒卦象征永恒持久，亨通。只有不犯过错，才利于共同持守正道，才利于有所前往。

《彖传》说：恒就是永恒持久的意思。上卦震为阳刚处上，下卦巽为阴柔处下（卦变中泰卦之初九升上到达四位，而六四下降到初位)。雷震风行,交相互助,巽为顺,震为动,要先逊顺然后震动,上下卦的刚爻与柔爻都彼此应和,这才是恒久之道。永恒持久,亨通,没有过错(祸患,咎害),利于共同持守正道,说明恒道在于双方共同长久保持正道。天地的运行是恒久持续生生不息的,利于有所前往,是因为事物的发展总是终而复始。日月顺天道而行才能长久照亮世间,四季往复变化而能长久创化生成万物,圣人法天道,长久保持正道与美德,就能教化天下而大有成就。观察自然万物的恒久之道,就能从中发现天地万物的情实状态。

《象传》说:上卦震为雷,下卦巽为风,雷鸣风行,风雷交加,雷风相伴是大自然恒久不变的现象,这就是恒卦。君子从中得到启示,立身于恒久不变的人天大道。

讲解:恒卦上卦阳下卦阴,女顺男,三阳三阴,六爻皆应,如家庭初建,夫妇同心,阴意与阳意同心和谐,长久恒稳。

卦变中刚上而柔下,象征着阳意的上升和阴意的下降,是自然界阴阳交流永恒不变的基本状态,如日月在天地间为恒体,而四时之变化为恒动。但这种状态要维持恒久,除了双方持续感应之外,还需要双方都尽量不犯过错,才能够保持共同持守正道的有利状态,才能够继续一起前行。可见,共同或者持守正道是因为恒卦的持久不是单方面的,而是双方共同维系的,只有双方共同维系才能够持久,好比雷与风之间相与的关系,也就是雷动风起、雷息风止、雷行风速、雷迅风烈、雷舒风和的相关关系。

君子看见雷与风之间的这种相与关系,用一种方正的方式维系道义和原则,如《中庸》言:"悠久所以成物也",上卦为国政,雷厉风行,下卦为民众,得令而从,上下同心,天下之情,如此相应,自然恒久。又如孟子曰:"居天下之广居,立天下之正位,行天下之大道。"天下的人天大道是通过居正位行正道,以方正而持久永恒的方式体现出来的。

初六:浚恒,贞凶,无攸利。

Six at the beginning:

In desiring persistence too deeply, persisting with inflexibility brings danger to no advantage.

《象》曰:"浚恒"之凶,始求深也。

The *Xiang* 象（Commentary on the Images）says:

The danger of "desiring persistence too deeply" lies in seeking too much at the beginning.

大意:初六:深深地希望能够恒久,过分坚持会有凶险,没有好处。

《象传》说:深深地希望能够恒久地持守心意,但过分坚持也会有凶险,这是因为初六从一开始就这样期待恒久不变的心意状态,将来一定会失望的。

讲解:初六以阴居阳位,为巽之主,所以有躁动之意,急于动而应于九四,上面阳爻阻隔,结果欲速则不达。马恒君认为,由泰变恒,初六从四位下来,一下子扎到全卦最下位。上兑为泽,下巽为股,股入泽下,水漫大腿,就是因为九四追求恒久太深太过而有危险。

恒卦要持久,最要讲究恒久的分寸,若要恒首先要把内在的心意调整到恒定状态。不过,从刚一开始期待就不可过于执着,也就是说,内心意念对身外之物事的期待不可过度单纯,也不可过度坚持,否则,如果只顾追求恒久的深度,就一定事与愿违。心意持定不动,而世事变幻无常,过分静守心意恒定状态的人,往往失望。可见,恒久也是相对的动态平衡,从两情相悦的咸卦过来,一开始就要保持好分寸,起心动念都要留有余地。

九二:悔亡①。

Nine in the second place:

Regrets pass away.

《象》曰:九二"悔亡",能久中也。

The *Xiang* 象 (Commentary on the Images) says:

Nine in the second place means "regrets pass away" because it can hold the center persistently.

注释:①亡:读如无,一说消亡,意为因消亡而无。

大意:九二:忧悔消亡。

《象传》说:忧悔消亡,是因为能够持久保持中正之道。

讲解:九二阳居阴不正,可谓以非常之道居于非常之位,自然有悔,但九二能够持久地行于中道,与六五相应,持续以刚辅柔而消除忧悔。在卦变当中,九二没有动,是持久保持中正之道。可见,取意不如卦变清晰有理。引申为在变动的时局当中,心意的状态保持了恒定,忧虑和后悔也会因为恒定的心意而消亡。当然,这种恒定是有条件的,就是所在的位置也相对安全稳固,不会因为时局的变化就对自己造成冲击,否则心意很难持守恒定。

九三:不恒其德①,或②承③之羞,贞吝。

Nine in the third place:

Unable to persist in one's virtue, one risks being shamed. Thus persisting [inflexibly] brings difficulties.

《象》曰:"不恒其德",无所容也。

The *Xiang* 象 (Commentary on the Images) says:

"Unable to persist in one's virtue," one finds no place of tolerance.

注释:①德:仁德,道德的一致性。②或:或许,可能。③承:对上承受。

大意:九三:不能恒久持守自己的仁德,就有可能要承受羞辱;正固(不好的德行)不改,会有灾难。

《象传》说:不能恒久持守自己的仁德,最后就没有容身之地了。

讲解:九三阳爻阳位过刚,又在下巽之极,巽为进退,为不果,为决躁,所以是犹豫而没有节操之象。卦变之后,形势大变,但九三仍然固守自己的本位不动,从道德上来讲,九三不能够恒守自己的仁德,才能够保持原位,所以很有可能在新的位置上被羞辱;而如果继续持守原来的位置和状态,很可能会有灾难。可见,九三代表没有节操的无耻小人,最后会没有容身之地。

"吝"译成为"遗憾"太弱,一个人到了不被众人收容的地步,就不仅仅是遗憾,而是灾难。为了谋取自己身外的地位和利禄而放弃了自己恒定的操守,这样的心意是缺乏节操的,最后会不见容于世人的心意之境。

德取乾象,意为道德的一致性,近于 integrity。本义是道之显明,是内在心意的一致和恒守,表现为外在行为的恒定性。

《论语》引这句话,是说没有恒心恒德,则连巫医都做不了。巫医本来是通天的职业,本来是神圣的职业,但随着古代社会的转化,神权让位给世俗权力,巫医地位下降而变得低贱。反观此爻,则要求人在变通的局势当中,持守恒久的心意和仁爱之德。

九四:田①无禽②。

Nine in the fourth place:

[Going hunting, one finds] no birds or beasts in the fields.

《象》曰:久非其位,安得禽也?

The *Xiang* 象 (Commentary on the Images) says:

Persisting in an inappropriate place [when the situation has changed], how can one find birds or beasts?

注释:①田:田猎。②禽:禽兽。

大意:九四:赶到打猎的田野,禽兽都跑光了。

《象传》说:(形势已经大变,九四还想)长久地守着不适合打猎的位置,怎么可能捕捉到禽兽呢?

讲解:前人对于田野里为什么没有禽兽很少有解释清楚的,象辞的解释更让注家们扑朔迷离。其实,卦变当中,九四从初位来到四位,坤象消失,就没有禽兽了,但九四还念念不忘刚才有禽兽的状态,而没有意识到自己来到四位其实就是赶走禽兽的根本原因,如果在这样的形势下面,还固守着九四之位不动的话,那就根本不可能得到禽兽了。

解释此爻当讲卦变和爻的推移,"坤"为田猎之象,只能从爻的推移才能说清楚。阳爻来到四位的同时,阴爻下到初位,坤象消失,初六虚,等于扑空了,不可能捕捉到禽兽,可是九四还想着刚才田里还有禽兽的状态,长久地守着四位,犹如守株待兔,怎么可能捕捉到禽兽呢?

传统的说法,刚爻从初位来到四位,不柔不中,在四位待不久,意思尚可,但这样解释无法说明田猎之象如何而来。所以,田猎之象当从卦变中说清楚。

此爻说明,心意持守于恒定的过去,就仿佛为泼出去的牛奶悲伤哭泣,伤的不仅仅是当下的心境,因为要面对新梦仍然成空之苦。

六五:恒其德,贞①。妇人吉,夫子凶。

Six in the fifth place:

Persistent in one's excellence, one perseveres. This is good fortune for a woman, but misfortune for a man.

《象》曰:妇人贞吉,从一而终也。夫子制义,从妇凶也。

The *Xiang* 象（Commentary on the Images）says:

"It is good fortune for a woman" to persevere because she follows [her husband] to the end.

A man's behavior should be regulated by「the *dao* 道 of] appropriateness（*yi* 义）, therefore it is misfortune for him to simply follow [like] his wife.

注释:①贞:坚守正道。此处讲成占卜也通。

大意:六五:恒守自己的仁德,坚守正道。对女人来说,可以获得吉祥,但对男人来说,就会有凶险。

《象传》说:女人坚守正道可以获得吉祥,因为女人应该从一而终。男人要受到道义的制约和引导,但如果一味跟从女人就凶险了。

讲解:男人之意与女人之意从天地自然之性开始有所不同。人生而有性,有性而有意,而意能够化性,即人可以有化解性的意识,是对性之感受之意有所体会。在性的基础上,人的心意可以对性做些调节,表现为对性的自我意识和自我调控能力。

周易对男人之意内在的道义意识的要求比对女人的要求高,因为女性作为阴气的化身,从一开始就有跟从阳气的倾向;而男性作为阳气的化身,要随从天地自然的运化之道,而不能像女性那样跟随他人的意志来行动。

男人的心意要因事制宜,受义理的制约,要自己把握心意的状态,不能随顺女人的心意而变化不定,那样会阴阳失衡,不是恒久之道。

上六:振恒,凶。

Six in the highest place:

Persistently restless [in one's intentions], there will be danger.

《象》曰:"振恒"在上,大无功也。

The *Xiang* 象 (Commentary on the Images) says:

If one is "persistently restless [in one's intentions]" in the highest place, one will achieve nothing.

大意:上六:恒守心意的状态受到震动而动摇,将有凶险。

《象传》说:上六恒守心意的状态受到震动而动摇,还高居在上做事必然徒劳无功。

讲解：上六恒守心意的状态不断受到震动（上卦震），不再能持守恒久之道，加上身处穷困的高位，必然办事不成，凶险无功。

风火家人（卦三十七）（离下巽上）

Wind, Fire, *Jiaren* 家人 (Hexagram #37)

Xun 巽 [wind] above

Li 离 [fire] below

家人，利女贞。

In Hexagram *Jiaren* 家人 (Family), it is beneficial for women to persevere.

《彖》曰：家人，女正位乎内，男正位乎外。男女正，天地之大义也。家人有严君焉，父母之谓也。父父，子子，兄兄，弟弟，夫夫，妇妇，而家道正。正家而天下定矣。

The *Tuan* 彖 Commentary says:

In Hexagram *Jiaren* 家人, the proper place for women is inside [the Family] and the proper place for men is outside [the family]. When both men and women are in their proper places, this is the great appropriateness (*yi* 义) of the heavens and the earth.

There should be strict rulers in the family, and these are called father and mother. When the father behaves in the manner proper for a father; the mother behaves in the manner proper for a mother; the elder brother behaves in the manner proper for an elder brother; the younger brother behaves in the manner proper for a young brother; the husband behaves in the manner proper for a husband; and the wife behaves in the manner proper for a wife, then the *dao* 道 of the family is appropriately established. When families are properly ordered, all under the heavens is stable.

《象》曰：风自火出，家人。君子以言有物而行有恒。

The *Xiang* 象 (Commentary on the Images) says:

[The lower Trigram *Li* 离 is fire and the upper Trigram *Xun* 巽 is wind. The combined image is] wind blowing through fire, this is Hexagram *Jiaren* 家人 (family) [signifying that a family is composed of a mutually supporting parters].

[The exemplary person observes the image of wind blowing through fire, just as words and actions develop from one's intentions. Therefore,] when speaking, the words of the exemplary person should have substance; when acting, his actions should be persistent.

大意：家人卦象征家庭男女，利于女子持守正道。

《象传》说：家人男女，妻子持守正道位于家庭之内，丈夫持守正道位于家庭之外；丈夫和妻子都持守正道处于合适的位置上，这是天经地义的大道理。一个家庭有严正的君长，即父母。父亲要像个父亲，儿子要像个儿子，兄长要像个兄长，弟弟要像个弟弟，丈夫要像个丈夫，妻子要像个妻子，这样家道才能端正合宜，端正了家道就能够安定天下了。

《象传》说：上卦巽为风，下卦离为火，风在火燃烧时从内往外生出就是家人卦，象征男女感通融合组成家庭。君子从卦中得到启示，日常言语要合情适物，居家行事要持常守恒。

讲解：六二柔爻为女居于正位，九五刚爻为男也居于正位，男女皆在天地之正位，也都是天地之间合宜的位置。家里需要一个家长严格管理，才能把家里的秩序理顺。只有每个家庭的秩序都理顺了，国家和天下才能安定。可见，本卦讲的是如何端正家道的哲理，而不是讨论家道安定之后的状态。

"正家而天下定矣"应该是端正了家道就能够安定天下了，而"家道正，天下就随之安定了"虽然意思对，但跟本卦的旨趣还是差一点。这说明，家里人的关系如何关涉社会风化，所以家道要正，能够正家之后，才可能端正社会风俗。

初九：闲①有②家，悔亡。

Nine at the beginning:

One prepares for that which may happen in the family, and regrets diminish.

《象》曰："闲有家"，志未变也。

The *Xiang* 象 (Commentary on the Images) says:

"One prepares for that which may happen in the family," because the intentions [of one's family members] have not yet changed [for the worse].

注释：①闲：防闲，防范，防止。字的构造就是在门口横拦一木，把家门内外隔开，作用就是有所防闲。②有：名词词头。

大意：初九：防止邪念生出才能保有家庭，防患于未然消除了忧虑悔恨。

《象传》说：防止邪念生出才能保有家庭，就是在初九心志还没有偏邪改变的时候用心防范。

讲解：治家之道，首要在防患于未然，防止邪念蔓延，败坏家风，酿成坏事。要在心志还没有生出邪念的时候就加以预先防范，而且要努力用心，防止邪念出偏而导致家道乱了。如果邪念已出，就很难改变防范了。邪念一出，家道一乱，忧虑悔恨接踵而来，那时将悔之晚矣。

六二：无攸遂①，在中馈②，贞吉。

Six in the second place:

Not acting only according to one's own purposes [but following her husband], in charge of the meal [for the whole family], it is good fortune [for the wife] to persevere.

《象》曰：六二之吉，顺以巽③也。

The Xiang 象 (Commentary on the Images) says:

The good fortune of the Six in the second place comes from following [her husband] and making things go smoothly.

注释：①遂：成，遂心所欲。②中馈：家中的饮食事宜，古代还包括祭祀所用的供品。③巽：随顺，温逊。

大意：六二：不自作主张，也无所成就，只管家中饮食之事，坚持正道可获吉祥。

《象传》说：六二可获吉祥，因为家庭主妇既柔顺又随顺。

讲解：从卦上讲，六二本身柔顺，上应九五，九五在巽中，应巽有随顺之意。从义上讲，六二顺应九五，不随心所欲，不自作主张，也不想刻意做成什么，但妻子操持家中饮食之事也是大事，是丈夫应对世事的基石所在。

九三：家人嗃嗃①，悔厉吉；妇子嘻嘻②，终吝。

Nine in the third place:

[The leaders among] the family members use a loud voice [to criticise other family members]. Though this is strict, it is better to regret with pity [than to indulge one's family members]. When one's wife and children are chattering and laughing [excessively], there will be danger [and regret] in the end.

《象》曰："家人嗃嗃"，未失也。"妇子嘻嘻"，失家节也。

The *Xiang* 象 (Commentary on the Images) says:

"[The leaders among] the family members use a loud voice," because nothing has been lost. "One's wife and children are chattering and laughing [excessively]," because the order of the family has been lost.

注释：①嗃嗃(hè)：严厉怒斥的象声词，愁怨叫嚷之意。②嘻嘻：嘻嘻哈哈，调笑的象声词。

大意：九三．治家严厉，家人愁怨叫嚷，虽然有悔恨危险之事，有所遗憾，但最终吉祥；妇人和孩子一起嘻嘻哈哈，打打闹闹，最终会有吝难。

　　《象传》说：家人愁怨叫嚷，但没有失掉家规。妇女和孩子一起嘻嘻哈哈，打打闹闹，有失家教礼节，不成体统。

讲解：治家严厉，家人可能愁怨叫嚷，甚至怨声载道，以至于可能出现悔恨危险的事情，矛盾冲突爆发，看似走向了家人和乐之道的反面，但从长远来看，对整个家应该是吉利的。反而掩饰矛盾，一团和气,嬉嬉闹闹,没个正经,最后闹出问题,不可收拾,这都是经验之谈,更是深刻的历史教训。

六四:富家,大吉。

Nine in the fourth place:

The family is becoming wealthier, bringing great good fortune.

《象》曰:"富家大吉",顺在位也。

The *Xiang* 象 (Commentary on the Images) says:

"The family is becoming wealthier, bringing great good fortune," because [the Six in the fourth place as a soft *yin* 阴 line] follows and is in [the proper] position.

大意:六四:发家致富,大吉大利。

《象传》说:六四能够发家致富,大吉大利,是因为本身柔顺,又处在合适的位置上。

讲解:六四顺承九五,多讲是因为顺承在位者,有理,但《象传》应该主要强调柔顺和在合适的位置,当然,合适的位置包括正好在九五的下方。

九五:王假①有②家,勿恤③,吉。

Nine in the fifth place:

A ruler affects people [with his utmost sincerity] and thus sustains his family. [He has] no cause for worry because there will be good fortune.

《象》曰:"王假有家",交相爱也。

The *Xiang* 象 (Commentary on the Images) says:

"A ruler affects people [with his utmost sincerity] and thus sustains his family," such that all [people] love one another.

注释:①假:通格,感格。②有:保有。③恤:忧虑。

大意:九五:君王用自己的诚意感格众人然后保有其家,不必忧虑,吉祥。

《象传》说:君王用自己的诚意感格众人然后保有其家,大家相亲相爱,和睦相处。

讲解:感格众人需要君王具备诚心诚意,在这个基础上保有家庭就容易了。感格众人才能够保家,如果君王得罪众人,就会连小家都保不了。可见对于君王来说,诚意是感动众人和保有家族之本。

象辞主语"大家"比"人人"和"家人"合适一些,此处意在家人和众人之间。

上九:有孚①,威如,终吉。

Nine in the highest place:

Manifesting sincerity and authority, there will be good fortune in the end.

《象》曰:"威如"之吉,反身之谓也。

The *Xiang* 象 (Commentary on the Images) says:

There is good fortune in "manifesting authority," because [as the ruler of the family] he is able to turn back and examine himself.

注释:①有孚:让家人对家长有孚信。

大意：上九：让家人心悦诚服，治家就要始终维持威严庄重的姿态，最终可以获得吉祥。

《象传》说：在治家的时候始终维持威严庄重的姿态，最终能够收获吉祥，是因为上九时常反躬自省、严格自律的缘故。

讲解：象辞的主语是家长，所以爻辞从家长的角度来理解比较合适。家长面对家人的时候，需要心怀诚信，仪态需要威严持重；面对自己的时候，需要时常自我检讨，严于律己，这样内外一致，才能端正家道，不负众望。

火泽睽(卦三十八)　　(兑下离上)

Fire, Lake, Kui 睽 (Hexagram ♯38)

Li 离 [fire] above

Dui 兑 [lake] below

睽，小事吉。

Kui 睽 (Separating), in undertaking small affairs there is good fortune.

《彖》曰：睽，火动而上，泽动而下。二女同居，其志不同行。说而丽乎明，柔进而上行，得中而应乎刚，是以小事吉。天地睽而其事同也。男女睽而其志通也。万物睽而其事类也，睽之时用①大矣哉！

The Tuan 彖 Commentary says:

Kui 睽 (Separating) consists of [an upper Trigram Li 离 signifying] fire, which burns upward, and [a lower Trigram Dui 兑

representing] a lake, whose depths plummet downward.

[The upper Trigram *Li* 离 is the middle daughter, and the lower Trigram *Dui* 兑 is the younger daughter. That the two daughters appear in the same Hexagram is like] two girls living together in the same family. They will never share the same intentions and paths [because they will ultimately marry different husbands].

[The lower Trigram *Dui* 兑 is happiness and the upper Trigram *Li* 离 represents the activity of clinging. The combined image is] happy and clinging to brightness [above].

The soft [*yin* 阴 line] rises and moves forward, gaining the central [and most respectful] place [in the whole Hexagram] and responding to the firm [*yang* 阳 lines]. Therefore undertaking small affairs brings good fortune.

The heavens and the earth are separated from each other. However, [the *yangqi* 阳气 and the *yinqi* 阴气 communicate with each other. The heavens create, the earth completes, and thus] together they generate and transform the myriad processes and events.

Male and female are separated from each other. However, [the male looks for the female to be his wife and the female looks for the male to be her husband, and thus] there is no difference between their intentions [of loving one another].

The differences between the myriad processes and events (*wanwu* 万物) separate them from each other. However, [even the most particular processes and events have their similarities, and thus,] their operations find similarities and resonances [with each other].

How great is the timely function of Hexagram *Kui* 睽 (Separating)!

《象》曰:上火下泽,睽。君子以同而异。

The *Xiang* 象 (Commentary on the Images) says:

[The upper Trigram *Li* 离 signifies] fire above and [the lower Trigram *Dui* 兑 signifies] lake below, this is the Hexagram *Kui* 睽 (Separating). The exemplary person finds similarities and resonances between different processes and events.

注释:①时用:因时而用。

大意:睽卦象征乖异背离,做小事情还是可以吉利的。

《彖传》说:睽卦,上卦离为火,为中女,下卦兑为泽,为少女,火焰燃动向上,泽水流动润下。犹如两个女子同居一室,但她们因志向不同而行为乖异背离。下卦兑为喜悦,上卦离为光明,是喜悦地附丽于光明之上,阴爻柔顺地升进,向上运行,得到上卦中位,并与下卦的刚爻九二相应,所以能够柔和小心地成就小事,吉祥。天地上下阴阳乖异背离,但它们创生生命化育万物的事功却是相同的;男女体态各异,生理特征差别很大,但他们交感求合的心志却相通;天下万物形态各异,特性千差万别,但它们秉受阴阳之气而生的过程却是相似的。由此看来,乖异背离之道因其时仍然能够有非常巨大的作用啊!

《象传》说:上卦离为火,下卦兑为泽,水火不相容就是象征乖异背离的睽卦,君子从这样的现象中得到启示,要善于求大同而存小异。

讲解：睽卦是两个女人在一起，因为要嫁给不同的丈夫而心志不同。全卦是离异乖离之象，柔爻小心升进跟刚爻有应援，还是可以成就一点小事情的。要理解"柔进而上行，得中而应乎刚"，不依靠卦变很难清晰理解，前人多把"得中"理解为阴爻居中，而不能够理解"得到中位"这样的内在意思。其实，卦变中中孚的柔爻六四升进到五位，得到中位，跟下卦刚爻九二正应。

对象辞中的水火关系可以理解为火焰向上，水流向下，方向正好相反，完全相悖而行；也可以理解为大泽当中有熊熊烈火，一直向上燃烧，把本来要向下流进大地的泽水都烤干了，二者完全是相克背离的景象。君子因此知道天下之事不可能强求一同，只能求同存异，很多时候，能够不激化矛盾就算不错了。

初九：悔亡。丧马勿逐，自复。见恶人，无咎。

Nine at the beginning:

Regrets pass away. No need to chase a lost horse, it will return by itself. [By this token, even when] meeting bad people, [there will be] no danger.

《象》曰："见恶人"，以辟①咎也。

The *Xiang* 象 (Commentary on the Images) says:

"Meeting bad people," and avoiding blame [because one knows how to protect oneself when opposition appears].

注释：①辟：通"避"，避开。

大意：初九：不要忧悔，不要去追赶丢失的马匹，静候它自己回来。这样的话，即使碰见坏人，也不会有什么灾患。

《象传》说：碰到坏人，因为初九在乖异背离的形势下知道躲避，也就懂得自觉地避开灾患。

讲解：爻辞义理一贯，但前解很少有通畅的。首先为什么"悔亡"，也就是忧悔会消除呢？因为根本就不要去忧悔，那样忧虑和悔恨也就自然消除了，举例来说，应该采取的态度就类似于马匹丢失了，不要去追赶，因为越追越懊恼悔恨，不如不追，等着它自己回来。如果用这种洒脱的态度处世的话，即使碰到坏人，也知道躲避，而不会自惹灾害祸患上身。象辞强调了这一点，也就是见到坏人而知道躲避，也可以理解为因为初九在乖异背离的大势下，知道自己能力薄弱，不足以跟恶人对抗，不应该激化矛盾，所以提早采取躲避的姿态来避祸。

至于为什么以马取象，就必须了解卦变，从中孚到睽卦的卦变当中，初九之前有正应在六四，卦变后失去六四所在的互震（善鸣马象），出来互坎（美脊马象），这当然就是马匹失而复得，自己会走回来的象了。四位由原来的柔爻变成刚爻，正应变成敌应，互坎为盗贼，等于是初九在卦变之后，就必须面对坏人了。可见，不知道卦变，就无法理解爻辞取象和义理生发的根据。

九二：遇主于巷，无咎。

Nine in the second place:

Meeting [one's old] master in an alley, there is [surely] no blame.

《象》曰："遇主于巷"，未失道也。

The *Xiang* 象 (Commentary on the Images) says:

If one could meet [one's old] master in an alley, this signifies that one has not lost one's right path [despite being in opposing situations].

大意:九二:在小巷中不期然地偶遇主人,当然没有咎害。

《象传》说:在小巷中不期然地偶遇主人(六五),是九二在乖异背离的大势中并没有迷失正道。

讲解:睽卦指代的时势是世道背弃乖离的时代,类似兵荒马乱的状态,本来通天的大路(卦变当中,中孚相对变出的离卦来说,可以说是大路变小巷之象)变成小巷,相当于进入小巷,偶遇旧主,在世事沧桑的感慨之中,可以重温一下往日情怀,旧日温馨,当然不会有什么咎害了。

六三:见舆曳①,其牛掣②,其人天且劓③,无初有终。

Six in the third place:

Seeing a chariot being towed backward, but its ox pulling forward, a man not only branded as a criminal, but also having his hair and nose cut off. [Although] there is no [good at the] beginning, there is a [good] final result.

《象》曰:"见舆曳",位不当也。"无初有终",遇刚也。

The *Xiang* 象 (Commentary on the Images) says:

"Seeing a chariot being towed backward," because one's position is not proper. "[Although] there is no [good at the] beginning, there is a [good] final result," because one will meet with strength [the Nine in the highest place above].

注释:①曳:拉着向前,拖曳。②掣:向后拉,受牵制。③天且劓:剃发和割鼻的刑罚。

大意：六三：看见大车被拉着向前，拉车的牛被牵制，拽着向后，好比一个人先被剃发，受了黥刑，后被割鼻，受了劓刑，刚开始困难重重，但最终会有好结果。

《象传》说：看见车被拉着向前，这是六三位置不适当。开初不好，最终有好结果，是因为六三前行要跟刚爻上九遇合。

讲解：在卦变当中九四跟六五换位，对六三来说，九四从上下来，就是从前退后，六五从下往上，就是从后往前进，前拉后扯力量相抵，相当于大车被吃力地拖拽着，驾车的牛被牵制住了难以前行。六三面对他们相互抵消的蛮力，可谓进退不由自己，犹如先被剃发，后被割鼻，进退维谷，苦难连连，但因为前有上九正应，最后还是能够克服困难，得到好的结果。

这一爻是从六三的角度看待九四跟六五的换位，取象和相应的义理都非常形象，但如果不从卦变的角度，就无法理解两种拉扯的力量和六三面对这种力量抵消带来的痛苦处境。在乖异背离的大势中间，本来六三在上下卦中间，进退就不由自主，加上前面有两种力量打架，形势可谓雪上加霜，极度艰难，还好后来雨过天晴，云开雾散，因为上九的应和和关照，六三最后的结局还不错。

九四：睽孤，遇元夫①。交孚，厉，无咎。

Nine in the fourth place:

Separated and isolated, one meets a great master. Trusting each other, [although] there is danger, there will be no blame.

《象》曰："交孚，无咎"，志行也。

The *Xiang* 象（Commentary on the Images）says:

"Trusting each other ... there will be no blame," because their [shared] intentions are carried out.

注释：①元夫：大丈夫。

大意：九四：乖异背离的时运使得九四孑然孤独，这时遇到刚强的大丈夫，二人心志交融，彼此信任，虽然情境尚有危险，但不会有过失。

《象传》说：二人心志交融，彼此信任，这样就不会有过错，这是因为双方异中求同的心志彼此相通，都可以被推行的缘故。

讲解：九四跟初九同病相怜，所以心志相通，惺惺相惜，患难见真情，两人携手共进，最后心志都得到推行，在分离背弃的大势中慢慢地杀出一条没有过失的血路，很不容易。从卦变来说，九四是自己下来的，是按照自己的心意来行动的。

六五：悔亡。厥①宗噬肤②，往何咎？

Six in the fifth place:

Regrets pass away. The people of the clan [unite to the point of] biting into each other's skin, [with such a union] what kind of difficulties can they meet?

《象》曰："厥宗噬肤"，往有庆也。

The Xiang 象 (Commentary on the Images) says:

"The people of the clan [unite to the point of] biting into each other's skin," therefore celebration lies ahead [even in a situation of separating].

注释：①厥：其。②噬肤：咬食带皮的肉。

大意：六五：消除悔恨，结成亲密宗亲好比彼此能够噬咬对方的皮肤，如此一来，前行还有什么困难呢？

《象传》说：结成亲密宗亲好比彼此能够噬咬对方的皮肤，如此意志坚决、精诚团结，即使在分悖离弃的大势下前往都会有喜庆。

讲解：此爻前人讲清楚的少。宗是家族和同类的支持，在分离背异的艰难时世中，如果能够结成亲密宗亲，当然是共同抵抗风雨的最佳状态，能够克服一切困难。如果只是讲成吃肉的话，跟前往的关系不明，比较牵强。

上九：睽孤，见豕负涂，载鬼一车，先张之弧，后说之弧。匪寇，婚媾。往遇雨则吉。

Nine at the top:

Separated and isolated [to such an extreme degree, one imagines] one observes a pig with its back covered in mud, a carriage of ghosts. [Frightened,] at first one wants to shoot, but puts down one's bow in the end, [realizing that] they come not to raid, but for marriage. When moving forward, encountering rain means good fortune.

《象》曰："遇雨之吉"，群疑亡也。

The Xiang 象 (Commentary on the Images) says:

"When moving forward, encountering rain means good fortune," because all doubts disappear.

大意：上九：乖弃背离到了极点，孤独狐疑，恍惚中似乎看见猪背着污泥，又仿佛看见一辆大车满载鬼怪奔行。惊疑之中，先张开弓，准备放箭,发现情况不对,又把弓放下来,发现来的不是强盗,而是来提亲的。如果前往,遇到下雨就会吉祥。

《象传》说:如果前往,遇到下雨就会吉祥,是因为在雨中,上九所有的疑虑都会被打消,烟消云散。

讲解:上六到了乖离背弃形势的极点,犹如大火在沼泽中熊熊燃烧,烈焰升腾,好像湖底爆炸,冒出了一个活火山,天崩地裂,几乎要把湖水全都烤干,此时大浪汹涌,云气蒸腾,景象恍惚,犹如深陷妖魔鬼怪之境,令人提心吊胆。定睛看去,不过是云气升腾,变幻出各种幻象,云气上达于天,积累到一定时候,就会下降成雨,那时所有的幻象都会被雨水冲刷殆尽,一切疑虑都烟消云散,云开雾散,天地间重回一片光明,所以遇到降雨就会吉祥。

山泽损(卦四十一)(兑下艮上)

Mountain,Lake,*Sun* 损(Hexagram ♯41)

Gen 艮 [mountain] above

Dui 兑 [lake] below

损:有孚,元吉,无咎。可贞。利有攸往。曷①之用?二簋②可用享。

Sun 损 (Reducing) with trustworthy intentions, one will naturally have great fortune without blame. One can be persistent here, and it is good to move forward. How can this [the *dao* 道 of Hexagram *Sun* 损] be applied? Just use two small pots for sacrifice [to express one's sincerity].

《彖》曰：损，损下益上，其道上行。损而"有孚，元吉，无咎，可贞。利有攸往，曷之用？二簋可用享"。二簋应有时③。损刚益柔有时，损益盈虚，与时偕行④。

The *Tuan* 彖 Commentary says:

Sun 损, reducing that below to increase that above, its way is moving upward. Reducing "with trustworthy intentions, one will naturally have great fortune without blame. One can be persistent here, and it is good to move forward. How can this [the *dao* 道 of Hexagram *Sun* 损] be applied? Just use two small pots for sacrifice [to express one's sincerity]." Using two pots in a sacrifice requires timing, because there is a time to reduce the firm [*yang* 阳] and a time to increase the soft [*yin* 阴]. Reducing or increasing, filling or emptying, all happen in accordance with the times.

《象》曰：山下有泽，损。君子以惩忿窒欲。

The *Xiang* 象 (Commentary on the Images) says:

A lake under a mountain, this is Hexagram *Sun* 损（Reducing）[because when the level of a lake is reduced, a mountain appears to be higher]. Exemplary persons learn from this to control their anger and restrain their desire.

注释：①曷：何。②簋：古代祭食器。③时：四季。④与时偕行：一切流变都在时间之中，这是古人对于事物与时间之关系的时机化领会。

大意：损卦象征减损衰退，心中保持诚信，就能大吉大利，没有过错，可以守持正道，有利于前往做事。减损衰退之道在人伦日用方面如何体现出来呢？用两簋淡薄的食物来祭祀就足够表达内心的诚敬了。

《彖传》说：损卦从泰卦变来，在卦变当中，泰卦的初九上升到最上位，减损下面的刚实，增益上面的柔虚，阳爻的运行之道是往上走。即使在减损衰退的过程之中，心中仍然充满诚信，所以能够大吉大利，没有过错，可以守持正道，有利于前往做事。减损衰退之道在人伦日用方面如何体现出来呢？用两簋淡薄的食物来祭祀就足够表达内心的诚敬了。用两簋淡薄的食物来祭祀要合于时令，减损阳刚来增益阴柔也要讲究合适的时机：一切事物的减损、增益、盈满、亏虚都在时间之中，随着时间流变，通过不同的时机体现出来。

《象传》说：上卦艮为山，下卦兑为泽，山下有泽就是损卦，山中的泽水不断下流，淘空山体，可能导致山崩地坏。泽在缩减的同时，水面不断下降，显得山越来越高。君子看到这样的卦象要抑制愤怒，窒塞邪欲。

讲解：减损下来的食物虽然简单，但只要心诚，一样足以祭祀天地祖先。这跟《论语》孔子主张祭祀最重要的是情感真诚相一致。《论语·八佾》："祭如在，祭神如神在。子曰：'吾不与祭，如不祭。'"孔子祭祀祖先的时候，(他的心意真诚纯净，)就好像祖先真在自己面前，祭祀神灵的时候，就好像神灵真在自己面前。孔子说："我如果没有亲自参加祭祀，(就算别人已经举行祭祀了，可是对我来说，)那就跟没有举行祭祀一样。"

损卦从泰卦变来，虞翻说"泰初之上"，在卦变中初九往上走到了卦的最上方，所以"损下益上，其道上行"，不是九三跟上六换位。象辞认为，君子要不断减损低级趣味的邪念，使之少了再少,好比大泽的水面一样,低了再低;同时保持意念处于高尚的状态,不断提升自己的道德品行,使之像山一样,高了再高。

初九:已①事遄②往,无咎。酌损之。

Nine at the beginning:

Since there are sufficient conditions for decreasing, one should move forward quickly, thus there will be no blame. This means one is ready to reduce oneself appropriately.

《象》曰:"已事遄往",尚③合志也。

The *Xiang* 象 (Commentary on the Images) says:

"Since there are sufficient conditions for decreasing, one should move forward quickly," because one's intention will be fulfilled when moving upward.

注释:①已:已经,一说祭祀之祀。②遄(chuán):快速。③尚:通"上"。

大意:初九:已经具备损下益上的条件,就要迅速前往,这样才没有过失。这说明可以酌情减损自己的阳刚之质。

《象传》说:已经具备损下益上的条件,就要迅速前往,这样是在向上跟六四心志相合。

讲解:损卦的卦变是泰卦初九上升,到全卦的顶端,完成卦变,泰卦的九二被推下降成为损卦的初九。初九虽然还具备减损的条件,也暗示了可以继续减损,但需要注意分寸。

象辞是初九跟六四应合,初九最后要上升。

九二：利贞。征凶，弗损益之。

Nine in the second place：

It is beneficial to be upright, but dangerous to move ahead. One should neither reduce oneself too much, nor increase those above.

《象》曰：九二利贞，中以为志也。

The *Xiang* 象 (Commentary on the Images) says：

It is beneficial for Nine in the second place to be upright because it resides in the central place and intends to follow the *dao* 道 of centrality.

大意：九二：利于持守正道，盲目征进会有凶险，既不过分减损自身，也不去增益上边。

　　《象传》说：九二利于持守正道，是居于中位，谨守本分，以持守中道作为自己的心意志向。

讲解："弗损益之"有"不用减损就能获得增益"、"不减损自己而增益别人"、"不用自我减损就可以施益于上""不要过分减损自身，这样才能真正帮助他人"等解。爻辞"利贞"结合象辞"中以为志也"说明九二应该持守中道不损不益才是，而理解为不减损就能增益上边，从逻辑和卦象上讲都有问题。而且九二在中位，上应六五也在中位，既能以持守中道作为自己的心意志向，又是得到六五肯定之象。在减损的大势当中，卦变时自动退下，属于不损不益的状态，所以当解为"不损不益"。这样爻辞和象辞才融贯一致。

六三：三人行则损一人，一人行则得其友[①]。

Six in the third place:

One person will be lost if three people walk together; but one person will get a friend if he walks alone.

《象》曰:"一人行","三"则疑也。

The *Xiang* 象 (Commentary on the Images) says:

"One person walks alone," [and gets a friend,] but three [people walking together] brings suspicion with each other.

注释:①友:异性为友(同性为朋)。

大意:六三:三个人一起前行会损失一个人,一个人单独前行则会得到朋友。

《象传》说:一个人单独前行可以得到朋友,而三个人一起前行难免相互猜疑。

讲解:损卦从泰卦变来,一个阳爻上升到最上方,下面三个阳爻失去一个,到最上方得到上卦两个阴爻为友。六三也是从三个阴爻里退下,是三个阴爻失去一个,下来得到下卦两个阳爻为友。如果不是从卦变上来理解,这句话的意思就很不清楚。《象传》继续解释说,一个人独行可以得到两个异性朋友,而三个同性一起前行就会相互猜疑,导致其中一个离开。

《系辞下》引这句话,说是"言致一也",也就是天地之间异性相感而趋同一致的趋势不可能改变。

六四:损其疾①,使遄有喜,无咎。

Six in the fourth place:

Reducing one's own flaws, one quickly feels joyful; this surely should not be blamed.

《象》曰:"损其疾",亦可喜也。

The *Xiang* 象 (Commentary on the Images) says:

"Reducing one's own flaws," this in itself is sufficient to be happy.

注释:①疾:疾病,震象。

大意:六四:减损自己的疾病,使得自己很快就欢欣喜悦,当然没有什么过错。

《象传》说:减损自己的疾病,这件事本身就可喜可贺。

讲解:疾的解释很多,有"疾病"、"思恋初九的疾患"、"缺陷"等等说法。从象辞来说,减损他的疾病可喜、可通。所以还要从象上说,六四在互震当中,震为疾病,推移时,三个柔爻下来成为下卦一个柔爻,所以说"损其疾",柔爻下来进入兑卦当中,兑为喜悦,所以称喜。因为下来立即喜悦,所以说"使遄有喜"。

象辞说"亦可喜也",其实是说减损疾病这件事本身就是可喜可贺的事情,不要等到进入兑卦,进入喜悦的状态就是喜悦的事情。

六五:或①益之十朋之龟②,弗克违③,元吉。

Six in the fifth place:

Somebody gives one a very valuable tortoise. Not betraying one's intention [when divining, it is ok to accept it, and] there is great fortune.

《象》曰:六五元吉,自上佑也。

The *Xiang* 象 (Commentary on the Images) says:

Six in the fifth place has great fortune because it has been blessed from above.

注释：①或：有人。②十朋之龟：价值十朋的大龟。"十朋"有价值珍贵之意。古人以龟占卜，十朋之龟是国宝级灵龟。③违：古代称占卜结果合乎心愿为从，占卜结果不合心愿为违。

大意：六五：有人送来价值"十朋"的大宝龟，并不违背自己的心意，不必推辞，大吉大利。

《象传》说：六五大吉大利，因为得到上天的佑助。

讲解：大宝龟是国宝，那时定与占卜有关系，所以是占卜结果合乎自己的心意，大吉大利，如同得到上天的保佑，非常幸运吉利之象。龟象来自九二到上九的大离卦，是阳爻到最上方之后变出的，就在六五的上方，所以对六五来说，是送来的大龟，中间互坤为数十，六五在互坤当中，所以是十朋宝龟，合起来就是价值十朋的大宝龟。因为占卜结果并不违背自己的心意，所以不可以推辞违拗，应该接受。上九是从下面的乾卦来的，所以犹若带着天命而来。这一爻如果不从卦变上理解，爻辞的取象将很难讲清楚，前人基本都没讲清楚。

上九：弗损，益之，无咎。贞吉。利有攸往，得臣无家①。

Nine in the highest place：

Not being reduced but increasing without blame. Being upright brings good fortune. It is good to move forward, gaining ministers but losing one's family.

《象》曰："弗损，益之"，大得志也②。

The *Xiang* 象（Commentary on the Images）says：

"Not being reduced but increasing," one's intentions are

greatly concretized.

注释：①得臣无家：大夫升为诸侯，成为一国之君，而不再有小家。"无家"是失去大夫的采邑，大夫以采邑为家。②大得志也：志向得到实化。

大意：上九：没有受到减损，反而得到增益，当然没有过错。持守正道可获吉祥。利于有所前往，得到广大臣民的拥护，就不必在乎自己的小家了。

《象传》说：没有受到减损，反而得到增益，是因为上九的心意志向完全得到了实化。

讲解：上九从泰卦的内卦（家）推移出来，下有三个阴爻（臣），所以是离开家得到了很多国臣之象。上九没有得到减损，反而得到一个国家，当然增益很多，心志完全得到实化，功成名就。

风雷益（卦四十二）（震下巽上）

Wind, Thunder, Yi 益 (Hexagram #42)

Xun 巽 [wind] above

Zhen 震 [thunder] below

益，利有攸往。利涉大川。

Yi 益 (Increasing), it is good to move forward. It is good to traverse the great river.

《彖》曰：益，损上益下，民说无疆。自上下下①，其道大光。"利有攸往"，中正有庆。"利涉大川"，木道乃行。益动而巽，日进无疆②。天旋地生,其益无方③。凡益之道,与时偕行。

The *Tuan* 彖 Commentary says:

Yi 益, reducing that above to increase that below, the happiness of the people knows no bounds.

Decending from above to below, the way is vast and bright. "It is good to move forward," because the Nine in the fifth place is in the middle and upright, leading to celebration.

"It is good to traverse the great river," because one travels by the wooden way [a boat].

Hexagram *Yi* 益 moves and follows, moving day after day without bounds.

The heavens revolve and the earth is productive, their increase (*Yi* 益) having no fixed pattern. The way of increase always moves in accordance with the times.

《象》曰:风雷,益。君子以见善则迁,有过则改。

The *Xiang* 象 (Commentary on the Images) says:

Wind and thunder, this is Hexagram *Yi* 益 (Increasing).

The exemplary person [learns from the phenomenon of wind and thunder mutually increasing and] improves himself when he sees excellence, and corrects himself when he makes a mistake.

注释:①下下:第一个"下"是动词,义为下来;第二个"下"是名词,义为下位。②无疆:互坤,坤地无疆。③无方:不拘方式,没有固定的方式,等于用各种各样的方式。这样就会广大无限,无穷无尽。"有方"就受到限制。

大意:益卦象征增益,利于有所前往,利于涉越大河。

《象传》说：益卦，减损上面的来增益下面的，老百姓欢欣喜悦无可限量。从上面降下到下面，其心意之道正大光明。有利于前往，是九五中正而有喜庆。有利于涉越大河，是因为木船能够渡河通畅。益卦下卦震为动，上卦巽为风，下面震动，上面随顺，是日复一日地前进没有止境。上天施予阳光雨露，大地生养万物一视同仁，天地生养增益万物没有固定的方式。大凡事物当要增益时所体现的道理，都随时间一起流变，按照一定时机化的方式展现出来。

《象传》说：上卦巽为风，下卦震为雷，雷风呼应，相得益彰，这就是益卦，君子从中得到启示，要见到善美的行为就要心向往之，择善而从，有错迅速改正。

讲解：上卦巽木，下卦震行，显示出用木作舟，宜于在水上行走，所以可以涉越大河。下卦震为动，上卦巽为风顺，是能乘顺风行动之象，不会遇到障碍，可日复一日前进，前途无限广阔。益与损一样，是天道运行的规律，要伴随时序的变化而运行。只要天道时序不变，损益规律就不会变。人要根据时势，当损则损，当益则益。

从象上看，风助雷势，雷助风威，风雷相得益彰。人与人之间要想相益就要互相学习对方的优点，克服自身缺点，从而能够相得益彰。

初九：利用为大作[①]，元吉，无咎。

Nine at the beginning:

It is good to accomplish great works. Having great fortune, there is no blame.

《象》曰:"元吉无咎",下不厚事②也。

The *Xiang* 象 (Commentary on the Images) says:

"Having great fortune, there is no blame," because lower people [like Nine at the beginning] are not expected to bear great burdens in serving their ruler.

注释:①大作:《正义》:"兴作大事"。②厚事:厚劳,沉重的劳役。

大意:初九:有利于大有作为,建功立业,大吉大利,没有过错。

《象传》说:大吉大利,没有过错,因为下民不需要付出太多来侍奉统治者。

讲解:初九从否卦的最上方来到益卦的最下方,损上益下,表示在上位的统治者让利于民,给予民众很大的优惠和利益,换言之,初九不需要承担很重的赋役和劳役,可以放手去做自己的事情,所以初九处于一个有利于大有作为、建功立业的好时候。

如果把象辞解释为"本来不能胜任大事,因为是益的时候才可以",则跟爻辞的意思不一致。

六二:或益之十①朋之龟②,弗克违。永贞吉。王用享于帝,吉。

Six in the second place:

Someone gives one a valuable tortoise, and the divination follows one's own intention. Being upright for a long time brings good fortune. The ruler sacrificing to the emperor of heaven brings good fortune.

《象》曰:"或益之",自外来也。

The *Xiang* 象 (Commentary on the Images) says:

"Someone gives one [a valuable tortoise]," which comes

from outside.

注释：①十：坤象。②龟：离象。

大意：六二：有人送来价值"十朋"的大宝龟，并不违背自己的心意，不必推辞，永久保持正道吉利。君王向天帝祭享，吉利。

《象传》说：有人送来大宝龟，说明六二的增益是从外面不招自来的。

讲解：初九到九五是一个大的离卦，对六二来说，这个离卦是因为初九从否卦的外卦来才能够形成的，所以是"自外来"的，而且初九还是从乾天下来到初位，取义是得到天帝的庇佑。

六三：益之用凶①事，无咎。有孚，中行，告公用圭②。

Six in the third place：

Using increases to avert a dangerous famine, there is no blame. One is trustworthy and moves according to [the *dao* 道 of] centrality, reporting [the emergency] to the duke with a jade tablet.

《象》曰：益用"凶事"，固③有之也。

The *Xiang* 象 (Commentary on the Images) says：

Using increases to avert a "dangerous famine," is something that must be done.

注释：①凶：卦变中下卦坤地损失一爻进入上卦，田地受损，为凶事，灾荒。②圭：乾象。天子征召诸侯或派使者赈灾的（作为凭证的）玉器。③固：本当，本来。

大意：六三：把所得的增益运用于拯凶救难、赈灾平险当中，没有过错。心怀诚信，行动中正平和，手持玉圭向王公禀报告急。

《象传》说:把所得的增益运用于拯凶救难、赈灾平险当中,这是本当如此的事情。

讲解:六三在上下卦的交接之处,否卦的下坤失去一个柔爻进入上卦,相当于坤地有所损失,发生灾荒,全卦为益,所以用益来赈灾救荒。六三在中间行走。乾为玉,到下边成为震,震为诸侯,而且六三在互坤(土)互艮(土)中,所以是拿着玉圭到王公那里去告急汇报之象。

六四:中行,告公从,利用为依[1]迁国[2]。

Six in the fourth place:

Proceeding according to the *dao* 道 of centrality, reporting to one's duke [that one intends to follow], who [in turn] approves.

It is beneficial to rely on one's duke (Nine in the fifth place) in moving the capital.

《象》曰:"告公从",以益志也。

The *Xiang* 象 (Commentary on the Images) says:

"Reporting to one's duke [that one intends to follow], who [in turn] approves," signifies the intention [of the Six in the fourth place] to increase.

注释:[1]依:依附。[2]迁国:迁移国都。

大意:六四:以中正之心行乎中道,禀告王公自己有顺从之心,王公依从,就会有利于依附君王(九五)做出迁都这样的大事。

《象传》说:禀告王公(初九)自己有顺从之心,王公依从,这增益了六四的心志。

讲解:六四在卦变当中从三位推进到四位,都在卦的中位推移,所以是"中行"。王公为在互震(诸侯)中的初九,向王公告急,因为正应,王公依从。六四从下卦坤(顺)推进到上卦巽(随顺)当中,所以有顺从之心。坤为国邑,卦变当中向上推移,依附于九五,所以是依附于国君迁国,或许试图依附于某强大友邦得到庇护。

象辞强调六四与初九正应,上下呼应,初九依从六四,增强了六四的心志。

九五:有孚惠①心,勿问,元吉。有孚,惠我德。

Nine in the fifth place:

With sincerity and favourable intention, even without divination, there will be great fortune. People below sincerely favour my virtue.

《象》曰:"有孚惠心",勿问之矣。"惠我德",大得志也。

The *Xiang* 象 (Commentary on the Images) says:

"With sincerity and favourable intention," there is no need to divine. "People below favour my virtue," signifying that my intentions are being greatly concretized.

注释:①惠:前一"惠"字是施惠,后一"惠"字是怀惠。

大意:九五:真诚地怀着施惠于民的心意,不需占问就是非常吉利的,天下人都会真诚地感念我的恩德。

《象传》说:真诚地怀着施惠于民的心意,就不必再去占问了。天下人都会感念我的恩德,说明九五"损上益下"的心志得到完美的实化。

讲解:九五在大离包龟中,与占问有关,大离成形来自乾(天),代表天意,所以"无问元吉"。九五下为互坤(臣民),百姓拥戴之象。

上九:莫①益之,或②击之。立心勿恒,凶。

Nine in the highest place:

Nobody comes to increase, but someone comes to attack. One's intentions are set without constancy, there is danger.

《象》曰:"莫益之",偏③辞也。"或击之",自外来也。

The Xiang 象 (Commentary on the Images) says:

"Nobody comes to increase," this is a common situation [for Nine in the highest place]. "Someone comes to attack," [because yang 阳 line] comes from the outside.

注释:①莫:否定性无指定代词,没有哪一个人。②或:肯定性无指定代词,有那么一个人。③偏:为"徧"之讹,普遍。

大意:上九:没有人来增益他,反而有人来攻击他,居心没有定准,会有凶险。

《象传》说:没有人来增益他,对上九来说是通常的情况。反而有人来攻击他,因为阳爻从外下来(不招自来而生成了危险的境遇)。

讲解:卦变当中否上九下到最下方,上九从五位被推到六位,离开了中位,没有人来增益上九,其反而处于穷困的危地,随时可能被攻击。上九离开中位,位置变坏,心意没有定准,所以凶险。

境遇的生成与转换,是一个系统工程,心意在其中只能够依境而生,顺势而为。这种形势的变化,有时不是自己招来的,是大势的变化转化了心意所在的境域。

泽火革(卦四十九) （离下兑上）

Lake, Fire, *Ge* 革 (Hexagram ♯49)

Dui 兑 [lake] above

Li 离 [fire] below

革,己日①乃孚。元亨。利贞,悔亡。

Ge 革 (Revolution), one will be trusted from the sixth day [when the situation is mature]. [After that] one's revolution will proceed smoothly and it is advantageous to persevere as remorse diminishes.

《彖》曰:革,水火相息,二女同居,其志不相得曰革。"己日乃孚",革而信之。文明以说,大亨以正,革而当,其悔乃亡。天地革而四时成,汤武革命,顺乎天而应乎人。革之时大矣哉!

The *Tuan* 彖 Commentary says:

[The upper Trigram *Dui* 兑 represents water in the lake and the lower Trigram *Li* 离 signifies fire.] *Ge* 革, water and fire extinguish each other.

[The upper Trigram *Dui* 兑 is the youngest daughter and the lower Trigram *Li* 离 is the middle daughter.] The two daughters live together and have different intentions, this is called *Ge* 革 (Revolution).

"One will be trusted from the sixth day," because revolution becomes accepted and trusted by the people.

[The lower Trigram *Li* 离 stands for civilization, and the upper Trigram *Dui* 兑 represents happiness. Therefore, the combined meaning is] being happy and cultured. [The Nine in the fifth place moves up to the place of the emperor,] proceeds with great smoothness and resides in its proper place.

Being appropriate in one's revolution, remorse diminishes.

The four seasons are formed because revolution continually occurs between the heavens and the earth.

King Tang 汤 [of the Shang 商 Dynasty, who overthrew the rule of King Jie 桀 of the Xia 夏 Dynasty,] and King Wu 武 [of the Zhou 周 Dynasty, who overthrew the rule of King Zhou 纣 of Shang 商,] both engaged in revolution, properly following [the *dao* 道 of] the heavens and reflecting [the intentions of] the people.

How great is the significance of the timing of *Ge* 革!

《象》曰：泽中有火，革。君子以治历明时。

The *Xiang* 象 (Commentary on the Images) says：

[The upper Trigram *Dui* 兑 represents lake and the lower Trigram *Li* 离 signifies fire. The combined image is] fire in the lake, [it is impossible to have these two together, so] *Ge* 革 revolution [is unavoidable].

Exemplary persons [observe the Hexagram *Ge* 革 and] understand that it is a good time to put the calendar into order, making sure that the people understand the importance of proper timing.

注释：①己日：己为十天干之一。纳甲学说认为离纳己。革卦下卦为离,故言"己日"。廖明春认为"己日"为"完成之日"(《〈周易〉经传十五讲》,北京大学出版社 2004 年版),杨庆中从义理上可通,理解为时机成熟之日。

大意:革卦象征除旧变革,只有在时机成熟的"己日",改革措施才能取得民众的信服,此后亨通便利,利于持守正固,忧悔也会消亡。

　　《彖传》说:革卦,上卦兑为水,下卦离为火,水火互灭,好比两个女子同居一室,因为心志趣味不相投,终究要发生"变革",这就是革卦要说明的情形。只有在时机成熟的"己日",改革措施才能取得民众的信服,这样改革才算取信于民,得到人民的拥护。下卦离为文明,上卦兑为喜悦,内含文明之德,外显愉悦之色,持守正道而大为亨通,改革适时而妥当合理,忧虑悔恨才会消亡。天地阴阳变革,四季循环往复,商汤革除了夏王朝的天命,周武王革除了商王朝的天命,顺应天道又合乎民心。可见,选择适时合宜的时机对于变革来说,意义实在太重大了!

　　《象传》说:上卦兑为泽,下卦离为火,泽水当中有烈火就是革卦。君子看到革卦水火互灭的卦象,就要制定历法来明察天时运动的几微。

讲解:革卦是水想熄灭火,火想烤干水,水火交战互不相容。

　　"己日"有讲成"改革成果显现之时",应该不如"时机成熟之日"妥帖。

初九:巩[1]用黄牛之革。

Nine at the beginning:

Using a leather rope made from [the hide of] a yellow ox,

one is tightly bound.

《象》曰:"巩用黄牛",不可以有为也。

The *Xiang* 象（Commentary on the Images）says：

"Using a leather rope made from ［the hide of］ a yellow ox, one is tightly bound," so one is not able to do anything further.

注释:①巩:牢固结实。

大意:初九:用黄牛皮做的绳子捆绑结实。

《象传》说:用黄牛皮条拧成的绳子捆绑结实,是因为初九要耐心待时,不能轻举妄动,无法有所作为。

讲解:初九地位低下,力量薄弱,要避开残酷的政治斗争,不可以盲目行动,免得被扼杀。

六二:己日①乃革之,征吉,无咎。

Six in the second place：

On the sixth（*ji* 己）day the revolution starts, going on a campaign brings good fortune, no blame.

《象》曰:"己日革之",行有嘉也。

The *Xiang* 象（Commentary on the Images）says：

"On the sixth（*ji* 己）day ［when the situation is mature］ the revolution starts," because there will be good results ［if the Six in the second place］ moves forward.

注释:①己日:时机成熟之日。

大意:六二:到时机成熟的己日发动变革,出征吉祥,没有过错和灾害。

《象传》说:到时机成熟的己日发动变革,说明六二努力前行会有好的结果。

讲解:周易的运用是讲究时机化的艺术,周易告诉人们,做事要遵守天时,尤其是大的变革,跟天时有莫大的关系,因为时间本身具有能量,先人通过历法标示了这些能量刻度和它们之间的转化关系,如果能够为己所用,就能够找到能量最大化的时机,这样才能事半功倍。

六二与九五正应,适于时机成熟的时候发动变革。

九三:征凶。贞厉。革言①三②就③,有孚。

Nine in the third place:

It is disastrous to go on a campaign recklessly, and it is dangerous to stay in one place. Although many small successes have already been declared in the revolution, it is necessary for one to retain the trust of the people.

《象》曰:"革言三就",又何之④矣。

The *Xiang* 象 (Commentary on the Images) says:

"Many small successes have already been declared in the revolution," [besides revolution,] what other option can there be [for the Nine in the third place]?

注释:①言:宣告。②三:小成之数。③就:成功。④之:去到。

大意:九三:急于征进必有凶险,静守不动则有危厉,改革虽已多次宣告小有成功,但还要继续取信于民。

《象传》说:改革已多次宣告小有成功,九三(除了继续改革)还有其他路可走吗?

讲解:九三是改革进行到半途,所在的三位是小成之位,意味着小有成功,但急进凶险,不动也危,所以分寸非常重要,继续取信于民非常关键。象辞的意思是,既然已经改革了一半,除了继续改革,就没有其他路可以走了。

"贞厉"有人解为成守正以防危厉之意,但此处解成变革而前有凶险的大势,不动也有危厉更合适。

九四:悔亡。有孚①改命②,吉。

Nine in the fourth place:

No need for worry and regret. As long as one retains the trust of the people, one can change the mandate of the heavens with good fortune.

《象》曰:"改命之吉",信志也。

The *Xiang* 象 (Commentary on the Images) says:

"One can change the mandate of the heavens with good fortune," because one's intentions are sincere [and will be concretized].

注释:①孚:孚信。②命:天命。

大意:九四:不要忧虑悔恨,只要取信于民,就能够改变旧的天命,会是吉利的。

《象传》说:能够改变旧的天命,会是吉利的,因为九四诚心诚意顺天应人,变革的心志将会实化成为现实。

讲解:九四在互乾(天)互巽(命)里,所以说改变天命。"悔亡"讲成忧悔消亡,可通,但连贯起来,还是不要忧悔更好一些。"信"有讲成"伸"的,但不通假也可通,理解为真诚、诚实,"信志"即诚心诚意顺天应人。

九五：大人虎①变，未占②有孚。

Nine in the fifth place：

The great person changes with the power of a tiger. Without divining, he can retain the trust of the people.

《象》曰："大人虎变"，其文炳也。

The *Xiang* 象（Commentary on the Images）says：

"The great person changes [the situation] with the power of a tiger," and his manifest achiements are splendid.

注释：①虎，上卦兑象，故为虎变。②占：占决。

大意：九五：大人以猛虎之威势推行变革，不用占决便能赢得民心。

《象传》说：大人以猛虎之威势推行变革，他的文功武略彪炳天下。

讲解：上卦兑为虎，九五在卦变中从二位升到五位，刚爻得位，是"大人"，所以称虎变。另外，文为虎之斑纹，所以"虎变"相当于变出虎皮上那样的花纹，斑斓夺目，威猛大气，跟在卑位时的表现大不相同。九五与六二阴阳正应，所以阴阳相应。六二虽在下卦离里，离为龟可占，但不占也会相信，所以"未占有孚"。

上六：君子豹变，小人革面，征凶，居贞吉。

Six in the highest place：

Exemplary persons change like a leopard, petty persons change their faces. It is disastrous to move forward, residing in one's proper place brings good fortune.

《象》曰："君子豹变"，其文蔚也。"小人革面"，顺以从君也。

The *Xiang* 象（Commentary on the Images）says：

"Exemplary persons [help the great person by] changing [situations] like a leopard," and their manifest achievement is luxuriant. "Petty persons change their faces," because they follow the ruler [superficially].

大意：上六：君子以斑豹之势力助大人完成变革，小人纷纷洗心革面，此时若继续激进征进不止会有凶险，居于正位保持正道才能吉利。

《象传》说：君子以斑豹之势力助大人（九五）完成变革，文采华美犹如斑豹花纹一样光彩照人；小人纷纷洗心革面，在表面上顺从变革的君主。

讲解：小人纷纷改头换面，重新做人，努力做好表面文章，表示支持变革，他们懂得大势所趋，纷纷顺从革新者的领导，但不可对他们逼迫太过，要适可而止。

居贞：大力推进变革之时，难以安居守静，所以应该是居于正位保持正道，上六柔爻居柔位，还是可以尽量守持正道的。

火风鼎（卦五十）（巽下离上）

Fire, Wind, Ding 鼎 (Hexagram #50)

Li 离 [fire] above

Xun 巽 [wind] below

鼎，元吉，亨。

Ding 鼎 (Establishing), great good fortune. Flourishing.

《彖》曰：鼎，象也。以木巽火，亨饪也。圣人亨以享上帝[①]，而大亨以养圣贤。巽而耳目聪明,柔进而上行,得中而应乎刚,是以元亨。

The *Tuan* 彖 Commentary says:

Ding 鼎 is an image [of an ancient Chinese cooking vessel called a cauldron or *Ding* 鼎].

[The lower Trigram *Xun* 巽 stands for wood and the upper Trigram *Li* 离 signifies fire. The combined image is that of] putting more wood onto the fire in order to cook.

The sage cooks food to sacrifice to *shangdi* 上帝 (the lord on high). He cooks a lot of food to nourish the people's sagacity and worthiness.

[The lower Trigram *Xun* 巽 represents proceeding smoothly and the upper Trigram *Li* 离 stands for the illumination of the ears and eyes. The combined meaning is] moving smoothly with keen hearing and sharp eyesight.

[During the process of changing from Hexagram *Tun* 遯, the Six (soft *yin* 阴 line) in the second place] attains [the fifth place which is] the central position [of the upper Trigram] and responds to the firm [*yang* 阳 line in the second place], and hence *Ding* 鼎 signifies "great good fortune."

《象》曰:木上有火,鼎。君子以正位凝[②]命。

The *Xiang* 象 (Commentary on the Images) says:

[The lower Trigram *Xun* 巽 signifies wood and the upper Trigram *Li* 离 represents fire. The combined image is that of] fire burning wood, this is the image of *Ding* 鼎 [as a cooking vessel].

The exemplary person [observes the image of *Ding* 鼎,] finds his proper place, and solidifies his intentions in fulfilling his mission [as if waiting for the cauldron to become solid and well-formed when making it, and thus *Ding* 鼎 entails the meaning of establishing].

注释：①上帝：天帝。②凝：凝聚心力。

大意：鼎卦象征鼎立新风。大吉大利，亨通顺畅。

《象传》说：鼎卦整体取自鼎器的象形。下卦巽为木为顺，上卦离为火，把木材放入火中，让它顺从火的燃烧，就是烹煮食物的情状。圣人烹饪食物来祭享天帝，并烹煮丰盛食物来供养圣贤。谦逊恭顺耳目聪明，柔顺地向上升进，取得中位并与刚强者相应，因此大为亨通。

《象传》说：下卦巽为木，上卦离为火，木头上面火焰在燃烧，好像鼎器在烹煮食物，君子看到铸鼎冷却凝固的现象，就知道要摆正自己的位置，凝聚心力，以成就自己的使命。

讲解：鼎卦从遁卦变来，遁卦六二升进到五位，所以"柔进而上行"指的是六二。"得中而应乎刚"六五是得到中位并与刚爻九二相应。前人很少认为凝的根本是凝聚心力，或者是意志力，意念力，不是其他的。人所能凝聚的就是意念的力量，用意念的力量改换天地之间的阴阳变化。

初六：鼎颠①趾，利出否②。得妾以其子，无咎。

Six at the beginning:

Turning the feet of the cauldron upside down, it is advantageous to pour out that which is stagnating. This is like [one's wife not being able to conceive, and one] making one's concubine one's wife through her providing a son. There is no blame [in this].

《象》曰:"鼎颠趾",未悖③也。"利出否",以从贵也。

The *Xiang* 象 (Commentary on the Images) says:

"Turning the feet of the cauldron upside down," this does not yet deviate [from the common way of dealing with this situation].

"It is advantageous to pour out that which is stagnating," because [one's concubine (the Six at the beginning) becomes important as] she follows her noble son [the Nine in the second place].

注释:①颠:颠倒。②否:滞塞之物。③悖:违背常理。

大意:初六:鼎腿颠倒,把鼎器翻个朝上,有利于倾倒出滞塞之物,这就好像(正妻不能生育),于是把能生儿子的小妾扶正(取代正妻),没有过错。

《象传》说:鼎腿颠倒,把鼎器翻个朝上,并未违背常理。有利于倾倒出滞塞之物,这是初六(妾)随从贵人(九二),母以子贵。

讲解:"利出否"理解成"有利于倾倒废物",意思上通,但不符合象辞"以从贵"的解释,所以还是译为"有利于倾倒出滞塞之物"为妥。这里把不能生子的妻子比喻为"否",所以译成"废物"或"污物"就太过了,没有理解前后语境的逻辑关系。其实,这是比喻正妻不生育对家道有否塞,所以主人要出旧纳新,去掉不生育的正妻,以期纳娶会生育的新妾。

这样的说法把传宗接代看得比妻子还重要,当然不符合现代观念,今天看不太适宜。

卦变中九五下来到了二位,初六得以走出低谷,随从贵人。

母以子贵，九二就是妾的儿子，初六跟随九二就是小妾跟随儿子而被扶正，得到了尊贵的地位。

象辞说并未违背常理是因为"颠趾"就是倾倒污秽,清洗一下,使用鼎之前通常都要这样。

九二：鼎有实①,我仇有疾②,不我能即③,吉。

Nine in the second place：

My cauldron is full. Though my partner is resentful of this situation，she cannot do anything to change me. Thus there is still good fortune.

《象》曰："鼎有实"，慎所之也。"我仇④有疾"，终无尤也。

The *Xiang* 象 (Commentary on the Images) says：

"My cauldron is full [as I am confident and strong (with a new son)]," so I can move wherever I want as long as I am careful enough. "Though my partner [previous wife, Six in the fifth place] is resentful of this situation," I do not need to worry too much in the end.

注释：①实：实物，东西，实力，或内心充实。②疾：嫉恨，一说疾病。③即：就，接近。④仇：指六五，取义上是仇敌，取象上是配偶（《子夏传》："仇，匹也。"），还有朋友等不同解释。

大意：九二：鼎中充满实物（犹如内心充实而有实力），我的仇人虽然嫉恨我，但也不能拿我怎么样，还是吉祥的。

《象传》说：鼎中充满实物，犹如（有儿子而）内心充实而有实力，可以审慎适中地来去。我的仇人（六五，前妻）虽然嫉恨我，但最后不需要过分担心忧虑。

讲解：九二"有实"可以理解为一个人有实力有位子，但以内心来理解更好一些，内心强大了，仇敌（六五）也无可奈何。六五本来正应，何以说"仇"，因为六五虽然到了五位，但嫉恨初六随顺九二，母以子贵，等于正妻被排挤到六五，对后来小妾（因为有儿子而自己觉得内心充实而有实力）和小妾的儿子心怀怨恨。

这一句的取象，说明卦变说确实存在，否则难以理解何以六五跟九二的关系可以是"仇"，而原来确实是"配偶"。配偶正妻从二位被休到五位，她心中充满嫉恨，与母以子贵的小妾和后来的孩子就形成了一种仇敌关系。因为通过卦变清楚了爻与爻之间的亲疏关系，就可以说把爻辞暗示出来的每一个字的每一层意思都理解出来，爻辞取象的各个层面都迎刃而解了。九二在卦变中来自六五，在中位行动，所以下来算是比较小心适中。最终不会有灾祸，所以不必太过担心怨恨和祸患出现。

九三：鼎耳革①，其行塞，雉膏②不食，方③雨，亏④悔⑤，终吉。

Nine in the third place：

The handles of the cauldron have fallen off, and it is difficult to move, hence it is not possible to eat the rich flesh of pheasants. However, it begins to rain, so people do not feel loss and regret, and there will be good fortune in the end.

《象》曰："鼎耳革"，失其义也。

The *Xiang* 象 (Commentary on the Images) says：

"The handles of the cauldron have fallen off," [the Nine in the third place as the handles of the cauldron] has lost its meaning [to lift the cauldron].

注释：①革：脱落。②雉膏：野鸡汤。③方：正好。④亏：去掉。《说文》："亏：毁也。"⑤悔：懊恼。

大意：九三：鼎耳脱落了，无法移动鼎器，行动因此受到阻塞，以至于无法品尝美味可口的野鸡汤，还好正好赶上下雨，大家消除了懊恼，最终是吉祥的。

《象传》说：鼎耳脱落了，九三也就失去了鼎耳本来可以用来抬鼎的意义。

讲解：鼎耳是插杠进去抬的部分，如果脱落就没有办法移动鼎，大家也就喝不到做好的野鸡汤。正在懊恼的时候，天上降下大雨，路上也走不通了，这样挪鼎的工人们就不再需要用鼎耳已坏作为不能移动鼎的借口，所以大家都很开心，因为下雨了，即使鼎耳是好的，客人们也喝不到汤，于是，所有人的懊恼就都消除了，最后吉祥。

此爻前人鲜有能解通者。译成"革除鼎耳，行动困难，山鸡的美肉不吃。正下雨，有亏有悔，最终吉祥"，最为接近，但还是不很明确，至于把"方雨"解释为"正要下雨，还没有下"一类，实属是没有理清前后的逻辑关系，不知道这样解于理不通。失去了作鼎耳的意义，因为九三在大坎里原有作鼎耳的意义，因为鼎卦取的是六爻全体之象，六五是鼎耳，九三作鼎耳的意义也就失去了。

九四：鼎折足，覆公餗①，其形渥②，凶。

Nine in the fourth place:

The feet of the cauldron are broken, so the duke's congee is overturned, and the body of the cauldron is drenched. Disastrous.

《象》曰:"覆公㣽",信③如何也?

The *Xiang* 象（Commentary on the Images）says：

"The duke's congee is overturned," how can he be trusted?

注释:①㣽:用较多配料烹制的像粥一样的高级食品。②渥:沾湿。
③信:应验的结果。

大意:九四鼎足折断了,王公的美食倒出来了,搞得鼎身龌龊,凶险。

《象传》说:王公的美食倒出来了,九四怎么能够取得信任呢?

讲解:九四互兑为毁折,兑又为反巽,巽为股,反巽是股向上,意思就是鼎腿向上且遭毁折,所以"鼎折足",结果王公（四位为臣位）的美食被倒出来了,搞得鼎身肮脏污秽,取义就是事情被搞砸了,原因是力不胜任。象辞也可以理解为结果怎么样？因为九四得到"凶"的结局,完全是自不量力造成的,当然也就很难取得君王的信任了。

六五:鼎黄耳金铉,利贞①。

Six in the fifth place：

The cauldron has golden handles and a metal frame. It is good to be keep firm and upright.

《象》曰:"鼎黄耳",中以为实②也。

The *Xiang* 象（Commentary on the Images）says：

"The cauldron has golden handles," because [the Six in the fifth place] is central and hence firm.

注释:①贞:坚固,贞固。②实:乾为实。

大意:六五:鼎器配了金黄色的鼎耳,坚固的鼎杠,保持坚固是有利的。

《象传》说：鼎器配了金黄色的鼎耳，六五在中位，

讲解：六五在卦变中，从二位来到五位，不离中道，来到上乾里，乾为实，所以六五中正而且能够坚实，说明六五作为鼎耳是中正而且牢固的。

贞在这里不好讲，如果作为守正讲，鼎本身无所谓守不守正。当然，六五柔爻居中，有利于持守正固，没有问题，但就鼎耳鼎杠来说，应该是保持坚固之意。

上九：鼎玉铉，大吉，无不利。

Nine in the highest place：

The cauldron has a jade frame. Good fortune, nothing disadvantageous.

《象》曰：玉铉在上，刚柔节也。

The *Xiang* 象（Commentary on the Images）says：

The jade frame is on the top signifying that the firm and the soft are regulated appropriately.

大意：上九：鼎上配着玉制的鼎杠，非常吉祥，没有什么不利。

《象传》说：玉制的鼎杠在上面，显得刚柔相济，节制得宜。

讲解：鼎有玉做成的铉，有刚柔相济之感，象辞觉得能够调节，使之不太刚也不太柔，就算调节得恰到好处。

水火既济（卦六十三）　（离下坎上）

Water, Fire, *Jiji* 既济（Hexagram ♯63）

Kan 坎 [water] above

Li 离 [fire] below

既①济,亨小,利贞。初吉终乱②。

Jiji 既济 (Completion), proceeding smoothly in small aspects [because the big issues have been solved]. It is advantageous to persevere. There is good fortune at the beginning, but disorder in the end.

《彖》曰:"既济,亨",小者亨也。"利贞"。刚柔正而位当也。"初吉",柔得中也。"终止则乱",其道穷也。

The *Tuan* 彖 Commentary says:

"*Jiji* 既济, things proceed smoothly," but in small aspects.

"It is advantageous to persevere," because the firm [*yang* 阳 lines] and the soft [*yin* 阴 lines] are all in their proper positions.

"There is good fortune at the beginning," because the soft [*yin* 阴 lines] are in the central position [of the lower Trigram *Kan* 坎].

There is "disorder in the end," because the *dao* 道 of this process has reached its limits.

《象》曰:水在火上,既济。君子以思患而豫防之。

The *Xiang* 象 (Commentary on the Images) says:

[The upper Trigram *Kan* 坎 represents water and the lower Trigram *Li* 离 stands for fire. The combined image is heating] water above fire, this is Hexagram *Jiji* 既济 (Completion).

The exemplary person [observes this and] reflects on anxieties yet to come to in order to prevent them.

注释：①既：已经。渡水为涉，渡过去为济。既济是已经渡过去，完成、成功之意。②乱：乱作一团，最后导致祸患，与象辞患相对。

大意：既济卦象征事已成功，但只是在小事上亨通，坚守正道会有好处，刚开始时吉祥，到最后却乱作一团。

《彖传》说：事已成功，亨通，可是只是在小事上亨通，坚守正道会有好处，因为刚爻和柔爻各自当位，而且两两相应。刚开始时吉祥，因为柔爻当位居中，到最后停止不前，乱作一团，因为柔爻到顶终止，那就只能陷入穷困的境地了。

《象传》说：上卦坎为水，下卦离为火，水在火上烧水烹饪，象征事情已经成功。君子看到这种现象，就要居安思危，把握好分寸，防患于未然。

讲解：既济卦柔爻居柔位，显得事情已成。"其道穷也"指的是上六到顶，当位，不想继续前进，也就没有力量变通，很快陷入穷困之境，也就会马上回到乱作一团的局面。所以事情虽然做成了，是好事，到最后或者因为安逸，或者因为力量不足，却成为一个乱局，有点不可收拾的味道。

《象辞》说明，虽然火烧水可以饮用，但烧过了就会把水烧干，或者水沸出来把火浇灭，可见火与水二者相克，要把握好它们之间关系的分寸才能为我们所用，否则稍有不慎就会走向反面，所以要提前防范。可见，事情虽然刚刚办好，但如果没有把握好分寸，就会像水刚刚烧开却没有看顾好一样，很快就会又乱作一团。这也说明，任何事情的成功状态，其实都是暂时的动态结构，成功状态不过是对事情有把握得比较好的分寸感的体现,而在成功状态当中,稍有不慎就可能会走向成功状态的反面。所以,人在办成事情的时候,特别需要继续小心谨慎地把握好分寸,才有可能维持好成功的状态。

初九:曳其轮①,濡②其尾,无咎。

Nine at the beginning:

He drags the wheels [of his chariot]. The tail [of the fox] is soaked [in the river, so the fox cannot swim smoothly], but there is no blame or harm [in either situation].

《象》曰:"曳其轮",义无咎也。

The *Xiang* 象 (Commentary on the Images) says:

"He drags the wheels [of his chariot, so it cannot move quickly]," this accords with principle so there should be no blame or harm.

注释:①曳其轮:曳是拉或拖拽的意思。古代大车车厢与车轮是分开的,出车时把车厢用鞔装套在车轮上,路不好走时就用绳子拉住车轴,防止车厢脱开车鞔,也可以不让车轮滑开。②濡:沾湿。

大意:初九:拉住车轮(跑不快),渡河沾湿了尾巴(游不快),不过没有太大问题。

《象传》说:拉住车轮,虽然跑不快,但是照理应该不会有什么大的问题。

讲解:初九遇到危险(前临坎险),于是有人开始用绳子拉住(拽马取坎象)车轮(取坎象)前进,这样当然跑不快,也很可能不能完美迅速地完成预定的事情,不过照理说问题应该不会太大。

初九濡其尾,打湿尾部,上六濡其首,打湿头部,跟未济卦辞联系起来,应该是指狐狸渡水的情况。初九在最下方,为尾部,前面有两个互坎卦,说明是要渡过大水,并且是尾部有水,就游不快了,但应该问题不大。

六二:妇丧其茀①,勿逐,七日得。

Six in the second place:

A woman lost her headdress, but there is no need to look for it, it will be found again after seven days.

《象》曰:"七日得",以中道也。

The *Xiang* 象 (Commentary on the Images) says:

"It will be found again after seven days," because [Six in the second place] travels along the central way [in a changing situation].

注释:①茀:首饰。

大意:六二:妇人丢失了首饰,不要去找寻,七天后会失而复得。

《象传》说:七天后会失而复得,是因为六二在变动的情境当中能够持守中道。

讲解:卦变中泰卦(坤妇乾首,可取妇女头饰之象)六五与九二换位,有妇女头饰更换之象。互坎为盗,可以理解为妇女的头饰被偷走了。"七日"取乾阳"七日来复"。

九三:高宗①伐鬼方②,三年克之,小人勿用。

Nine in the third place:

When Emperor Gao of Yin attacked Guifang, a small northwestern country, he took three years to conquer it. This shows petty persons should not be appointed [as leaders].

《象》曰:"三年克之",惫也。

The *Xiang* 象 (Commentary on the Images) says:

"He took three years to conquer it," this means [even though the Nine in the third place works hard,] it is too exhausted.

注释:①高宗:商朝中兴之主武丁。②鬼方:殷商至西周时期西北少数民族建立的方国。

大意:九三:殷高宗武丁去讨伐鬼方,三年后才得到胜利,说明小人不可重用。

《象传》说:三年后才得到胜利,九三持久努力,实在是太疲惫了。

讲解:打仗打得太久,一直打不赢,就是因为用人不当,所以小人不应该重用。九三跟上六正应,九三打不赢的时候,很想使用上六,但其实并不合适,因为柔爻到顶了,本身位置不好,力量不强,重用了反而不利于成事。

六四:繻①有衣袽②,终日戒。

Six in the fourth place:

A wooden boat can leak anywhere, so rags are prepared to caulk the leaks. [Even then,] one needs to keep alert all day.

《象》曰:"终日戒",有所疑③也。

The *Xiang* 象 (Commentary on the Images) says:

"[Even then,] one needs to keep alert all day," because there is uncertainty.

注释:①繻:王弼认为应该改成"濡",渗漏之义。义理上比衣服变旧要通畅。②袽:衣服废料,败絮抹布等。③疑:疑惧。

大意:六四:木船随时可能渗漏,准备了破衣败絮来堵塞,需要整天高度提防戒备。

《象传》说:需要整天高度提防戒备,是因为六四有所疑惧。

讲解:六四在上坎当中,为水,四位为疑惧之位,遇水疑惧;离有舟象,两边实,中间空,边上有水,是六四的水即将渗漏进入船边之象,所以充满疑惧,面对船之将漏,当时刻警戒。古代都是木船,随时可能渗漏,需要准备衣物堵塞漏的缝隙。很多人将其解为"华美的衣服快要变成烂衣败絮,应该整天提防戒备",逻辑上不够通畅。衣服变旧得慢,而且不需要整天小心警戒,但行船需要。

九五:东邻杀牛①,不如西邻之禴②祭,实受其福。

Nine in the fifth place:

An eastern neighbor slaughters an ox [as part of a great sacrificial feast], but it is not as good as a simple sacrifice by a western neighbor who actually receives blessings.

《象》曰:"东邻杀牛",不如西邻之时③也。"实受其福",吉大来也。

The *Xiang* 象 (Commentary on the Images) says:

"An eastern neighbor slaughters an ox," but this is not as good as celebrating at the proper time like the western neighbor. "The latter actually receives blessings," signifying that great fortune comes.

注释：①杀牛：用太牢祭享，以牛为牺牲，规模盛大的祭祀。②禴(yuè)祭：以水菜为主的薄祭。③时：时运，前解鲜有此解。

大意：九五：东方邻国用杀掉整牛的厚礼来祭祀，不如西方邻国举行的礼薄但虔诚的"禴祭"，反而实实在在受到上天的福佑。

《象传》说：东方邻国用杀掉整牛的厚礼来祭祀，因为它的时运已经不如西方邻国了。实实在在受到福佑，表明吉祥即将源源不断地降临。

讲解：东邻指商纣王，西邻指周文王。纣王无道，以太牢祭祀上天也不保佑他。文王仁德，即使用水菜薄祭也能得到上天赐福。二者内心的诚意不同，时运也大不相同。

象辞之"时"，前有解为"合于祭祀之时"、"按时祭享"、"适时明德"等等，但都不如时运不济。

上六：濡①其首，厉。

Six in the highest place：

Wetting its head, there is much danger.

《象》曰："濡其首，厉"，何可久也？

The *Xiang* 象 (Commentary on the Images) says:

"Wetting its head, there is much danger," how can it last long?

注释：①濡：浸入。

大意：上六：头都浸入水中了，很危险了。

《象传》说：头都浸入水中了，很危险了，怎么能够持久呢？

讲解：这一爻指小狐狸过河，如果头都浸入水中了，那就非常危险了。

说明事情做成不过是一个成功的分寸，如果到最后(上六)没有持守好,马上就会发生祸患。好比小狐狸渡河不小心谨慎,头浸入水里,那就非常危险,无法持久了。这里如果翻译成为"沾湿了头",程度不够,到不了很危险的程度,还不足以说明象辞"其道穷也"的意思。前解"濡其首"多未及,所以难以通畅。

象辞的说法也证明,因为到了上一爻,处于危险境地,反而走向了做成事情的反面。

火水未济(卦六十四) (坎下离上)

Fire, Water, *Weiji* 未济 (Hexagram #64)

Li 离 [fire] above

Kan 坎 [water] below

未济,亨。小狐汔①济,濡其尾,无攸利。

Weiji 未济 (Incompletion), smooth. A small fox has nearly finished traversing the river, soaking its tail. No gain.

《彖》曰:"未济,亨",柔得中也。"小狐汔济",未出中也。"濡其尾,无攸利",不续终也。虽不当位,刚柔应也。

The *Tuan* 彖 Commentary says:

"*Weiji* 未济, smooth," because gently getting its central place. "A small fox has nearly finished traversing the river," because it is still not out of the middle [of the water]. "Soaking its tail. No gain," because it might not keep going to the end. Though [all six lines are] not in their proper place, firm and soft [lines] resonate with each other [so there is still the possibility of completion].

《象》曰：火在水上，未济。君子以慎辨物^②居方^③。

The *Xiang* 象 (Commentary on the Images) says:

[The upper Trigram *Li* 离 is fire, and the lower Trigram *Kan* 坎 is water, so the image is] fire on the water, this is Hexagram *Weiji* 未济. Exemplary persons [learn from the phenomenon that fire moves up and water moves down, so they] carefully differentiate things into their proper places.

注释：①汔(qì)：通迄，将近。②辨物：分辨物的类别。③居方：让它们各自按类别居于应处的方位上，也就是不要把事物搞乱。

大意：未济卦象征事情还没成功，努力成就事情还是可以亨通。小狐狸即将渡河成功的时候，弄湿了尾巴，没什么好处。

《象传》说：事情还没成功，努力成就事情还是可以亨通，因为六五柔顺居中持守正道。小狐狸即将渡河成功的时候，是指它还没有离开坎险之中。弄湿了尾巴，没什么好处，因为可能由于力小而游不到头，功败垂成。虽然每个爻都在不合适的位置上，但刚柔都相应（还是有可能做成事情的）。

《象传》说：上卦离为火，下卦坎为水，火向上，水向下，相克背离，火在水上就是未济。君子看到火跟水很不合的情况，就要审慎分辨人事和物类，让他们各得其所。

讲解：未济卦既有事情成功又重新开始新一轮周期，也有功败垂成的意味。未济卦从否卦变来，否九五与六二换位而成未济卦，是从否卦否塞不通的局面走出，变则通，所以亨通。卦变中柔爻六五到达上卦中位，是柔顺地上进又符合中道，所以可以亨通。

小狐狸渡水快要过去了，但还没有游出水中，从卦变看是否卦变未济时，六五在从下卦中位推移到上卦中位，没有走出中位，在渡水角度说就是还在济渡过程之中，还没有离开水中上来，小狐狸的尾巴被沾湿了，那就没有什么好处，因为小狐狸力气太小，最后有无法坚持游到头的危险，从而会功败垂成。

不过，未济卦虽然六爻位置不当，但刚柔相应，可以理解为阴意与阳意在各自找不到自己位置的状态之下，仍然能够互补相济。君子从这样的自然之意当中得到启示，慎重分辨物类，使它们各居其方，这样即使事情不能做成，也能够促进事物彼此之间互助互济。从卦象说，是火在水上，火性炎上，水性润下，有分离之象，可谓按照自然之意来"方以类聚，物以群分"。

初六：濡其尾，吝。

Six at the beginning：

Soaking its tail, there will be danger.

《象》曰："濡其尾"，亦不知极也。

The Xiang 象（Commentary on the Images）says：

"Soaking its tail," because it does not know how extreme it is [in depth].

大意：初六：小狐狸渡河时尾巴沾了水，会有麻烦。

《象传》说：小狐狸渡河时尾巴沾了水，说明初六不知道水有多深。

讲解：以往有把"极"解为"终点"的，但此处刚刚下水就湿了尾巴，应该是指小狐狸不知水的深浅。从做事的角度说，是不知道自己的能力的限度，自不量力，很快会有麻烦。如果把"极"讲成终点，文脉就难以贯通。

九二：曳其轮，贞吉。

Nine in the second place:

Dragging its wheels, it is good fortune to persist.

《象》曰：九二贞吉，中以行正也。

The *Xiang* 象 (Commentary on the Images) says:

The Nine in the second place persists with good fortune because it walks upright in the center.

大意：九二：拖住车轮，不让它快进，持守正道可以吉祥。

《象传》说：九二持守正道可以吉祥，因为九二在卦变当中一直在中位，行走得光明正直。

讲解：九二在变动的情境当中保持了中道，行得很正，很不容易。

六三：未济，征凶。利涉大川。

Six in the third place:

Before completion, it is dangerous to go on a campaign. [However, with the appropriate support from those above,] it is beneficial to traverse the big river.

《象》曰："未济，征凶"，位不当也。

The *Xiang* 象 (Commentary on the Images) says:

"Before completion, it is dangerous to go on a campaign," because one is not in one's proper place.

大意：六三：还没成功，继续征进有凶险。有利于渡过大河险阻。

《象传》说：还没成功，继续征进有凶险，因为位置不当。

讲解：未济是未能渡过。要渡过需要稳扎稳打，冷静谨慎。有正应在上九，可以渡过。

九四：贞吉，悔亡。震用伐鬼方，三年，有赏于大国。

Nine in the fourth place：

It is good fortune to be upright, and nothing deserves regret. [This is like] rising up thunderously to strike Guifang, a northwestern country. After three years one succeeds, and is rewarded by the great state.

《象》曰："贞吉悔亡"，志行也。

The *Xiang* 象 (Commentary on the Images) says：

"It is good fortune to be upright, and nothing deserves regret," because one's intentions have been concretized.

大意：九四：坚守正道就可以吉祥，没有什么值得后悔的。如雷震而起征伐远方的鬼方，三年成功并得到大国的赏赐。

《象传》说：坚守正道就可以吉祥，没有什么值得后悔的，因为九四的心志得到了实现。

讲解：九四与既济九三取象相同。坤为阴"鬼"，为方国为"方"。未济从否卦变来，否卦下坤为鬼方，上乾为君，上乾的九五下来到二位成未济，故为"震用伐鬼方"。九四互为离坎，坎弓离矢，有征伐之象。否卦上乾的九五历三爻下到二位，进入下坤核心，坤为国，乾为大，故言"三年，有赏于大国"。《后汉书·西羌传》："及武乙暴虐，犬戎寇边。周古公逾梁山而避于岐下。及子季历，遂伐西落鬼戎。"所以有人说，此爻指西周的季历为商王武乙讨伐鬼戎。

六五：贞吉，无悔。君子之光，有孚，吉。

Six in the fifth place：

It is good fortune to be upright, no regrets. The glory of exemplary persons lies in attaining trust from people, good fortune.

《象》曰:"君子之光",其辉吉也。

The *Xiang* 象 (Commentary on the Images) says:

"The glory of exemplary persons," signifies that their splendor brings good fortune.

大意:六五:坚守正道可以获吉,没有忧悔。君子的光辉在于取信于人,自然是吉祥的。

《象传》说:君子的光辉,是吉祥的光辉。

讲解:此爻是指君子闪射出道德的光辉而吉祥。如离日在天,光辉耀眼。

上九:有孚于饮酒,无咎。濡①其首,有孚失是。

Nine in the highest place:

Trust is found in drinking wine, there should be no blame. But if one soaks one's head in wine, then even with trust one might lose this [completion].

《象》曰:"饮酒濡首",亦不知节也。

The *Xiang* 象 (Commentary on the Images) says:

Soaking one's head when drinking wine [like a small fox immersing its head in the water], signifying that the Nine in the highest place does not know how to moderate.

注释:①濡:浇湿。

大意:上九:饮酒的时候,很有诚信,没有问题。但如果像小狐狸那样头都浸到水里面去了,即使有诚信也会功败垂成。

《象传》说：喝酒喝到像小狐狸那样头都浸到酒里面去，说明上九也太不知道节制了。

讲解：这一爻是讲饮酒作乐不知节制，放纵自己，功败垂成，非常遗憾。象辞强调太不知节制了，好比饮酒时把头都弄湿了，说明纵欲酗酒到了相当过分的程度。

附录

《周易》全文

易傳

一、繫辭

繫辭上

（一）

天尊地卑，乾坤定矣。卑高以陳，貴賤位矣。動靜有常，剛柔斷矣。方以類聚，物以群分，吉凶生矣。在天成象，在地成形，變化見矣。

是故剛柔相摩，八卦相盪，鼓之以雷霆，潤之以風雨；日月運行，一寒一暑。

乾道成男，坤道成女。乾知大始，坤作成物。

乾以易知，坤以簡能；易則易知，簡則易從；易知則有親，易從則有功；有親則可久，有功則可大；可久則賢人之德，可大則賢人之業。易簡而天下之理得矣。天下之理得，而成位乎其中矣。

（二）

聖人設卦觀象，繫辭焉而明吉凶，剛柔相推而生變化。是故吉凶者，失得之象也；悔吝者，憂虞之象也；變化者，進退之象也；剛柔者，晝夜之象也。六爻之動，三極之道也。

是故君子所居而安者，《易》之序也；所樂而玩者，爻之辭也。是故君子居則觀其象而玩其辭，動則觀其變而玩其占，是以自天佑之，吉無不利。

（三）

彖者，言乎象者也；爻者，言乎變者也。吉凶者，言乎其失得也；悔吝者，言乎其小疵也。無咎者，善補過者也。

是故列貴賤者存乎位，齊小大者存乎卦，辯吉凶者存乎辭，憂悔吝者存乎介，震無咎者存乎悔。是故卦有小大，辭有險易；辭也者，各指其所之。

（四）

《易》與天地准，故能彌綸天地之道。仰以觀于天文，俯以察於地理，是故知幽明之故。原始反終，故知死生之說。

精氣為物，遊魂為變，是故知鬼神之情狀。

與天地相似，故不違；知周乎萬物而道濟天下，故不過。旁行而不流，樂天知命，故不憂。安土敦乎仁，故能愛。範圍天地之化而不過，曲成萬物而不遺，通乎晝夜之道而知，故神無方而《易》無體。

（五）

一陰一陽之謂道，繼之者善也，成之者性也。仁者見之謂之仁，知者見之謂之知，百姓日用而不知，故君子之道鮮矣。

顯諸仁，藏諸用，鼓萬物而不與聖人同憂，盛德大業至矣哉！

富有之謂大業，日新之謂盛德。生生之謂易，成象之謂乾，效法之謂坤，極數知來之謂占，通變之謂事，陰陽不測之謂神。

（六）

夫《易》廣矣大矣，以言乎遠則不禦，以言乎邇則靜而正，以言乎天地之間則備矣。

夫乾，其靜也專，其動也直，是以大生焉。夫坤，其靜也翕，其動也闢，是以廣生焉。廣大配天地，變通配四時，陰陽之義配日月，易簡之善配至德。

（七）

子曰："《易》，其至矣乎！夫《易》，聖人所以崇德而廣業也。"知崇禮卑，崇效天，卑法地。天地設位，而《易》行乎其中矣。成性存存，道義之門。

（八）

聖人有以見天下之賾，而擬諸其形容，象其物宜，是故謂之象。聖人有以見天下之動，而觀其會通，以行其典禮，繫辭焉以斷其吉凶，是故謂之爻，言天下之至賾而不可惡也。言天下之至動而不可亂也。擬之而後言，議之而後動，擬議以成其變化。

"鳴鶴在陰,其子和之。我有好爵,吾與爾靡之。"子曰:"君子居其室,出其言善,則千里之外應之,況其邇者乎?居其室,出其言不善,則千里之外違之,況其邇者乎?言出乎身,加乎民;行發乎邇,見乎遠。言行,君子之樞機。樞機之發,榮辱之主也。言行,君子之所以動天地也,可不慎乎!"

"同人:先號咷而後笑。"子曰:"君子之道,或出或處,或默或語。二人同心,其利斷金。同心之言,其臭如蘭。"

"初六,藉用白茅,無咎。"子曰:"苟錯諸地而可矣,藉之用茅,何咎之有?慎之至也。夫茅之為物薄,而用可重也。慎斯術也以往,其無所失矣。"

"勞謙君子,有終吉。"子曰:"勞而不伐,有功而不德,厚之至也。語以其功下人者也。德言盛,禮言恭,謙也者,致恭以存其位者也。"

"亢龍有悔。"子曰:"貴而無位,高而無民,賢人在下位而無輔,是以動而有悔也。"

"不出戶庭,無咎。"子曰:"亂之所生也,則言語以為階。君不密則失臣,臣不密則失身,幾事不密則害成。是以君子慎密而不出也。"

子曰:"作《易》者,其知盜乎?《易》曰'負且乘,致寇至。'負也者,小人之事也。乘也者,君子之器也。小人而乘君子之器,盜思奪之矣。上慢下暴,盜思伐之矣。慢藏誨盜,冶容誨淫。《易》曰:'負且乘,致寇至。'盜之招也。"

(九)

天一,地二,天三,地四,天五,地六,天七,地八,天九,地十。天數五,地數五。五位相得而各有合,天數二十有五,地數三十,凡天地之數五十有五,此所以成變化而行鬼神也。

大衍之數五十，其用四十有九。分而為二以象兩，掛一以象三，揲之以四以象四時，歸奇於扐以象閏；五歲再閏，故再扐而後掛。《乾》之策二百一十有六，《坤》之策百四十有四，凡三百六十，當期之日。二篇之策，萬有一千五百二十，當萬物之數也。是故四營而成易，十有八變而成卦。

八卦而小成，引而伸之，觸類而長之，天下之能事畢矣。顯道神德行，是故可與酬酢，可與佑神矣。子曰："知變化之道者，其知神之所為乎。"

（十）

《易》有聖人之道四焉：以言者尚其辭，以動者尚其變，以制器者尚其象，以卜筮者尚其占。

是以君子將有為也，將有行也，問焉而以言，其受命也如響。無有遠近幽深，遂知來物。非天下之至精，其孰能與於此？

參伍以變，錯綜其數。通其變，遂成天下之文，極其數，遂定天下之象。非天下之至變，其孰能與於此？

《易》無思也，無為也，寂然不動，感而遂通天下之故。非天下之至神，其孰能與於此？

夫《易》，聖人之所以極深而研幾也。唯深也，故能通天下之志；唯幾也，故能成天下之務；唯神也，故不疾而速，不行而至。子曰："《易》有聖人之道四焉"者，此之謂也。

（十一）

子曰："夫《易》何為者也？夫《易》開物成務，冒天下之道，如斯而已者也。"

是故聖人以通天下之志,以定天下之業,以斷天下之疑。是故蓍之德圓而神,卦之德方以知,六爻之義易以貢。

聖人以此洗心,退藏於密,吉凶與民同患。神以知來,知以藏往,其孰能與於此哉?古之聰明睿知,神武而不殺者夫!

是以明於天之道,而察於民之故,是興神物以前民用。聖人以此齋戒,以神明其德夫!

是故,闔戶謂之坤,闢戶謂之乾。一闔一闢謂之變,往來不窮謂之通。見乃謂之象,形乃謂之器。制而用之謂之法,利用出入,民咸用之謂之神。

是故《易》有大極,是生兩儀。兩儀生四象。四象生八卦。八卦定吉凶,吉凶生大業。

是故法象莫大乎天地,變通莫大乎四時,縣象著明莫大乎日月,崇高莫大乎富貴。備物致用,立成器以為天下利,莫大乎聖人。探賾索隱,鉤深致遠,以定天下之吉凶,成天下之亹亹者,莫大乎蓍龜。

是故,天生神物,聖人則之。天地變化,聖人效之。天垂象,見吉凶,聖人象之。河出圖,洛出書,聖人則之。《易》有四象,所以示也。繫辭焉,所以告也。定之以吉凶,所以斷也。

(十二)

《易》曰:"自天佑之,吉無不利。"子曰:"佑者,助也。天之所助者順也,人之所助者信也。履信思乎順,又以尚賢也。是以自天佑之,吉無不利也。"

子曰:"書不盡言,言不盡意。"然則聖人之意,其不可見乎?子曰:"聖人立象以盡意,設卦以盡情偽,繫辭焉以盡其言。變而通之以盡利,鼓之舞之以盡神。"

乾坤,其《易》之蘊也? 乾坤成列,而《易》立乎其中矣。乾坤毀,則無以見《易》。《易》不可見,則乾坤或幾乎息矣。

是故形而上者謂之道,形而下者謂之器。化而裁之謂之變,推而行之謂之通,舉而錯之天下之民謂之事業。

是故,夫象,聖人有以見天下之賾,而擬諸其形容,象其物宜,是故謂之象。聖人有以見天下之動,而觀其會通,以行其典禮,繫辭焉以斷其吉凶,是故謂之爻。極天下之賾者存乎卦,鼓天下之動者存乎辭,化而裁之存乎變,推而行之存乎通,神而明之存乎其人。默而成之,不言而信,存乎德行。

繫辭下

（一）

八卦成列,象在其中矣。因而重之,爻在其中矣。剛柔相推,變在其中矣,繫辭焉而命之,動在其中矣。

吉凶悔吝者,生乎動者也。剛柔者,立本者也。變通者,趨時者也。吉凶者,貞勝者也。天地之道,貞觀者也。日月之道,貞明者也。天下之動,貞夫一者也。

夫乾,確然示人易矣;夫坤,隤然示人簡矣。爻也者,效此者也。象也者,像此者也;爻象動乎內,吉凶見乎外,功業見乎變,聖人之情見乎辭。

天地之大德曰生,聖人之大寶曰位,何以守位曰仁,何以聚人曰財,理財正辭,禁民為非曰義。

（二）

古者包犧氏之王天下也，仰則觀象於天，俯則觀法於地，觀鳥獸之文與地之宜，近取諸身，遠取諸物，於是始作八卦，以通神明之德，以類萬物之情。

作結繩而為網罟，以佃以漁，蓋取諸離。

包犧氏沒，神農氏作，斫木為耜，揉木為耒，耒耨之利，以教天下，蓋取諸益。

日中為市，致天下之民，聚天下之貨，交易而退，各得其所，蓋取諸噬嗑。

神農氏沒，黃帝、堯、舜氏作，通其變，使民不倦，神而化之，使民宜之。易窮則變，變則通，通則久。是以自天佑之，吉無不利。黃帝、堯、舜垂衣裳而天下治，蓋取諸乾坤。

刳木為舟，剡木為楫，舟楫之利，以濟不通，致遠以利天下，蓋取諸渙。

服牛乘馬，引重致遠，以利天下，蓋取諸隨。

重門擊柝，以待暴客，蓋取諸豫。

斷木為杵，掘地為臼，杵臼之利，萬民以濟，蓋取諸小過。

弦木為弧，剡木為矢，弧矢之利，以威天下，蓋取諸睽。

上古穴居而野處，後世聖人易之以宮室，上棟下宇，以待風雨，蓋取諸大壯。

古之葬者，厚衣之以薪，葬之中野，不封不樹，喪期無數。後世聖人易之以棺槨，蓋取諸大過。

上古結繩而治，後世聖人易之以書契，百官以治，萬民以察，蓋取諸夬。

（三）

是故《易》者，象也。象也者，像也。彖者，材也。爻也者，效天下之動者也。是故吉凶生而悔吝著也。

（四）

陽卦多陰，陰卦多陽，其故何也？陽卦奇，陰卦偶。其德行何也？陽一君而二民，君子之道也。陰二君而一民，小人之道也。

（五）

《易》曰："憧憧往來，朋從爾思。"子曰："天下何思何慮？天下同歸而殊途，一致而百慮。天下何思何慮？日往則月來，月往則日來，日月相推而明生焉。寒往則暑來，暑往則寒來，寒暑相推而歲成焉。往者屈也，來者信也，屈信相感而利生焉。尺蠖之屈，以求信也；龍蛇之蟄，以存身也。精義入神，以致用也；利用安身，以崇德也。過此以往，未之或知也；窮神知化，德之盛也。"

《易》曰："困于石，據於蒺藜，入于其宮，不見其妻，凶。"子曰："非所困而困焉，名必辱。非所據而據焉，身必危。既辱且危，死期將至，妻其可得見耶！"

《易》曰："公用射隼于高墉之上，獲之，無不利。"子曰："隼者，禽也。弓矢者，器也。射之者，人也。君子藏器于身，待時而動，何不利之有。動而不括，是以出而有獲，語成器而動者也。"

子曰："小人不恥不仁，不畏不義，不見利不勸，不威不懲。小懲而大誡，此小人之福也。《易》曰：'履校滅趾，無咎。'此之謂也。"

"善不積不足以成名，惡不積不足以滅身。小人以小善為無益而弗為也，以小惡為無傷而弗去也，故惡積而不可掩，罪大而不可解。《易》曰：'何校滅耳，凶。'"

子曰："危者，安其位者也；亡者，保其存者也；亂者，有其治者也。是故君子安而不忘危，存而不忘亡，治而不忘亂，是以身安而國家可保也。《易》曰：'其亡其亡，系于苞桑。'"

子曰："德薄而位尊，知小而謀大，力少而任重，鮮不及矣。《易》曰：'鼎折足，覆公餗，其形渥，凶。'言不勝其任也。"

子曰："知幾其神乎！君子上交不諂，下交不瀆，其知幾乎？幾者，動之微，吉之先見者也。君子見幾而作，不俟終日。《易》曰：'介於石，不終日，貞吉。'介如石焉，寧用終日？斷可識矣。君子知微知彰，知柔知剛，萬夫之望。"

子曰："顏氏之子，其殆庶幾乎？有不善未嘗不知，知之未嘗複行也。《易》曰：'不遠複，無祗悔，元吉。'"

"天地氤氳，萬物化醇。男女構精，萬物化生。《易》曰：'三人行則損一人，一人行則得其友。'言致一也。"

子曰："君子安其身而後動，易其心而後語，定其交而後求。君子修此三者，故全也。危以動，則民不與也；懼以語，則民不應也；無交而求，則民不與也；莫之與，則傷之者至矣。《易》曰：'莫益之，或擊之，立心勿恒，凶。'"

（六）

子曰："乾坤，其《易》之門耶？"乾，陽物也；坤，陰物也。陰陽合德，而剛柔有體。以體天地之撰，以通神明之德。其稱名也，雜而不越。於稽其類，其衰世之意邪？

夫《易》，彰往而察來，而微顯闡幽，開而當名，辨物正言，斷辭則備矣。其稱名也小，其取類也大。其旨遠，其辭文，其言曲而中，其事肆而隱。因貳以濟民行，以明失得之報。

（七）

《易》之興也，其於中古乎？作《易》者，其有憂患乎？是故履，德之基也。謙，德之柄也。複，德之本也。恒，德之固也。損，德之修也。益，德之裕也。困，德之辯也。井，德之地也。巽，德之制也。履，和而至。謙，尊而光。複，小而辨於物。恒，雜而不厭。損，先難而後易。益，長裕而不設。困，窮而通。井，居其所而遷。巽，稱而隱。履以和行，謙以制禮，複以自知，恒以一德，損以遠害，益以興利，困以寡怨，井以辨義，巽以行權。

（八）

《易》之為書也不可遠，為道也屢遷，變動不居，周流六虛，上下無常，剛柔相易，不可為典要，唯變所適。

其出入以度，外內使知懼。又明於憂患與故。無有師保，如臨父母。初率其辭而揆其方，既有典常。苟非其人，道不虛行。

（九）

《易》之為書也，原始要終，以為質也。六爻相雜，唯其時物也。

其初難知，其上易知，本末也。初辭擬之，卒成之終。若夫雜物撰德，辯是與非，則非其中爻不備。噫！亦要存亡吉凶，則居可知矣。知者觀其彖辭，則思過半矣。

二與四同功而異位，其善不同。二多譽，四多懼，近也。柔之為道，不利遠者。其要無咎。其用柔中也。三與五同功而異位，三多凶，五多功，貴賤之等也。其柔危，其剛勝也。

（十）

《易》之為書也，廣大悉備。有天道焉，有人道焉，有地道焉。兼三才而兩之，故六。六者非它也，三材之道也。

道有變動，故曰爻。爻有等，故曰物。物相雜，故曰文。文不當，故吉凶生焉。

（十一）

《易》之興也，其當殷之末世、周之盛德耶？當文王與紂之事耶？是故其辭危。危者使平，易者使傾。其道甚大，百物不廢。懼以終始，其要無咎，此之謂《易》之道也。

（十二）

夫乾，天下之至健也，德行恒易以知險。夫坤，天下之至順也，德行恒簡以知阻。

能說諸心，能研諸侯之慮，定天下之吉凶，成天下之亹亹者。是故變化雲為，吉事有祥。象事知器，占事知來。

天地設位，聖人成能。人謀鬼謀，百姓與能。

八卦以象告，爻彖以情言。剛柔雜居，而吉凶可見矣。變動以利言，吉凶以情遷。是故愛惡相攻而吉凶生，遠近相取而悔吝生。情偽相感而利害生。凡《易》之情，近而不相得則凶，或害之，悔且吝。

將叛者其辭慚，中心疑者其辭枝。吉人之辭寡，躁人之辭多。誣善之人其辭游，失其守者其辭屈。

二、說卦

昔者聖人之作《易》也，幽贊於神明而生蓍，參天兩地而倚數，觀變於陰陽而立卦，發揮於剛柔而生爻，和順于道德而理於義，窮理盡性以至於命。

昔者聖人之作《易》也，將以順性命之理，是以立天之道曰陰與陽，立地之道曰柔與剛，立人之道曰仁與義。兼三才而兩之，故《易》六畫而成卦。分陰分陽，迭用柔剛，故《易》六位而成章。

天地定位，山澤通氣，雷風相薄，水火不相射，八卦相錯。

數往者順，知來者逆，是故《易》逆數也。

雷以動之，風以散之，雨以潤之，日以烜之，艮以止之，兌以說之，乾以君之，坤以藏之。

帝出乎震，齊乎巽，相見乎離，致役乎坤，說言乎兌，戰乎乾，勞乎坎，成言乎艮。

萬物出乎震，震東方也。齊乎巽，巽東南也；齊也者，言萬物之絜齊也。離也者，明也；萬物皆相見，南方之卦也；聖人南面而聽天下，向明而治，蓋取諸此也。坤也者，地也；萬物皆致養焉，故曰致役乎坤。兌，正秋也；萬物之所說也，故曰說言乎兌。戰乎乾，乾，西北之卦也，言陰陽相薄也。坎者，水也；正北方之卦也，勞卦也，萬物之所歸也，故曰勞乎坎。艮，東北之卦也；萬物之所成終而成始也，故曰成言乎艮。

神也者，妙萬物而為言者也。動萬物者莫疾乎雷，撓萬物者莫疾乎風，躁萬物者莫熯乎火，說萬物者莫說乎澤，潤萬物者莫潤乎水，終萬物、始萬物者莫盛乎艮。故水火不相逮，雷風不相悖，山澤通氣，然後能變化,既成萬物也。

乾,健也;坤,順也;震,動也;巽,入也;坎,陷也;離,麗也;艮,止也;兌,說也。

乾為馬,坤為牛,震為龍,巽為雞,坎為豕,離為雉,艮為狗,兌為羊。

乾為首,坤為腹,震為足,巽為股,坎為耳,離為目,艮為手,兌為口。

乾,天也,故稱乎父;坤,地也,故稱乎母。震一索而得男,故謂之長男。巽一索而得女,故謂之長女。坎再索而得男,故謂之中男。離再索而得女,故謂之中女。艮三索而得男,故謂之少男。兌三索而得女,故謂之少女。

乾為天,為圜,為君,為父,為玉,為金,為寒,為冰,為大赤,為良馬,為老馬,為瘠馬,為駁馬,為木果。

坤為地,為母,為布,為釜,為吝嗇,為均,為子母牛,為大輿,為文,為眾,為柄,其於地也為黑。

震為雷,為龍,為玄黃,為旉,為大途,為長子,為決躁,為蒼筤竹,為萑葦。其于馬也,為善鳴,為馵足,為作足,為的顙。其於稼也,為反生。其究為健,為蕃鮮。

巽為木,為風,為長女,為繩直,為工,為白,為長,為高,為進退,為不果,為臭。其於人也,為寡髮,為廣顙,為多白眼,為近利市三倍,其究為躁卦。

坎為水,為溝瀆,為隱伏,為矯輮,為弓輪。其於人也,為加憂,為心病,為耳痛,為血卦,為赤。其于馬也,為美脊,為亟心,為下首,為薄蹄,為曳。其於輿也,為多眚,為通,為月,為盜。其於木也,為堅多心。

離為火，為日，為電，為中女，為甲冑，為戈兵。其於人也，為大腹。為乾卦，為鱉，為蟹，為蠃，為蚌，為龜。其於木也，為科上槁。

艮為山，為徑路，為小石，為門闕，為果蓏，為閽寺，為指，為狗，為鼠，為黔喙之屬。其於木也，為堅多節。

兌為澤，為少女，為巫，為口舌，為毀折，為附決。其於地也，為剛鹵。為妾，為羊。

三、序卦

有天地，然後萬物生焉。盈天地之間者唯萬物，故受之以《屯》。屯者，盈也。屯者，物之始生也。物生必蒙，故受之以《蒙》。蒙者，蒙也，物之稚也。物稚不可不養也，故受之以《需》。需者，飲食之道也。飲食必有訟，故受之以《訟》。訟必有眾起，故受之以《師》。師者，眾也。眾必有所比，故受之以《比》。比者，比也。比必有所畜，故受之以《小畜》。物畜然後有禮，故受之以《履》。履者，禮也。履而泰然後安，故受之以《泰》。泰者，通也。物不可以終通，故受之以《否》。物不可以終否，故受之以《同人》。與人同者，物必歸焉，故受之以《大有》。有大者，不可以盈，故受之以《謙》。有大而能謙必豫，故受之以《豫》。豫必有隨，故受之以《隨》。以喜隨人者必有事，故受之以《蠱》。蠱者，事也。有事而後可大，故受之以《臨》。臨者，大也。物大然後可觀，故受之以《觀》。可觀而後有所合，故受之以《噬嗑》。嗑者，合也。物不可以苟合而已，故受之以《賁》。賁者，飾也。致飾然後亨則盡矣，故受之以《剝》。剝者，剝也。物不可以終盡，剝窮上反下，故受之以《復》。復則不妄矣，故受之以《無妄》。有無妄，物然後可畜，故受之以《大畜》。物畜然後可養，故受之以《頤》。頤者，養也。

不養則不可動，故受之以《大過》。物不可以終過，故受之以《坎》。坎者，陷也。陷必有所麗，故受之以《離》。離者，麗也。

有天地然後有萬物，有萬物然後有男女，有男女然後有夫婦，有夫婦然後有父子，有父子然後有君臣，有君臣然後有上下，有上下然後禮義有所錯。夫婦之道不可以不久也，故受之以《恒》。恒者，久也。物不可以久居其所，故受之以《遯》。遯者，退也。物不可以終遯，故受之以《大壯》。物不可以終壯，故受之以《晉》。晉者，進也。進必有所傷，故受之以《明夷》。夷者，傷也。傷于外者必反於家，故受之以《家人》。家道窮必乖，故受之以《睽》。睽者，乖也。乖必有難，故受之以《蹇》。蹇者，難也。物不可以終難，故受之以《解》。解者，緩也。緩必有所失，故受之以《損》。損而不已必益，故受之以《益》。益而不已必決，故受之以《夬》。夬者，決也。決必有遇，故受之以《姤》。姤者，遇也。物相遇而後聚，故受之以《萃》。萃者，聚也。聚而上者謂之升，故受之以《升》。升而不已必困，故受之以《困》。困乎上者必反下，故受之以《井》。井道不可不革，故受之以《革》。革物者莫若鼎，故受之以《鼎》。主器者莫若長子，故受之以《震》。震者，動也。物不可以終動，止之，故受之以《艮》。艮者，止也。物不可以終止，故受之以《漸》。漸者，進也。進必有所歸，故受之以《歸妹》。得其所歸者必大，故受之以《豐》。豐者，大也。窮大者必失其居，故受之以《旅》。旅而無所容，故受之以《巽》。巽者，入也。入而後說之，故受之以《兌》。兌者，說也。說而後散之，故受之以《渙》。渙者，離也。物不可以終離，故受之以《節》。節而信之，故受之以《中孚》。有其信者必行之，故受之以《小過》。有過物者必濟，故受之以《既濟》。物不可窮也，故受之以《未濟》，終焉。

四、雜卦

　　《乾》剛《坤》柔，《比》樂《師》憂；《臨》《觀》之義，或與或求。《屯》見而不失其居。《蒙》雜而著。《震》，起也。《艮》，止也。《損》、《益》盛衰之始也。《大畜》，時也。《無妄》，災也。《萃》聚而《升》不來也。《謙》輕而《豫》怠也。《噬嗑》，食也。《賁》，無色也。《兌》見而《巽》伏也。《隨》無故也。《蠱》則飭也。《剝》，爛也。《復》，反也。《晉》，晝也。《明夷》，誅也。《井》通而《困》相遇也。《咸》，速也。《恆》，久也。《渙》，離也。《節》，止也。《解》，緩也。《蹇》，難也。《睽》，外也。《家人》，內也。《否》、《泰》反其類也。《大壯》則止，《遯》則退也。《大有》，眾也。《同人》，親也。《革》，去故也。《鼎》，取新也。《小過》，過也。《中孚》，信也。《豐》，多故也。親寡《旅》也。《離》上而《坎》下也。《小畜》，寡也。《履》，不處也。《需》，不進也。《訟》，不親也。《大過》，顛也。《姤》，遇也，柔遇剛也。《漸》，女歸待男行也。《頤》，養正也。《既濟》，定也。《歸妹》，女之終也。《未濟》，男之窮也。《夬》，決也，剛決柔也。君子道長，小人道憂也。

易經

上經

乾為天（卦一）　（乾下乾上）

乾，元亨利貞。

《彖》曰：大哉乾元，萬物資始，乃統天。雲行雨施，品物流形。大明終始,六位時成。時乘六龍以禦天。乾道變化,各正性命。保和太和,乃利貞。首出庶物,萬國咸寧。

《象》曰:天行健,君子以自強不息。

初九:潛龍,勿用。

《象》曰:"潛龍勿用",陽在下也。

九二:見龍在田,利見大人。

《象》曰:"見龍在田",德施普也。

九三:君子終日乾乾,夕惕若厲,無咎。

《象》曰:"終日乾乾",反復道也。

九四:或躍在淵,無咎。

《象》曰:"或躍在淵",進無咎也。

九五:飛龍在天,利見大人。

《象》曰:"飛龍在天",大人造也。

上九:亢龍,有悔。

《象》曰:"亢龍有悔",盈不可久也。

用九:見群龍無首,吉。

《象》曰:"用九",天德不可為首也。

《文言》曰:"元"者,善之長也;"亨"者,嘉之會也;"利"者,義之和也;"貞"者,事之幹也。君子體仁,足以長人;嘉會,足以合禮;利物,足以和義;貞固,足以幹事。君子行此四德者,故曰"乾:元、亨、利、貞"。

初九曰"潛龍勿用",何謂也？子曰:"龍德而隱者也。不易乎世,不成乎名,遁世無悶,不見是而無悶。樂則行之,憂則違之,確乎其不可拔,潛龍也。"

九二曰"見龍在田,利見大人",何謂也？子曰:"龍德而正中者也。庸言之信,庸行之謹,閑邪存其誠,善世而不伐,德博而化。《易》曰:'見龍在田,利見大人',君德也。"

九三曰"君子終日乾乾,夕惕若厲,無咎",何謂也?子曰:"君子進德修業。忠信所以進德也。修辭立其誠,所以居業也。知至至之,可與言幾也。知終終之,可與存義也。是故居上位而不驕,在下位而不憂,故乾乾因其時而惕,雖危無咎矣。"

九四曰"或躍在淵,無咎",何謂也?子曰:"上下無常,非為邪也。進退無恒,非離群也。君子進德修業,欲及時也,故無咎。"

九五曰"飛龍在天,利見大人",何謂也?子曰:"同聲相應,同氣相求。水流濕,火就燥,雲從龍,風從虎,聖人作而萬物睹。本乎天者親上,本乎地者親下,則各從其類也。"上九曰"亢龍有悔",何謂也?子曰:"貴而無位,高而無民,賢人在下位而無輔,是以動而有悔也。"

"潛龍勿用",下也。"見龍在田",時舍也。"終日乾乾",行事也。"或躍在淵",自試也。"飛龍在天",上治也。"亢龍有悔",窮之災也。乾元"用九",天下治也。

"潛龍勿用",陽氣潛藏。"見龍在田",天下文明。"終日乾乾",與時偕行。"或躍在淵",乾道乃革。"飛龍在天",乃位乎天德。"亢龍有悔",與時偕極。乾元"用九",乃見天則。

《乾》"元"者,始而亨者也。"利貞"者,性情也。乾始能以美利利天下,不言所利,大矣哉!大哉乾乎!剛健中正,純粹精也。六爻發揮,旁通情也。"時乘六龍",以"禦天"也。"雲行雨施",天下平也。

君子以成德為行,日可見之行也。

"潛"之為言也,隱而未見,行而未成,是以君子"弗用"也。

君子學以聚之,問以辯之,寬以居之,仁以行之。《易》曰:"見龍在田,利見大人",君德也。

九三重剛而不中，上不在天，下不在田，故乾乾因其時而惕，雖危無咎矣。

九四重剛而不中，上不在天，下不在田，中不在人，故"或"之。"或"之者，疑之也，故"無咎"。

夫"大人"者，與天地合其德，與日月合其明，與四時合其序，與鬼神合其吉凶，先天而天弗違，後天而奉天時。天且弗違，而況於人乎？況於鬼神乎？

"亢"之為言也，知進而不知退，知存而不知亡，知得而不知喪。其唯聖人乎！知進退存亡而不失其正者，其唯聖人乎！

坤為地（卦二）（坤下坤上）

坤，元亨。利牝馬之貞。君子有攸往，先迷，後得主，利西南得朋，東北喪朋。安貞吉。

《彖》曰：至哉坤元，萬物資生，乃順承天。坤厚載物，德合無疆。含弘光大，品物咸亨。牝馬地類，行地無疆，柔順利貞。君子攸行，先迷失道，後順得常。西南得朋，乃與類行。東北喪朋，乃終有慶。安貞之吉，應地無疆。

《象》曰：地勢坤。君子以厚德載物。

初六：履霜，堅冰至。

《象》曰："履霜、堅冰"，陰始凝也，馴致其道，至堅冰也。

六二：直、方、大，不習，無不利。

《象》曰：六二之動，直以方也。"不習無不利"，地道光也。

六三：含章可貞，或從王事，無成有終。

《象》曰："含章可貞"，以時發也。"或從王事"，知光大也。

六四：括囊，無咎無譽。

《象》曰："括囊無咎"，慎不害也。

六五：黃裳，元吉。

《象》曰："黃裳元吉"，文在中也。

上六：龍戰於野，其血玄黃。

《象》曰："龍戰於野"，其道窮也。

用六：利永貞。

《象》曰：用六"永貞"，以大終也。

《文言》曰：坤至柔而動也剛，至靜而德方，後得主而有常，含萬物而化光。坤道其順乎，承天而時行。

積善之家必有餘慶，積不善之家必有餘殃。臣弒其君，子弒其父，非一朝一夕之故，其所由來者漸矣，由辯之不早辯也。《易》曰："履霜，堅冰至"，蓋言順也。

"直"其正也，"方"其義也。君子敬以直內，義以方外，敬義立而德不孤。"直、方、大，不習無不利"，則不疑其所行也。

陰雖有美，"含"之以從王事，弗敢成也。地道也，妻道也，臣道也，地道無成而代有終也。

天地變化，草木蕃。天地閉，賢人隱。《易》曰："括囊，無咎無譽"，蓋言謹也。

君子黃中通理，正位居體，美在其中而暢于四支，發於事業，美之至也。

陰疑于陽必戰，為其嫌于無陽也，故稱"龍"焉。猶未離其類也，故稱"血"焉。夫玄黃者，天地之雜也，天玄而地黃。

水雷屯（卦三）（震下坎上）

屯，元亨，利貞。勿用有攸往。利建侯。

《彖》曰：屯，剛柔始交而難生。動乎險中，大亨貞。雷雨之動滿盈，天造草昧。宜建侯而不寧。

《象》曰：雲雷，屯。君子以經綸。

初九：盤桓，利居貞。利建侯。

《象》曰：雖"盤桓"，志行正也。以貴下賤，大得民也。

六二：屯如邅如，乘馬班如。匪寇，婚媾。女子貞不字，十年乃字。

《象》曰：六二之難，乘剛也。十年乃字，反常也。

六三：即鹿無虞，惟入于林中，君子幾不如舍，往吝。

《象》曰："即鹿無虞"，以從禽也。君子舍之，往吝窮也。

六四：乘馬班如，求婚媾。往吉，無不利。

《象》曰：求而往，明也。

九五：屯其膏，小貞吉；大貞凶。

《象》曰："屯其膏"，施未光也。

上六：乘馬班如，泣血漣如。

《象》曰："泣血漣如"，何可長也。

山水蒙（卦四）　（坎下艮上）

蒙，亨。匪我求童蒙，童蒙求我。初筮告，再三瀆，瀆則不告。利貞。

《彖》曰：蒙，山下有險，險而止，蒙。"蒙亨"，以亨行時中也。"匪我求童蒙，童蒙求我"，志應也。"初筮告"，以剛中也。"再三瀆，瀆則不告"，瀆蒙也。蒙以養正，聖功也。

《象》曰：山下出泉，蒙。君子以果行育德。

初六：發蒙，利用刑人，用說桎梏，以往吝。

《象》曰："利用刑人"，以正法也。

九二：包蒙，吉。納婦，吉。子克家。

《象》曰:"子克家",剛柔接也。

六三:勿用取女,見金夫,不有躬。無攸利。

《象》曰:"勿用取女",行不順也。

六四:困蒙,吝。

《象》曰:"困蒙之吝",獨遠實也。

六五:童蒙,吉。

《象》曰:"童蒙"之"吉",順以巽也。

上九:擊蒙,不利為寇,利禦寇。

《象》曰:利用"禦寇",上下順也。

水天需(卦五)　(乾下坎上)

需,有孚,光亨,貞吉。利涉大川。

《彖》曰:"需",須也,險在前也。剛健而不陷,其義不困窮矣。"需,有孚,光亨,貞吉",位乎天位,以正中也。"利涉大川",往有功也。

《象》曰:雲上於天,需。君子以飲食宴樂。

初九:需于郊,利用恒,無咎。

《象》曰:"需於郊",不犯難行也。"利用恒,無咎",未失常也。

九二:需于沙,小有言,終吉。

《象》曰:"需于沙",衍在中也。雖小有言,以終吉也。

九三:需於泥,致寇至。

《象》曰:"需於泥",災在外也。自我致寇。敬慎不敗也。

六四:需於血,出自穴。

《象》曰:"需於血",順以聽也。

九五:需于酒食,貞吉。

《象》曰:"酒食貞吉",以中正也。

上六：入於穴，有不速之客三人來，敬之終吉。

《象》曰："不速之客來，敬之終吉"，雖不當位，未大失也。

天水訟（卦六）（坎下乾上）

訟，有孚窒惕，中吉，終凶。利見大人。不利涉大川。

《彖》曰：訟，上剛下險，險而健，訟。"訟有孚窒惕，中吉"，剛來而得中也。"終凶"，訟不可成也。"利見大人"，尚中正也。"不利涉大川"，入於淵也。

《象》曰：天與水違行，訟。君子以作事謀始。

初六：不永所事，小有言，終吉。

《象》曰："不永所事"，訟不可長也。雖"小有言"，其辯明也。

九二：不克訟，歸而逋。其邑人三百戶，無眚。

《象》曰："不克訟"，歸逋竄也。自下訟上，患至掇也。

六三：食舊德，貞厲，終吉。或從王事，無成。

《象》曰："食舊德"，從上吉也。

九四：不克訟，複即命，渝安貞，吉。

《象》曰："複即命，渝安貞"，不失也。

九五：訟，元吉。

《象》曰："訟，元吉"，以中正也。

上九：或錫之鞶帶，終朝三褫之。

《象》曰：以訟受服，亦不足敬也。

地水師（卦七）（坎下坤上）

師，貞。丈人吉，無咎。

《彖》曰：師，眾也。貞，正也。能以眾正，可以王矣。剛中而應，行險而順,以此毒天下,而民從之,吉又何咎矣。

《象》曰:地中有水,師。君子以容民畜眾。

初六:師出以律,否臧凶。

《象》曰:"師出以律",失律凶也。

九二:在師中吉,無咎,王三錫命。

《象》曰:"在師中吉",承天寵也。"王三錫命",懷萬邦也。

六三:師或輿屍,凶。

《象》曰:"師或輿屍",大無功也。

六四:師左次,無咎。

《象》曰:"左次無咎",未失常也。

六五:田有禽。利執言,無咎。長子帥師,弟子輿屍,貞凶。

《象》曰:"長子帥師",以中行也。"弟子輿屍",使不當也。

上六:大君有命,開國承家,小人勿用。

《象》曰:"大君有命",以正功也。"小人勿用",必亂邦也。

水地比(卦八) (坤下坎上)

比,吉。原筮,元永貞,無咎。不寧方來,後夫凶。

《彖》曰:比,吉也;比,輔也,下順從也。"原筮,元永貞,無咎",以剛中也。"不寧方來",上下應也。"後夫凶",其道窮也。

《象》曰:地上有水,比。先王以建萬國,親諸侯。

初六:有孚,比之,無咎。有孚盈缶,終來有它,吉。

《象》曰:比之初六,有它吉也。

六二:比之自內,貞吉。

《象》曰:"比之自內",不自失也。

六三:比之匪人。

《象》曰："比之匪人",不亦傷乎？

六四：外比之,貞吉。

《象》曰："外比"於賢,以從上也。

九五：顯比。王用三驅,失前禽,邑人不誡,吉。

《象》曰："顯比"之吉,位正中也。舍逆取順,"失前禽"也。"邑人不誡",上使中也。

上六：比之無首,凶。

《象》曰："比之無首",無所終也。

風天小畜（卦九）（乾下巽上）

小畜,亨。密雲不雨。自我西郊。

《彖》曰：小畜,柔得位而上下應之,曰小畜。健而巽,剛中而志行,乃亨。"密雲不雨",尚往也。"自我西郊",施未行也。

《象》曰：風行天上,小畜。君子以懿文德。

初九：複自道,何其咎？吉。

《象》曰："複自道",其義吉也。

九二：牽複,吉。

《象》曰："牽複",在中,亦不自失也。

九三：輿說輻。夫妻反目。

《象》曰："夫妻反目",不能正室也。

六四：有孚,血去,惕出,無咎。

《象》曰："有孚惕出",上合志也。

九五：有孚攣如,富以其鄰。

《象》曰："有孚攣如",不獨富也。

上九：既雨既處,尚德載。婦貞厲。月幾望,君子征凶。

《象》曰："既雨既處"，德積載也。"君子征凶"有所疑也。

天澤履（十）（兌下乾上）

履虎尾，不咥人。亨。

《彖》曰："履"，柔履剛也。說而應乎乾，是以"履虎尾，不咥人"。"亨"，剛中正，履帝位而不疚，光明也。

《象》曰：上天下澤，履。君子以辨上下，定民志。

初九：素履，往無咎。

《象》曰："素履之往"，獨行願也。

九二：履道坦坦，幽人貞吉。

《象》曰："幽人貞吉"，中不自亂也。

六三：眇能視，跛能履，履虎尾，咥人，凶。武人為于大君。

《象》曰："眇能視"，不足以有明也。"跛能履"，不足以與行也。"咥人之凶"，位不當也。"武人為于大君"，志剛也。

九四：履虎尾，愬愬，終吉。

《象》曰："愬愬，終吉"，志行也。

九五：夬履，貞厲。

《象》曰："夬履，貞厲"，位正當也。

上九：視履考祥，其旋元吉。

《象》曰：元吉在上，大有慶也。

地天泰（卦十一）（乾下坤上）

泰，小往大來，吉，亨。

《彖》曰："泰，小往大來。吉，亨。"則是天地交而萬物通也，上下交而其志同也。內陽而外陰，內健而外順，內君子而外小人，君子道長，小人道消也。

《象》曰:天地交,泰。後以財成天地之道,輔相天地之宜,以左右民。

初九:拔茅,茹以其彙。征吉。

《象》曰:"拔茅征吉",志在外也。

九二:包荒,用馮河,不遐遺。朋亡,得尚於中行。

《象》曰:"包荒,得尚於中行",以光大也。

九三:無平不陂,無往不復。艱貞無咎。勿恤其孚,於食有福。

《象》曰:"無往不復",天地際也。

六四:翩翩不富以其鄰,不戒以孚。

《象》曰:"翩翩不富",皆失實也。"不戒以孚",中心願也。

六五:帝乙歸妹,以祉元吉。

《象》曰:"以祉元吉",中以行願也。

上六:城複於隍,勿用師,自邑告命。貞吝。

《象》曰:"城複於隍",其命亂也。

天地否(卦十二) (坤下乾上)

否之匪人,不利君子貞,大往小來。

《彖》曰:"否之匪人,不利君子貞,大往小來。"則是天地不交而萬物不通也,上下不交而天下無邦也;內陰而外陽,內柔而外剛,內小人而外君子,小人道長,君子道消也。

《象》曰:天地不交,否。君子以儉德辟難,不可榮以祿。

初六:拔茅,茹以其彙。貞吉,亨。

《象》曰:"拔茅貞吉",志在君也。

六二:包承,小人吉,大人否。亨。

《象》曰："大人否亨"，不亂群也。

六三：包羞。

《象》曰："包羞"，位不當也。

九四：有命，無咎，疇離祉。

《象》曰："有命無咎"，志行也。

九五：休否，大人吉。其亡其亡，系于苞桑。

《象》曰：大人之吉，位正當也。

上九：傾否，先否後喜。

《象》曰：否終則傾，何可長也。

天火同人（卦十三）（離下乾上）

同人於野，亨。利涉大川。利君子貞。

《彖》曰：同人，柔得位、得中，而應乎乾，曰同人。同人曰："同人於野，亨。利涉大川"，乾行也。文明以健，中正而應，君子正也。唯君子為能通天下之志。

《象》曰：天與火，同人。君子以類族辨物。

初九：同人於門，無咎。

《象》曰："出門同人"，又誰咎也。

六二：同人于宗，吝。

《象》曰："同人于宗"，吝道也。

九三：伏戎於莽，升其高陵，三歲不興。

《象》曰："伏戎於莽"，敵剛也。"三歲不興"，安行也？

九四：乘其墉，弗克攻，吉。

《象》曰："乘其墉"，義弗克也。其"吉"，則困而反則也。

九五：同人，先號咷而後笑，大師克相遇。

《象》曰:同人之先,以中直也。大師相遇,言相克也。

上九:同人於郊,無悔。

《象》曰:"同人於郊",志未得也。

火天大有(卦十四) (乾下離上)

大有,元亨。

《彖》曰:大有,柔得尊位,大中而上下應之,曰大有。其德剛健而文明,應乎天而時行,是以元亨。

《象》曰:火在天上,大有。君子以遏惡揚善,順天休命。

初九:無交害,匪咎。艱則無咎。

《象》曰:大有初九,無交害也。

九二:大車以載,有攸往,無咎。

《象》曰:"大車以載",積中不敗也。

九三:公用亨于天子,小人弗克。

《象》曰:"公用亨于天子",小人害也。

九四:匪其彭,無咎。

《象》曰:"匪其彭,無咎",明辨晢也。

六五:厥孚交如,威如,吉。

《象》曰:"厥孚交如",信以發志也。"威如之吉",易而無備也。

上九:自天佑之,吉,無不利。

《象》曰:大有上吉,自天佑也。

地山謙(卦十五) (艮下坤上)

謙,亨。君子有終。

《彖》曰:謙,亨。天道下濟而光明,地道卑而上行。天道虧盈而益謙,地道變盈而流謙,鬼神害盈而福謙,人道惡盈而好謙。謙,尊而光,卑而不可逾,君子之終也。

《象》曰:地中有山,謙。君子以裒多益寡,稱物平施。

初六:謙謙君子,用涉大川,吉。

《象》曰:"謙謙君子",卑以自牧也。

六二:鳴謙,貞吉。

《象》曰:"鳴謙貞吉",中心得也。

九三:勞謙君子,有終,吉。

《象》曰:"勞謙君子",萬民服也。

六四:無不利,撝謙。

《象》曰:"無不利,撝謙",不違則也。

六五:不富以其鄰,利用侵伐,無不利。

《象》曰:"利用侵伐",征不服也。

上六:鳴謙,利用行師,征邑國。

《象》曰:"鳴謙",志未得也。"可用行師",征邑國也。

雷地豫(卦十六) (坤下震上)

豫,利建侯行師。

《彖》曰:豫,剛應而志行,順以動,豫。豫,順以動,故天地如之,而況建侯行師乎？天地以順動,故日月不過,而四時不忒。聖人以順動,則刑罰清而民服,豫之時義大矣哉！

《象》曰:雷出地奮,豫。先王以作樂崇德,殷薦之上帝,以配祖考。

初六:鳴豫,凶。

《象》曰:初六"鳴豫",志窮凶也。

六二：介於石,不終日,貞吉。

《象》曰："不終日,貞吉",以中正也。

六三：盱豫,悔,遲有悔。

《象》曰："盱豫,有悔",位不當也。

九四：由豫,大有得,勿疑。朋盍簪。

《象》曰："由豫大有得",志大行也。

六五：貞疾,恒不死。

《象》曰：六五"貞疾",乘剛也。"恒不死",中未亡也。

上六：冥豫,成有渝。無咎。

《象》曰："冥豫"在上,何可長也？

澤雷隨（卦十七） （震下兌上）

隨：元亨,利貞,無咎。

《彖》曰：隨,剛來而下柔,動而說,隨。大亨貞,無咎,而天下隨時,隨時之義大矣哉！

《象》曰：澤中有雷,隨。君子以向晦入宴息。

初九：官有渝,貞吉,出門交有功。

《象》曰："官有渝",從正吉也。"出門交有功",不失也。

六二：系小子,失丈夫。

《象》曰："系小子",弗兼與也。

六三：系丈夫,失小子,隨有求,得。利居貞。

《象》曰："系丈夫",志捨下也。

九四：隨有獲,貞凶。有孚在道,以明,何咎？

《象》曰："隨有獲",其義凶也。"有孚在道",明功也。

九五：孚于嘉,吉。

《象》曰:"孚于嘉,吉",位正中也。

上六:拘系之,乃從維之,王用亨於西山。

《象》曰:"拘系之",上窮也。

山風蠱(卦十八) (巽下艮上)

蠱,元亨。利涉大川,先甲三日,後甲三日。

《彖》曰:蠱,剛上而柔下,巽而止,蠱。蠱,元亨而天下治也。"利涉大川",往有事也。"先甲三日,後甲三日",終則有始,天行也。

《象》曰:山下有風,蠱。君子以振民育德。

初六:幹父之蠱,有子,考無咎。厲,終吉。

《象》曰:"幹父之蠱",意承考也。

九二:幹母之蠱,不可貞。

《象》曰:"幹母之蠱",得中道也。

九三:幹父之蠱,小有悔,無大咎。

《象》曰:"幹父之蠱",終無咎也。

六四:裕父之蠱,往見吝。

《象》曰:"裕父之蠱",往未得也。

六五:幹父之蠱,用譽。

《象》曰:"幹父,用譽",承以德也。

上九:不事王侯,高尚其事。

《象》曰:"不事王侯",志可則也。

地澤臨(卦十九) (兌下坤上)

臨,元亨,利貞。至於八月有凶。

《彖》曰:臨,剛浸而長,說而順,剛中而應。大亨以正,天之道也。"至於八月有凶",消不久也。

《象》曰:澤上有地,臨。君子以教思無窮,容保民無疆。

初九:咸臨,貞吉。

《象》曰:"咸臨,貞吉",志行正也。

九二:咸臨,吉,無不利。

《象》曰:"咸臨,吉,無不利",未順命也。

六三:甘臨,無攸利。既憂之,無咎。

《象》曰:"甘臨",位不當也。"既憂之",咎不長也。

六四:至臨,無咎。

《象》曰:"至臨,無咎",位當也。

六五:知臨,大君之宜,吉。

《象》曰:"大君之宜",行中之謂也。

上六:敦臨,吉,無咎。

《象》曰:"敦臨之吉",志在內也。

風地觀(卦二十)　(坤下巽上)

觀,盥而不薦。有孚顒若。

《彖》曰:大觀在上,順而巽,中正以觀天下,觀。"盥而不薦,有孚顒若",下觀而化也。觀天之神道,而四時不忒。聖人以神道設教,而天下服矣。

《象》曰:風行地上,觀。先王以省方觀民設教。

初六:童觀,小人無咎,君子吝。

《象》曰:初六"童觀",小人道也。

六二:窺觀,利女貞。

《象》曰:"窺觀,女貞",亦可醜也。

六三：觀我生，進退。

《象》曰："觀我生，進退"，未失道也。

六四：觀國之光，利用賓于王。

《象》曰："觀國之光"，尚賓也。

九五：觀我生，君子無咎。

《象》曰："觀我生"，觀民也。

上九：觀其生，君子無咎。

《象》曰："觀其生"，志未平也。

火雷噬嗑（卦二十一）（震下離上）

噬嗑，亨。利用獄。

《彖》曰：頤中有物曰噬嗑。噬嗑而亨，剛柔分，動而明。雷電合而章。柔得中而上行，雖不當位，利用獄也。

《象》曰：雷電，噬嗑。先王以明罰敕法。

初九：履校滅趾，無咎。

《象》曰："履校滅趾"，不行也。

六二：噬膚滅鼻，無咎。

《象》曰："噬膚滅鼻"，乘剛也。

六三：噬臘肉，遇毒，小吝，無咎。

《象》曰："遇毒"，位不當也。

九四：噬乾胏，得金矢。利艱貞，吉。

《象》曰："利艱貞，吉"，未光也。

六五：噬乾肉，得黃金。貞厲，無咎。

《象》曰："貞厲無咎"，得當也。

上九：何校滅耳，凶。

《象》曰:"何校滅耳",聰不明也。

山火賁(卦二十二) (離下艮上)

賁,亨。小利有攸往。

《彖》曰:賁亨,柔來而文剛,故亨。分剛上而文柔,故小利有攸往,天文也。文明以止,人文也。觀乎天文,以察時變;觀乎人文,以化成天下。

《象》曰:山下有火,賁。君子以明庶政,無敢折獄。

初九:賁其趾,舍車而徒。

《象》曰:"舍車而徒",義弗乘也。

六二:賁其須。

《象》曰:"賁其須",與上興也。

九三:賁如,濡如,永貞吉。

《象》曰:"永貞之吉",終莫之陵也。

六四:賁如皤如,白馬翰如。匪寇,婚媾。

《象》曰:六四,當位疑也。"匪寇婚媾",終無尤也。

六五:賁於丘園,束帛戔戔。吝,終吉。

《象》曰:六五之吉,有喜也。

上九:白賁,無咎。

《象》曰:"白賁,無咎",上得志也。

山地剝(卦二十三) (坤下艮上)

剝,不利有攸往。

《彖》曰:剝,剝也。柔變剛也。"不利有攸往",小人長也。順而止之,觀象也。君子尚消息盈虛,天行也。

《象》曰：山附於地，剝。上以厚下安宅。

初六：剝床以足，蔑貞，凶。

《象》曰："剝床以足"，以滅下也。

六二：剝床以辨，蔑貞，凶。

《象》曰："剝床以辨"，未有與也。

六三：剝之，無咎。

《象》曰："剝之，無咎"，失上下也。

六四：剝床以膚，凶。

《象》曰："剝床以膚"，切近災也。

六五：貫魚，以宮人寵，無不利。

《象》曰："以宮人寵"，終無尤也。

上九：碩果不食。君子得輿，小人剝廬。

《象》曰："君子得輿"，民所載也。"小人剝廬"，終不可用也。

地雷複（卦二十四）（震下坤上）

複，亨。出入無疾，朋來無咎。反復其道，七日來複，利有攸往。

《彖》曰："複，亨"。剛反，動而以順行。是以"出入無疾，朋來無咎"。"反復其道，七日來複"，天行也。"利有攸往"，剛長也。複，其見天地之心乎。

《象》曰：雷在地中，複。先王以至日閉關，商旅不行，後不省方。

初九：不遠複，無祗悔，元吉。

《象》曰：不遠之複，以修身也。

六二：休複，吉。

《象》曰：休複之吉，以下仁也。

六三：頻複，厲，無咎。

《象》曰:頻複之厲,義無咎也。

六四:中行獨複。

《象》曰:"中行獨複",以從道也。

六五:敦複,無悔。

《象》曰:"敦複,無悔",中以自考也。

上六:迷複,凶,有災眚。用行師,終有大敗,以其國君凶。至於十年,不克征。

《象》曰:"迷複之凶",反君道也。

天雷無妄(卦二十五) (震下乾上)

無妄,元亨,利貞。其匪正有眚,不利有攸往。

《彖》曰:無妄,剛自外來而為主於內,動而健,剛中而應。大亨以正,天之命也。"其匪正有眚,不利有攸往",無妄之往,何之矣?天命不佑,行矣哉!

《象》曰:天下雷行,物與無妄。先王以茂對時育萬物。

初九:無妄,往吉。

《象》曰:無妄之往,得志也。

六二:不耕獲,不菑畬,則利有攸往。

《象》曰:"不耕獲",未富也。

六三:無妄之災。或系之牛,行人之得,邑人之災。

《象》曰:行人得牛,邑人災也。

九四:可貞。無咎。

《象》曰:"可貞,無咎",固有之也。

九五:無妄之疾,勿藥有喜。

《象》曰:無妄之藥,不可試也。

上九：無妄，行有眚，無攸利。

《象》曰：無妄之行，窮之災也。

山天大畜（卦二十六） （乾下艮上）

大畜，利貞。不家食，吉。利涉大川。

《彖》曰：大畜，剛健篤實，輝光日新。其德剛上而尚賢，能止健，大正也。"不家食吉"，養賢也。"利涉大川"，應乎天也。

《象》曰：天在山中，大畜。君子以多識前賢往行，以畜其德。

初九：有厲，利已。

《象》曰："有厲，利已"，不犯災也。

九二：輿說輹。

《象》曰："輿說輹"，中無尤也。

九三：良馬逐，利艱貞，曰閑輿衛，利有攸往。

《象》曰："利有攸往"，上合志也。

六四：童牛之牿，元吉。

《象》曰：六四"元吉"，有喜也。

六五：豶豕之牙，吉。

《象》曰：六五之吉，有慶也。

上九：何天之衢，亨。

《象》曰："何天之衢"，道大行也。

山雷頤（卦二十七） （震下艮上）

頤，貞吉。觀頤，自求口實。

《彖》曰：頤，貞吉，養正則吉也。觀頤，觀其所養也。自求口實，觀其自養也。天地養萬物，聖人養賢以及萬民，頤之時大矣哉！

《象》曰：山下有雷，頤。君子以慎言語，節飲食。

初九：舍爾靈龜，觀我朵頤，凶。

《象》曰："觀我朵頤"，亦不足貴也。

六二：顛頤，拂經於丘頤，征凶。

《象》曰：六二"征凶"，行失類也。

六三：拂頤，貞凶。十年勿用，無攸利。

《象》曰："十年勿用"，道大悖也。

六四：顛頤，吉。虎視眈眈，其欲逐逐，無咎。

《象》曰："顛頤"之吉，上施光也。

六五：拂經，居貞吉。不可涉大川。

《象》曰："居貞"之吉，順以從上也。

上九：由頤，厲，吉。利涉大川。

《象》曰："由頤，厲，吉"，大有慶也。

澤風大過（卦二十八）（巽下兌上）

大過，棟橈，利有攸往，亨。

《彖》曰：大過，大者過也。"棟橈"，本末弱也。剛過而中，巽而說，行。利有攸往，乃亨。大過之時大矣哉！

《象》曰：澤滅木，大過。君子以獨立不懼，遯世無悶。

初六：藉用白茅，無咎。

《象》曰："藉用白茅"，柔在下也。

九二：枯楊生稊，老夫得其女妻，無不利。

《象》曰："老夫、女妻"，過以相與也。

九三：棟橈，凶。

《象》曰："棟橈"之"凶"，不可以有輔也。

九四：棟隆，吉。有它吝。

《象》曰："棟隆"之吉，不橈乎下也。

九五：枯楊生華，老婦得其士夫。無咎無譽。

《象》曰："枯楊生華"，何可久也。"老婦、士夫"，亦可醜也。

上六：過涉滅頂，凶。無咎。

《象》曰："過涉"之凶，不可咎也。

坎為水（卦二十九） （坎下坎上）

習坎，有孚，維心亨。行有尚。

《彖》曰："習坎"，重險也。水流而不盈。行險而不失其信。"維心亨"，乃以剛中也。"行有尚"，往有功也。天險，不可升也。地險，山川丘陵也。王公設險以守其國。險之時用大矣哉！

《象》曰：水洊至，習坎。君子以常德行，習教事。

初六：習坎，入於坎陷，凶。

《象》曰："習坎""入坎"，失道凶也。

九二：坎有險，求小得。

《象》曰："求小得"，未出中也。

六三：來之坎坎，險且枕。入於坎陷，勿用。

《象》曰："來之坎坎"，終無功也。

六四：樽酒簋貳，用缶。納約自牖，終無咎。

《象》曰："樽酒簋貳"，剛柔際也。

九五：坎不盈，祗既平，無咎。

《象》曰："坎不盈"，中未大也。

上六：系用徽纆，寘于叢棘，三歲不得，凶。

《象》曰：上六失道，凶三歲也。

離為火（卦三十）　（離下離上）

離，利貞。亨。畜牝牛吉。

《彖》曰：離，麗也。日月麗乎天，百穀草木麗乎土。重明以麗乎正，乃化成天下。柔麗乎中正，故亨，是以"畜牝牛吉"也。

《象》曰：明兩作，離。大人以繼明照于四方。

初九：履錯然。敬之，無咎。

《象》曰：履錯之敬，以辟咎也。

六二：黃離，元吉。

《象》曰："黃離，元吉"，得中道也。

九三：日昃之離。不鼓缶而歌，則大耋之嗟，凶。

《象》曰："日昃之離"，何可久也？

九四：突如其來如，焚如，死如，棄如。

《象》曰："突如其來如"，無所容也。

六五：出涕沱若，戚嗟若，吉。

《象》曰：六五之吉，離王公也。

上九：王用出征，有嘉。折首，獲匪其醜，無咎。

《象》曰："王用出征"，以正邦也。

下經

澤山咸（卦三十一）　（艮下兌上）

咸，亨。利貞。取女吉。

《彖》曰：咸，感也。柔上而剛下，二氣感應以相與。止而說，男下女，是以"亨利貞,取女吉"也。天地感而萬物化生,聖人感人心而天下和平。觀其所感,而天地萬物之情可見矣。

《象》曰:山上有澤,咸。君子以虛受人。

初六:咸其拇。

《象》曰:"咸其拇",志在外也。

六二:咸其腓,凶。居吉。

《象》曰:雖凶,"居吉",順不害也。

九三:咸其股,執其隨,往吝。

《象》曰:"咸其股",亦不處也。志在隨人,所執下也。

九四:貞吉,悔亡。憧憧往來,朋從爾思。

《象》曰:"貞吉,悔亡",未感害也。"憧憧往來",未光大也。

九五:咸其脢,無悔。

《象》曰:"咸其脢",志末也。

上六:咸其輔、頰、舌。

《象》曰:"咸其輔、頰、舌",滕口說也。

雷風恒(卦三十二) (巽下震上)

恒:亨。無咎。利貞。利有攸往。

《彖》曰:恒,久也。剛上而柔下。雷風相與,巽而動,剛柔皆應,恒。"恒,亨,無咎,利貞",久於其道也,天地之道恒久而不已也。"利有攸往",終則有始也。日月得天而能久照,四時變化而能久成。聖人久于其道而天下化成。觀其所恒,而天地萬物之情可見矣。

《象》曰:雷風,恒。君子以立不易方。

初六:浚恒,貞凶,無攸利。

《象》曰:"浚恒"之凶,始求深也。

九二：悔亡。

　　《象》曰：九二"悔亡"，能久中也。

九三：不恒其德，或承之羞，貞吝。

　　《象》曰："不恒其德"，無所容也。

九四：田無禽。

　　《象》曰：久非其位，安得禽也。

六五：恒其德，貞。婦人吉，夫子凶。

　　《象》曰：婦人貞吉，從一而終也。夫子制義，從婦凶也。

上六：振恒，凶。

　　《象》曰："振恒"在上，大無功也。

天山遯（卦三十三）　（艮下乾上）

遯，亨。小利貞。

《彖》曰："遯，亨"，遯而亨也。剛當位而應，與時行也。"小利貞"，浸而長也。遯之時義大矣哉！

　　《象》曰：天下有山，遯。君子以遠小人，不惡而嚴。

初六：遯尾，厲。勿用有攸往。

　　《象》曰："遯尾"之"厲"，不往何災也？

六二：執之用黃牛之革，莫之勝說。

　　《象》曰："執用黃牛"，固志也。

九三：系遯，有疾，厲。畜臣妾吉。

　　《象》曰："系遯"之"厲"，有疾憊也。"畜臣妾吉"，不可大事也。

九四：好遯，君子吉，小人否。

　　《象》曰：君子"好遯"，"小人否"也。

九五：嘉遯，貞吉。

《象》曰："嘉遯,貞吉",以正志也。

上九:肥遯,無不利。

《象》曰:"肥遯,無不利",無所疑也。

雷天大壯(卦三十四) （乾下震上）

大壯,利貞。

《彖》曰:大壯,大者壯也。剛以動,故壯。"大壯,利貞",大者正也。正大,而天地之情可見矣。

《象》曰:雷在天上,大壯。君子以非禮弗履。

初九:壯於趾,征凶,有孚。

《象》曰:"壯於趾",其孚窮也。

九二:貞吉。

《象》曰:九二"貞吉",以中也。

九三:小人用壯,君子用罔,貞厲。羝羊觸藩,羸其角。

《象》曰:"小人用壯","君子罔也"。

九四:貞吉,悔亡。藩決不羸,壯於大輿之輹。

《象》曰:"藩決不羸",尚往也。

六五:喪羊于易,無悔。

《象》曰:"喪羊于易",位不當也。

上六:羝羊觸藩,不能退,不能遂,無攸利。艱則吉。

《象》曰:"不能退,不能遂",不詳也。"艱則吉",咎不長也。

火地晉(卦三十五) （坤下離上）

晉,康侯用錫馬蕃庶,晝日三接。

《彖》曰:晉,進也。明出地上,順而麗乎大明,柔進而上行,是以"康侯用錫馬蕃庶,晝日三接"也。

　　《象》曰:明出地上,晉。君子以自昭明德。

初六:晉如,摧如,貞吉。罔孚,裕,無咎。

　　《象》曰:"晉如,摧如",獨行正也。"裕無咎",未受命也。

六二:晉如,愁如,貞吉。受茲介福,于其王母。

　　《象》曰:"受茲介福",以中正也。

六三:眾允,悔亡。

　　《象》曰:"眾允"之志,上行也。

九四:晉如鼫鼠,貞厲。

　　《象》曰:"鼫鼠,貞厲",位不當也。

六五:悔亡,失得勿恤。往吉,無不利。

　　《象》曰:"失得勿恤",往有慶也。

上九:晉其角,維用伐邑。厲吉,無咎,貞吝。

　　《象》曰:"維用伐邑",道未光也。

地火明夷(卦三十六)　(離下坤上)

明夷,利艱貞。

《彖》曰:明入地中,"明夷"。內文明而外柔順,以蒙大難,文王以之。
"利艱貞",晦其明也,內難而能正其志,箕子以之。

　　《象》曰:明入地中,"明夷"。君子以涖眾用晦而明。

初九:明夷於飛,垂其翼。君子于行,三日不食。有攸往,主人有言。

　　《象》曰:"君子于行",義不食也。

六二:明夷,夷于左股,用拯馬壯,吉。

　　《象》曰:六二之吉,順以則也。

九三:明夷于南狩,得其大首,不可疾,貞。

《象》曰:"南狩"之志,乃得大也。

六四:入于左腹,獲明夷之心,於出門庭。

《象》曰:"入于左腹",獲心意也。

六五:箕子之明夷,利貞。

《象》曰:箕子之貞,明不可息也。

上六:不明,晦,初登於天,後入於地。

《象》曰:"初登於天",照四國也。"後入天地",失則也。

風火家人(卦三十七) (離下巽上)

家人,利女貞。

《彖》曰:家人,女正位乎内,男正位乎外。男女正,天地之大義也。家人有嚴君焉,父母之謂也。父父,子子,兄兄,弟弟,夫夫,婦婦,而家道正。正家而天下定矣。

《象》曰:風自火出,家人。君子以言有物而行有恆。

初九:閑有家,悔亡。

《象》曰:"閑有家",志未變也。

六二:無攸遂,在中饋,貞吉。

《象》曰:六二之吉,順以巽也。

九三:家人嗃嗃,悔厲吉;婦子嘻嘻,終吝。

《象》曰:"家人嗃嗃",未失也。"婦子嘻嘻",失家節也。

九四:富家,大吉。

《象》曰:"富家大吉",順在位也。

九五:王假有家,勿恤,吉。

《象》曰:"王假有家",交相愛也。

上九:有孚威如,終吉。

《象》曰:"威如"之吉,反身之謂也。

火澤睽(卦三十八) （兌下離上）

睽,小事吉。

《彖》曰:睽,火動而上,澤動而下。二女同居,其志不同行。說而麗乎明,柔進而上行,得中而應乎剛,是以小事吉。天地睽而其事同也。男女睽而其志通也。萬物睽而其事類也,睽之時用大矣哉!

《象》曰:上火下澤,睽。君子以同而異。

初九:悔亡。喪馬勿逐,自復。見惡人,無咎。

《象》曰:"見惡人",以辟咎也。

九二:遇主於巷,無咎。

《象》曰:"遇主於巷",未失道也。

六三:見輿曳,其牛掣,其人天且劓,無初有終。

《象》曰:"見輿曳",位不當也。"無初有終",遇剛也。

九四:睽孤,遇元夫。交孚,厲,無咎。

《象》曰:"交孚,無咎",志行也。

六五:悔亡。厥宗噬膚,往何咎?

《象》曰:"厥宗噬膚",往有慶也。

上九:睽孤,見豕負塗,載鬼一車,先張之弧,後說之弧。匪寇,婚媾。往遇雨則吉。

《象》曰:"遇雨之吉",群疑亡也。

水山蹇(卦三十九) （艮下坎上）

蹇,利西南,不利東北。利見大人。貞吉。

《彖》曰:蹇,難也,險在前也。見險而能止,知矣哉!蹇,"利西南",往得中也。"不利東北",其道窮也。"利見大人",往有功也。當位"貞吉",以正邦也。蹇之時用大矣哉!

《象》曰:山上有水,蹇。君子以反身修德。

初六:往蹇,來譽。

《象》曰:"往蹇,來譽",宜待也。

六二:王臣蹇蹇,匪躬之故。

《象》曰:"王臣蹇蹇",終無尤也。

九三:往蹇來反。

《象》曰:"往蹇來反",內喜之也。

六四:往蹇來連。

《象》曰:"往蹇來連",當位實也。

九五:大蹇,朋來。

《象》曰:"大蹇朋來",以中節也。

上六:往蹇來碩,吉。利見大人。

《象》曰:"往蹇來碩",志在內也。"利見大人",以從貴也。

雷水解(卦四十) (坎下震上)

解,利西南。無所往,其來複吉。有攸往,夙吉。

《彖》曰:解,險以動,動而免乎險,解。"解,利西南",往得眾也。"無所往,其來複吉",乃得中也。"有攸往夙吉",往有功也。天地解而雷雨作,雷雨作而百果草木皆甲坼。解之時大矣哉!

《象》曰:雷雨作,解。君子以赦過宥罪。

初六:無咎。

《象》曰:剛柔之際,義無咎也。

九二:田獲三狐,得黃矢,貞吉。

《象》曰：九二貞吉，得中道也。

六三：負且乘，致寇至，貞吝。

《象》曰："負且乘"，亦可醜也。自我致戎，又誰咎也？

九四：解而拇，朋至斯孚。

《象》曰："解而拇"，未當位也。

六五：君子維有解，吉，有孚於小人。

《象》曰："君子有解"，小人退也。

上六：公用射隼于高墉之上，獲之，無不利。

《象》曰："公用射隼"，以解悖也。

山澤損（卦四十一）（兌下艮上）

損：有孚，元吉，無咎。可貞。利有攸往。曷之用？二簋可用享。

《彖》曰：損，損下益上，其道上行。損而有孚，元吉，無咎，可貞。利有攸往，曷之用？二簋可用享。二簋應有時。損剛益柔有時，損益盈虛，與時偕行。

《象》曰：山下有澤，損。君子以懲忿窒欲。

初九：已事遄往，無咎。酌損之。

《象》曰："已事遄往"，尚合志也。

九二：利貞。征凶，弗損益之。

《象》曰：九二利貞，中以為志也。

六三：三人行則損一人，一人行則得其友。

《象》曰："一人行"，"三"則疑也。

六四：損其疾，使遄有喜，無咎。

《象》曰："損其疾"，亦可喜也。

六五：或益之十朋之龜，弗克違，元吉。

《象》曰：六五元吉，自上祐也。

上九：弗損，益之，無咎。貞吉。利有攸往，得臣無家。

《象》曰："弗損，益之"，大得志也。

風雷益（卦四十二）（震下巽上）

益，利有攸往。利涉大川。

《彖》曰：益，損上益下，民說無疆。自上下下，其道大光。"利有攸往"，中正有慶。"利涉大川"，木道乃行。益動而巽，日進無疆。天旋地生，其益無方。凡益之道，與時偕行。

《象》曰：風雷，益。君子以見善則遷，有過則改。

初九：利用為大作，元吉，無咎。

《象》曰："元吉無咎"，下不厚事也。

六二：或益之十朋之龜，弗克違。永貞吉。王用享于帝，吉。

《象》曰："或益之"，自外來也。

六三：益之用凶事，無咎。有孚，中行，告公用圭。

《象》曰：益用"凶事"，固有之也。

六四：中行，告公從，利用為依遷國。

《象》曰："告公從"，以益志也。

九五：有孚惠心，勿問，元吉。有孚，惠我德。

《象》曰："有孚惠心"，勿問之矣。"惠我德"，大得志也。

上九：莫益之，或擊之。立心勿恒，凶。

《象》曰："莫益之"，偏辭也。"或擊之"，自外來也。

澤天夬（卦四十三）（乾下兌上）

夬，揚于王庭，孚號。有厲，告自邑。不利即戎，利有攸往。

《彖》曰:夬,決也,剛決柔也。健而說,決而和。"揚于王庭",柔乘五剛也。"孚號,有厲",其危乃光也。"告自邑,不利即戎",所尚乃窮也。"利有攸往",剛長乃終也。

《象》曰:澤上於天,夬。君子以施祿及下,居德則忌。

初九:壯於前趾,往不勝為咎。

《象》曰:不勝而往,咎也。

九二:惕號,莫夜有戎,勿恤。

《象》曰:"有戎勿恤",得中道也。

九三:壯於頄,有凶。君子夬夬獨行,遇雨若濡,有慍無咎。

《象》曰:"君子夬夬",終無咎也。

九四:臀無膚,其行次且。牽羊悔亡,聞言不信。

《象》曰:"其行次且",位不當也。"聞言不信",聰不明也。

九五:莧陸夬夬,中行無咎。

《象》曰:"中行無咎",中未光也。

上六:無號,終有凶。

《象》曰:"無號之凶",終不可長也。

天風姤(卦四十四) (巽下乾上)

姤:女壯,勿用取女。

《彖》曰:姤,遇也,柔遇剛也。"勿用取女",不可與長也。天地相遇,品物咸章也。剛遇中正,天下大行也。姤之時義大矣哉!

《象》曰:天下有風,姤。後以施命誥四方。

初六:系于金柅,貞吉。有攸往,見凶。羸豕孚蹢躅。

《象》曰:"系于金柅",柔道牽也。

九二:包有魚,無咎,不利賓。

《象》曰："包有魚",義不及賓也。

九三:臀無膚,其行次且。厲,無大咎。

《象》曰："其行次且",行未牽也。

九四:包無魚,起凶。

《象》曰："無魚之凶",遠民也。

九五:以杞包瓜,含章,有隕自天。

《象》曰:九五"含章",中正也。"有隕自天",志不捨命也。

上九:姤其角,吝,無咎。

《象》曰:"姤其角",上窮吝也。

澤地萃(卦四十五) (坤下兌上)

萃,亨,王假有廟。利見大人,亨,利貞。用大牲吉。利有攸往。

《彖》曰:萃,聚也。順以說,剛中而應,故聚也。"王假有廟",致孝享也。"利見大人,亨",聚以正也。"用大牲吉,利有攸往",順天命也。觀其所聚,而天地萬物之情可見矣。

《象》曰:澤上於地,萃。君子以除戎器,戒不虞。

初六:有孚不終,乃亂乃萃。若號,一握為笑,勿恤,往無咎。

《象》曰:"乃亂乃萃",其志亂也。

六二:引吉,無咎,孚乃利用禴。

《象》曰:"引吉無咎",中未變也。

六三:萃如嗟如,無攸利,往無咎,小吝。

《象》曰:"往無咎",上巽也。

九四:大吉,無咎。

《象》曰:"大吉,無咎",位不當也。

九五:萃有位,無咎。匪孚,元永貞,悔亡。

《象》曰:"萃有位",志未光也。

上六:齎咨涕洟,無咎。

《象》曰:"齎咨涕洟",未安上也。

地風升(卦四十六) (巽下坤上)

升,元亨。用見大人,勿恤。南征吉。

《彖》曰:柔以時升,巽而順,剛中而應,是以大亨,"用見大人,勿恤",有慶也。"南征吉",志行也。

《象》曰:地中生木,升。君子以順德,積小以高大。

初六:允升,大吉。

《象》曰:"允升,大吉",上合志也。

九二:孚乃利用禴,無咎。

《象》曰:九二之孚,有喜也。

九三:升虛邑。

《象》曰:"升虛邑",無所疑也。

六四:王用亨於岐山,吉,無咎。

《象》曰:"王用亨於岐山",順事也。

六五:貞吉,升階。

《象》曰:"貞吉,升階",大得志也。

上六:冥升,利於不息之貞。

《象》曰:"冥升"在上,消不富也。

澤水困(卦四十七) (坎下兌上)

困,亨。貞大人吉,無咎。有言不信。

《彖》曰:困,剛掩也。險以說,困而不失其所,亨,其唯君子乎。"貞大人吉",以剛中也。"有言不信",尚口乃窮也。

《象》曰:澤無水,困。君子以致命遂志。

初六:臀困於株木,入于幽谷,三歲不覿。

《象》曰:"入于幽谷",幽不明也。

九二:困于酒食,朱紱方來。利用享祀。征凶,無咎。

《象》曰:"困於酒食",中有慶也。

六三:困于石,據於蒺藜。入于其宮,不見其妻,凶。

《象》曰:"據於蒺藜",乘剛也。"入于其宮,不見其妻",不祥也。

九四:來徐徐,困于金車,吝,有終。

《象》曰:"來徐徐",志在下也。雖不當位,有與也。

九五:劓刖,困於赤紱,乃徐有說,利用祭祀。

《象》曰:"劓刖",志未得也。"乃徐有說",以中直也。"利用祭祀",受福也。

上六:困于葛藟,於臲卼,曰動悔。有悔,征吉。

《象》曰:"困于葛藟",未當也。"動悔有悔",吉行也。

水風井(卦四十八) (巽下坎上)

井,改邑不改井,無喪無得。往來井井。汔至,亦未井,羸其瓶,凶。

《彖》曰:巽乎水而上水,井。井養而不窮也。"改邑不改井",乃以剛中也。"汔至,亦未井",未有功也。"羸其瓶",是以凶也。

《象》曰:木上有水,井。君子以勞民勸相。

初六:井泥,不食。舊井無禽。

《象》曰:"井泥,不食",下也。"舊井無禽",時舍也。

九二:井谷射鮒,甕敝漏。

《象》曰:"井谷射鮒",無與也。

九三：井渫，不食，為我心惻。可用汲，王明，並受其福。

《象》曰："井渫，不食"，行惻也。求"王明"，受福也。

六四：井甃，無咎。

《象》曰："井甃無咎"，修井也。

九五：井洌寒泉，食。

《象》曰："寒泉之食"，中正也。

上六：井收勿幕，有孚元吉。

《象》曰："元吉"在"上"，大成也。

澤火革（卦四十九）（離下兌上）

革，己日乃孚。元亨。利貞，悔亡。

《彖》曰：革，水火相息，二女同居，其志不相得曰革。"己日乃孚"，革而信之。文明以說，大亨以正。革而當，其悔乃亡。天地革而四時成，湯武革命，順乎天而應乎人。革之時大矣哉！

《象》曰：澤中有火，革。君子以治曆明時。

初九：鞏用黃牛之革。

《象》曰："鞏用黃牛"，不可以有為也。

六二：己日乃革之，征吉，無咎。

《象》曰："己日革之"，行有嘉也。

九三：征凶。貞厲。革言三就，有孚。

《象》曰："革言三就"，又何之矣。

九四：悔亡。有孚改命，吉。

《象》曰："改命之吉"，信志也。

九五：大人虎變，未佔有孚。

《象》曰："大人虎變"，其文炳也。

上六：君子豹變，小人革面，征凶，居貞吉。

《象》曰："君子豹變"，其文蔚也。"小人革面"，順以從君也。

火風鼎（卦五十）（巽下離上）

鼎，元吉，亨。

《彖》曰：鼎，象也。以木巽火，亨飪也。聖人亨以享上帝，而大亨以養聖賢。巽而耳目聰明，柔進而上行，得中而應乎剛，是以元亨。

《象》曰：木上有火，鼎。君子以正位凝命。

初六：鼎顛趾，利出否。得妾以其子，無咎。

《象》曰："鼎顛趾"，未悖也。"利出否"，以從貴也。

九二：鼎有實，我仇有疾，不我能即，吉。

《象》曰："鼎有實"，慎所之也。"我仇有疾"，終無尤也。

九三：鼎耳革，其行塞，雉膏不食，方雨，虧悔，終吉。

《象》曰："鼎耳革"，失其義也。

九四：鼎折足，覆公餗，其形渥，凶。

《象》曰："覆公餗"，信如何也？

六五：鼎黃耳金鉉，利貞。

《象》曰："鼎黃耳"，中以為實也。

上九：鼎玉鉉，大吉，無不利。

《象》曰：玉鉉在上，剛柔節也。

震為雷（卦五十一）（震下震上）

震，亨。震來虩虩，笑言啞啞，震驚百里，不喪匕鬯。

《彖》曰：震，亨。"震來虩虩"，恐致福也。"笑言啞啞"，後有則也。"震驚百里"，驚遠而懼邇也。"不喪匕鬯"，出可以守宗廟社稷，以為祭主也。

《象》曰：洊雷，震。君子以恐懼修省。

初九：震來虩虩，後笑言啞啞，吉。

《象》曰："震來虩虩"，恐致福也。"笑言啞啞"，後有則也。

六二：震來厲，億喪貝。躋於九陵，勿逐，七日得。

《象》曰："震來厲"，乘剛也。

六三：震蘇蘇，震行無眚。

《象》曰："震蘇蘇"，位不當也。

九四：震遂泥。

《象》曰："震遂泥"，未光也。

六五：震往來厲，億無喪，有事。

《象》曰："震往來厲"，危行也。其事在中，大無喪也。

上六：震索索，視矍矍，征凶。震不于其躬，於其鄰，無咎。婚媾有言。

《象》曰："震索索"，中未得也。雖凶無咎，畏鄰戒也。

艮為山（卦五十二）（艮下艮上）

艮，艮其背，不獲其身。行其庭，不見其人，無咎。

《彖》曰：艮，止也。時止則止，時行則行，動靜不失其時，其道光明。"艮其止"，止其所也。上下敵應，不相與也。是以"不獲其身，行其庭，不見其人，無咎"也。

《象》曰：兼山，艮。君子以思不出其位。

初六：艮其趾，無咎。利永貞。

《象》曰："艮其趾"，未失正也。

六二：艮其腓，不拯其隨，其心不快。

《象》曰："不拯其隨"，未退聽也。

九三：艮其限，列其夤，厲，熏心。

《象》曰："艮其限"，危熏心也。

六四：艮其身，無咎。

《象》曰："艮其身"，止諸躬也。

六五：艮其輔，言有序，悔亡。

《象》曰："艮其輔"，以中正也。

上九：敦艮，吉。

《象》曰："敦艮之吉"，以厚終也。

風山漸(卦五十三) （艮下巽上）

漸，女歸吉，利貞。

《彖》曰：漸之進也，女歸吉也。進得位，往有功也。進以正，可以正邦也。其位剛得中也。止而巽，動不窮也。

《象》曰：山上有木，漸。君子以居賢德善俗。

初六：鴻漸於幹。小子厲，有言，無咎。

《象》曰："小子之厲"，義無咎也。

六二：鴻漸於磐，飲食衎衎，吉。

《象》曰：飲食衎衎，不素飽也。

九三：鴻漸于陸。夫征不復，婦孕不育，凶。利禦寇。

《象》曰："夫征不復"，離群醜也。"婦孕不育"，失其道也。"利用禦寇"，順相保也。

六四：鴻漸於木，或得其桷，無咎。

《象》曰："或得其桷"，順以巽也。

九五：鴻漸於陵，婦三歲不孕，終莫之勝，吉。

《象》曰："終莫之勝，吉"，得所願也。

上九：鴻漸于陸，其羽可用為儀，吉。

《象》曰："其羽可用為儀，吉"，不可亂也。

雷澤歸妹（卦五十四）（兌下震上）

歸妹，征凶，無攸利。

《彖》曰：歸妹，天地之大義也。天地不交而萬物不興。歸妹，人之終始也。說以動，所歸妹也。"征凶"，位不當也。"無攸利"，柔乘剛也。

《象》曰：澤上有雷，歸妹。君子以永終知敝。

初九：歸妹以娣。跛能履，征吉。

《象》曰："歸妹以娣"，以恒也。"跛能履"，吉相承也。

九二：眇能視，利幽人之貞。

《象》曰："利幽人之貞"，未變常也。

六三：歸妹以須，反歸以娣。

《象》曰："歸妹以須"，未當也。

九四：歸妹愆期，遲歸有時。

《象》曰："愆期"之志，有待而行也。

六五：帝乙歸妹，其君之袂不如其娣之袂良。月幾望，吉。

《象》曰："帝乙歸妹，不如其娣之袂良"也。其位在中，以貴行也。

上六：女承筐無實，士刲羊無血，無攸利。

《象》曰：上六無實，承虛筐也。

雷火豐（卦五十五）（離下震上）

豐，亨，王假之。勿憂，宜日中。

《彖》曰：豐，大也。明以動，故豐。"王假之"，尚大也。"勿憂，宜日中"，宜照天下也。日中則昃，月盈則食，天地盈虛，與時消息，而況於人乎,況於鬼神乎?

《象》曰:雷電皆至,豐。君子以折獄致刑。

初九:遇其配主,雖旬無咎,往有尚。

《象》曰:"雖旬無咎",過旬災也。

六二:豐其蔀,日中見斗。往得疑疾,有孚發若,吉。

《象》曰:"有孚發若",信以發志也。

九三:豐其沛,日中見沫,折其右肱,無咎。

《象》曰:"豐其沛",不可大事也。"折其右肱",終不可用也。

九四:豐其蔀,日中見斗,遇其夷主,吉。

《象》曰:"豐其蔀",位不當也。"日中見斗",幽不明也。"遇其夷主",吉行也。

六五:來章,有慶譽,吉。

《象》曰:六五之吉,有慶也。

上六:豐其屋,蔀其家,窺其戶,闃其無人,三歲不覿。凶。

《象》曰:"豐其屋",天際翔也。"窺其戶,闃其無人",自藏也。

火山旅(卦五十六) （艮下離上）

旅,小亨。旅貞吉。

《彖》曰:"旅小亨",柔得中乎外,而順乎剛,止而麗乎明,是以"小亨,旅貞吉"也。旅之時義大矣哉!

《象》曰:山上有火,旅。君子以明慎用刑而不留獄。

初六:旅瑣瑣,斯其所取災。

《象》曰:"旅瑣瑣",志窮災也。

六二:旅即次,懷其資,得童僕貞。

《象》曰:"得童僕貞",終無尤也。

九三：旅焚其次，喪其童僕，貞厲。

《象》曰："旅焚其次"，亦以傷矣。以旅與下，其義喪也。

九四：旅於處，得其資斧，我心不快。

《象》曰："旅於處"，未得位也。"得其資斧"，心未快也。

六五：射雉，一矢亡，終以譽命。

《象》曰："終以譽命"，上逮也。

上九：鳥焚其巢，旅人先笑後號咷。喪牛于易，凶。

《象》曰：以旅在上，其義焚也。"喪牛于易"，終莫之聞也。

巽為風（卦五十七）（巽下巽上）

巽，小亨。利有攸往。利見大人。

《彖》曰：重巽以申命。剛巽乎中正而志行。柔皆順乎剛，是以"小亨，利有攸往，利見大人"。

《象》曰：隨風，巽。君子以申命行事。

初六：進退，利武人之貞。

《象》曰："進退"，志疑也。"利武人之貞"，志治也。

九二：巽在床下，用史巫紛若，吉，無咎。

《象》曰："紛若之吉"，得中也。

九三：頻巽，吝。

《象》曰："頻巽"之吝，窮也。

六四：悔亡，田獲三品。

《象》曰："田獲三品"，有功也。

九五：貞吉，悔亡，無不利，無初有終。先庚三日，後庚三日，吉。

《象》曰：九五之吉，位正中也。

上九：巽在床下，喪其資斧，貞凶。

《象》曰:"巽在床下",上窮也。"喪其資斧",正乎凶也。

兌為澤(卦五十八) (兌下兌上)

兌,亨利貞。

《彖》曰:兌,說也。剛中而柔外,說以利貞,是以順乎天而應乎人。說以先民,民忘其勞。說以犯難,民忘其死。說之大,民勸矣哉!

《象》曰:麗澤,兌。君子以朋友講習。

初九:和兌,吉。

《象》曰:"和兌"之吉,行未疑也。

九二:孚兌,吉,悔亡。

《象》曰:"孚兌"之吉,信志也。

六三:來兌,凶。

《象》曰:"來兌"之凶,位不當也。

九四:商兌未寧,介疾有喜。

《象》曰:九四之喜,有慶也。

九五:孚于剝,有厲。

《象》曰:"孚於剝",位正當也。

上六:引兌。

《象》曰:上六"引兌",未光也。

風水渙(卦五十九) (坎下巽上)

渙,亨。王假有廟。利涉大川,利貞。

《彖》曰:"渙,亨",剛來而不窮,柔得位乎外而上同。"王假有廟",王乃在中也。"利涉大川",乘木有功也。

《象》曰:風行水上,渙。先王以享於帝,立廟。

初六：用拯馬壯，吉。

《象》曰：初六之吉，順也。

九二：渙奔其機，悔亡。

《象》曰："渙奔其機"，得願也。

六三：渙其躬，無悔。

《象》曰："渙其躬"，志在外也。

六四：渙其群，元吉。渙有丘，匪夷所思。

《象》曰："渙其群元吉"，光大也。

九五：渙汗，其大號渙，王居，無咎。

《象》曰："王居無咎"，正位也。

上九：渙其血去逖出，無咎。

《象》曰："渙其血"，遠害也。

水澤節（卦六十）（兌下坎上）

節，亨。苦節，不可貞。

《彖》曰："節，亨"，剛柔分而剛得中。"苦節，不可貞"，其道窮也。說以行險，當位以節，中正以通。天地節而四時成。節以制度，不傷財，不害民。

《象》曰：澤上有水，節。君子以制數度，議德行。

初九：不出戶庭，無咎。

《象》曰："不出戶庭"，知通塞也。

九二：不出門庭，凶。

《象》曰："不出門庭，凶"，失時極也。

六三：不節若，則嗟若，無咎。

《象》曰："不節"之嗟，又誰咎也。

六四：安節，亨。

《象》曰："安節"之亨，承上道也。

九五：甘節，吉。往有尚。

《象》曰："甘節"之吉，居位中也。

上六：苦節，貞凶，悔亡。

《象》曰："苦節，貞凶"，其道窮也。

風澤中孚（卦六十一）（兌下巽上）

中孚，豚魚，吉。利涉大川，利貞。

《彖》曰：中孚，柔在內而剛得中，說而巽，孚乃化邦也。"豚魚吉"，信及豚魚也。"利涉大川"，乘木舟虛也。中孚以利貞，乃應乎天也。

《象》曰：澤上有風，中孚。君子以議獄緩死。

初九：虞吉，有它不燕。

《象》曰：初九"虞吉"，志未變也。

九二：鳴鶴在陰，其子和之。我有好爵，吾與爾靡之。

《象》曰："其子和之"，中心願也。

六三：得敵，或鼓或罷，或泣或歌。

《象》曰："或鼓或罷"，位不當也。

六四：月既望，馬匹亡，無咎。

《象》曰："馬匹亡"，絕類上也。

九五：有孚攣如，無咎。

《象》曰："有孚攣如"，位正當也。

上九：翰音登於天，貞凶。

《象》曰："翰音登于天"，何可長也？

雷山小過（卦六十二）（艮下震上）

小過，亨。利貞。可小事，不可大事。飛鳥遺之音，不宜上，宜下，大吉。

《彖》曰：小過，小者過而亨也。過以利貞，與時行也。柔得中，是以小事吉也。剛失位而不中，是以不可大事也。有飛鳥之象焉，"飛鳥遺之音"。"不宜上，宜下，大吉"，上逆而下順也。

《象》曰：山上有雷，小過。君子以行過乎恭，喪過乎哀，用過乎儉。

初六：飛鳥以凶。

《象》曰："飛鳥以凶"，不可如何也。

六二：過其祖，遇其妣。不及其君，遇其臣。無咎。

《象》曰："不及其君"，臣不可過也。

九三：弗過防之，從或戕之，凶。

《象》曰："從或戕之"，凶如何也？

九四：無咎。弗過遇之，往厲必戒，勿用，永貞。

《象》曰："弗過遇之"，位不當也。"往厲必戒"，終不可長也。

六五：密雲不雨，自我西郊。公弋取彼在穴。

《象》曰："密雲不雨"，已上也。

上六：弗遇過之，飛鳥離之，凶，是謂災眚。

《象》曰："弗遇過之"，已亢也。

水火既濟（卦六十三）（離下坎上）

既濟，亨小，利貞。初吉終亂。

《彖》曰："既濟，亨"，小者亨也。"利貞"。剛柔正而位當也。"初吉"，柔得中也。"終止則亂"，其道窮也。

《象》曰：水在火上，既濟。君子以思患而豫防之。

初九：曳其輪，濡其尾，無咎。

《象》曰："曳其輪"，義無咎也。

六二："婦喪其茀"，勿逐，七日得。

《象》曰："七日得"，以中道也。

九三：高宗伐鬼方，三年克之，小人勿用。

《象》曰："三年克之"，憊也。

六四：繻有衣袽，終日戒。

《象》曰："終日戒"，有所疑也。

九五：東鄰殺牛，不如西鄰之禴祭，實受其福。

《象》曰："東鄰殺牛"，不如西鄰之時也。"實受其福"，吉大來也。

上六：濡其首，厲。

《象》曰："濡其首，厲"，何可久也？

火水未濟（卦六十四）　（坎下離上）

未濟，亨。小狐汔濟，濡其尾，無攸利。

《彖》曰："未濟，亨"，柔得中也。"小狐汔濟"，未出中也。"濡其尾，無攸利"，不續終也。雖不當位，剛柔應也。

《象》曰：火在水上，未濟。君子以慎辨物居方。

初六：濡其尾，吝。

《象》曰："濡其尾"，亦不知極也。

九二：曳其輪，貞吉。

《象》曰：九二貞吉，中以行正也。

六三：未濟，征凶。利涉大川。

《象》曰："未濟，征凶"，位不當也。

九四：貞吉，悔亡。震用伐鬼方，三年，有賞於大國。

　　《象》曰："貞吉悔亡"，志行也。

六五：貞吉，無悔。君子之光，有孚，吉。

　　《象》曰："君子之光"，其輝吉也。

上九：有孚於飲酒，無咎。濡其首，有孚失是。

　　《象》曰："飲酒濡首"，亦不知節也。

参考文献

1. 孔颖达:《周易正义》。
2. 朱熹:《周易本义》,中华书局 2009 年版。
3. 程颐:《周易程氏传》,中华书局 2011 年版。
4. 马恒君:《周易正宗》,华夏出版社 2014 年版。
5. 黄寿祺、张善文:《周易译注》,上海古籍出版社 2012 年版。
6. 杨庆中编著:《周易解读》,中国人民大学出版社 2010 年版。
7. 金景芳、吕绍刚著,吕绍刚修订:《周易全解》,上海古籍出版社 2005 年版。
8. 朱高正:《周易六十四卦通解》,华东师范大学出版社 1999 年版。
9. 刘大钧:《周易概论》,巴蜀书社 2008 年版。
10. 余敦康:《周易现代解读》,华夏出版社 2006 年版。
11. 王博:《易传通论》,中国书店 2003 年版。
12. 高亨:《周易大传今注》,清华大学出版社 2010 年版。
13. 丁四新:《楚竹书与汉帛书周易校注》,上海古籍出版社 2011 年版。
14. Legge, James, trans., *I Ching: Book of Changes*, New York: Random House, 1996.
15. Wilhelm, Richard, *The I Ching or Book of Changes*, third Edition, trans. Cary F. Baynes. Princeton: Princeton University

Press, 1967.

16. Lynn, Richard John, trans., *The Classic of Changes: A New Translation of the I Ching as Interpreted by Wang Bi*, New York: Columbia University Press, 1994.

后　记

近些年来,我多次在美国和欧洲大学举办英文周易讲座,一直希望能有一部简洁的中英文介绍和解释周易经传的小书,这样的书必将有助于周易的国际化传播。我觉得该书最好从比较哲学的角度对周易哲理进行诠释和翻译,这样有利于中西方读者从哲学的角度理解周易经传的哲学含义。所以在本书的写作过程之中,我尽量从哲学的角度对周易经传文进行理解和诠释。

本书虽是初级读本,但内容多在历代注疏和现当代诠释的基础上,加以提炼生发而成。在近二十年学习研究和教学周易的过程之中,作者受益于古今众多注本,尤其是从马恒君《周易正宗》中获益良多。我从2015年10月开始组织《周易明解——易学与哲学》微信学习群,这里,我要感谢群里诸位师友的交流和讨论,还有朱高正、马宝善、孙晶、王博、杨庆中、李尚信、林文钦、谢金良、于闽梅、何善蒙、寇方墀、张文智、张克宾、赵薇、曾凡朝等师友的指点和帮助。

作为孔学堂研修学者,我要感谢李筑、周之江、肖立斌等在孔学堂为我提供研修机会,让我能在2015年和2016年暑假期间对《周易》进行深入细致的翻译和诠释。感谢王蓉蓉(Robin Wang)教授邀请我成为2016年美国罗耀拉大学Malatasta访问学者,让我有很好的研修条件把全书修改出来。本成果还受到中国人民大学2018年度"中央高校建设世界一流大学(学科)和特色发展引导专项资金"支持。

本书的英译部分，是我与我的英国博士生寇哲明（Benjamin Coles）在参照多个英文注本的基础上共同重新翻译而成的。感谢几年来选修我《周易》相关课程的研究生和本科生同学们，他们促成了我想要完成一本中英文双语简洁读本的意愿和行动。

感谢国际儒学联合会牛喜平秘书长、李焕梅和杨雪翠的帮助和努力，是他们的鼓励和帮助促成了此书的完成和出版。感谢责任编辑朱绛为出版此书付出的辛劳。感谢妻子蔡晖和家人长期的支持。

作为国际易学联合会的秘书长和学术部部长，我希望自己这部双语的小书能够对推动周易的国际化，促进中国哲学与文化走向世界，尽到自己的一点微薄之力。

镜天斋主人
丙申仲夏于天使之城